이윤기의
그리스
로마 신화

IV

# 이윤기의
## 그리스
## 로마 신화

헤라클레스의 12가지 과업

IV

이윤기
지음

GREEK AND ROMAN MYTHOLOGY

웅진 지식하우스

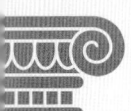

**240만 독자들의 선택, 이 시대 최고의 베스트셀러**
『이윤기의 그리스 로마 신화』
출간 25주년 기념 개정판

"신화의 바다를 향해 처음 닻을 올린 모험가들에게 색다른 길잡이가 될 것이다."
― 김현진 (서울대 영문학과 교수)

"나는 이윤기의 언어를 통해서 문장 속 인물들이 몽롱함을 벗고 최고도의 활력을 누리게 하는 글이 얼마나 독자를 즐겁게 하는지 깨달았다."
― 황현산 (문학평론가)

"신화가 단순히 허구가 아니라 의미 있는 세계관이라는 사실을 일깨운 이. 덕분에 우리 뒤 세대들은 어린 시절부터 그리스 로마 신화를 배우며 성장했다."
― 이주향 (수원대 철학과 교수)

**이윤기** 소설가 · 번역가 · 신화전문가

"여러분은 지금
신화라는 이름의 자전거 타기를
배우고 있다고 생각하라.
일단 자전거에 올라
페달을 밟기 바란다.
필자가 뒤에서
짐받이를 잡고 따라가겠다."

### 이 책에 쏟아진 독자들의 찬사

"가장 친근하고, 읽기 쉬운 그리스 로마 신화 책."

"이윤기 선생이 들려주는 신화는 사람 이야기였습니다.
 어린 시절 할머니, 어머니가 읊조려주는 듯 나른한 즐거움."

"서양 문화를 한층 깊이 이해하는 데 도움이 된 책.
 진작 읽어야 했다는 아쉬움이 든다."

"오래전부터 그리스 로마 신화를 꼭 읽어야지 했는데
 이 시리즈 덕분에 해냈어요!"

"이 책은 나의 편협하고 엉성한 지식들을
 부드럽고 짜임새 있는 모양으로 잡아주었다."

"그리스 로마 신화에 관련된 책들이 너무나 다양해서
 어떤 것부터 읽어야 될지 고민할 때, 이 책이 정답이 될 것입니다."

"『이윤기의 그리스 로마 신화 1』을 처음 읽었을 때의 충격을 지금도 잊을 수 없다.
 '신화를 이렇게 해석할 수도 있구나', 색다른 관점을 배웠다."

"간직하고 두고두고 보고 싶은 책! 언젠가 다시 읽어봐야지 생각했어요."

"저자의 독특한 그리스 로마 신화 해석이 돋보입니다."

"이윤기 선생님과 함께한 신화 여행, 너무 행복한 10년이었다.
 신화의 꿈을 꿀 수 있게 도와주셔서 고맙습니다."

일러두는 글 9   들어가는 말 인류의 오래된 기억일까 11

**1장  암피트뤼온이 돌아왔다!** 51

**2장  영웅, 땅에 내리다** 85

**3장  네메아의 사자** 141

**4장  물뱀 휘드라, 죽음의 씨앗** 161

**5장  뿔 달린 암사슴이라니!** 181

**6장  에뤼만토스산의 멧돼지** 197

**7장  소똥이나 치우라고?** 219

**8장  스튐팔로스의 새들** 237

**9장  크레타의 황소** 245

10장 **디오메데스의 암말** 253

11장 **아마존 여왕의 허리띠** 275

12장 **게뤼오네스의 소 떼를 찾아서** 301

13장 **머나먼 황금 사과나무** 327

14장 **살아서 저승에 가다** 349

15장 **헤라클레스의 삶은 끝나지 않았다** 377

**나오는 말** 그림 앞에서 숨이 멎다 465

**찾아보기** 468

**일러두기**

- 이 책에 등장하는 그리스 인명, 지명, 신 이름 등은 그리스어 발음대로 표기하였습니다.

# 일러두는 글

### 혹은 읽히지도 않을 글
### 억지로 쓰기

지금부터 20년 전인 1988년, '그리스 신화'가 '희랍 신화'로 불리던 시절에 세 권으로 된 신화 책 『뮈토스』를 써서 펴낸 적이 있다. 원고지 7백 장에 이르는 헤라클레스 이야기는 '영웅신 헤라클레스'라는 제목으로 그 책에 실려 있다. 다시 읽어보니 억지스러운 대목이 더러 있다.

이 책을 쓰면서 틀을 다시 짰다. 신화에는 워낙 이설異說 혹은 다른 주장이 많다. 이런 것들을 고루 받아쓰면 줄거리가 어수선해질 가능성이 높다.

다시 쓰면서 아폴로도로스의 『그리스 신화 소사전Bibliotheke』에서 뼈대를 취했다. 이 책은 기원전 2세기에 쓰인 매우 중요한 책이기는 하다. 하지만 기둥 줄거리만 굵직굵직하게 다룬 것이어서 아기자기한 재미는 적다.

그리스 신화를 집대성하다시피 한 영국의 작가이자 시인 로버트 그레이브스의 『그리스 신화 The Greek Myths』로부터 큰 도움을 받았다. 무려 8백 쪽에 이르는 이 책은 아폴로도로스는 물론 고전시대의 작가들인 파우사니아스, 핀다로스, 에우뤼피데스, 호메로스 등이 제기하는 이설을 두루 다루고 있어서 큰 참고가 되었다. 영웅이나 괴물의 족보에도 워낙 이설이 많다. 그래서 헤시오도스의 『신통기 Theogonia』를 믿을 만한 자료로 삼았다.

자료의 출전을 일일이 밝히지는 않았다. 독자들이 읽는 데 별 지장이 없을 것으로 여겼기 때문이다.

그림이나 석상 사진이 많이 들어가 있다. 이미지는 여기에 소개하는 신화가 사실이었다는 것을 증명하는 증거물이 아니다. 그림이나 석상은 많은 예술가들 상상력의 산물일 뿐이다. 예술가는 그렇게 상상하는 근거를 대라는 요구에 침묵할 권리가 있다.

이 책은 고대의 고전학자들이 짜놓은 틀 안에서 상상력으로 신화를 복원한 소설가의 이야기책이다. 앞에서 내가 말한 책에는 따옴표가 하나도 없다. 무뚝뚝한 편년체 역사책 같아서 있었음 직한 대화를 지어 넣었다.

이 책이 나온 뒤부터는 독자들이 유럽의 박물관에서 머무는 시간이 점점 더 길어졌으면, 참 좋겠다. 이 책의 저자인 나는 소망한다.

들어가는 말
# 인류의 오래된 기억일까

**분수 공원에서 망신당하다**

2006년 여름, 나는 처음으로 러시아를 여행했다. 오래 참고 오래 기다리던 여행이었다. 러시아의 이름난 도시와 호수, 수많은 미술관과 박물관은 내가 오래 꽁꽁 숨겨둔 여행지였다. 러시아에서 내가 가장 가고 싶었던 곳은 상트페테르부르크의 '겨울 궁전'에 자리 잡고 있는 박물관이었다.

내가 상트페테르부르크 여행을 계획할 때면 친구들은 다음과 같은 말로 나의 기를 꺾고는 했다.

"상트페테르부르크? 겨울에 가야 제대로 볼 수 있어. 여름에는 박물관 이외에는 별로 볼 것이 없어."

나 박물관 보러 갈 건데?

나는 체질상 더위에는 끄떡도 않는데 추위는 많이 탄다. 내가 살던 미국의 미시간주의 위도는 중국의 훈춘과 맞먹는, 따라서 거의 북국에 속한다. 그 동토에서 10여 년을 살다 온 나에게 북국은 공포의 대상이다. 그래서 여름에 러시아로 떠난 것이다.

 상트페테르부르크의 겨울 궁전에는 저 유명한 에르미타주 박물관이 있다. 에르미타주 박물관은 루브르 박물관, 대영박물관과 함께 세계 3대 박물관으로 꼽힌다. 그해 여름 나는 에르미타주 박물관에서 그리스 및 로마의 신화 이미지를 빨아들이듯이 둘러보면서, 카메라에 주워 담으면서 무척 행복했다.

 에르미타주 박물관에는 4백여 개의 전시실이 있다. 전시실들을 두루 돌아다니자면 약 27킬로미터를 걸어야 한단다. 전시 품목 하나하나를 1분씩, 하루 8시간씩 감상할 경우, 전 품목을 감상하자면 약 15년이 걸린단다.

**상트페테르부르크 '여름 궁전'의 분수 공원**
신화 속 주인공들을 황금빛 석상으로 꾸몄다.

이 엄청난 박물관을 꾸러미 여행 관람객들은 두세 시간 만에 용감하게 주파해버린다. 많은 돈 들여 머나먼 하늘길을 날아와 두세 시간 만에 주파해버리는 것은 여간 밑지는 장사가 아니다. 한국인 여행자들만 그러는 것이 아니다. 왜 그러는 것일까?

모르기 때문이다.

미술사가美術史家 유홍준 박사가 널리 퍼뜨린 저 유명한 말, "사랑하면 알게 되고 알면 보이나니 그때 보이는 것은 전과 같지 않다." 이 한마디가 이 현상을 설명해준다. 유럽 박물관의 명화나 대리석상은 대부분이 성서나 신화를 소재로 제작된 것들이다. 나는 어린 시절부터 성서 읽기와 신화 읽기에 많은 시간을 써왔다. 그래서 이런 박물관에 가면 동행을 몹시 피곤하게 만들고는 한다.

유럽의 모습이 세계의 전모는 아니다. 하지만 절반은 훨씬 웃돈다. 그 유럽 문화의 속살인 성서와 신화, 모르고 한 생을 지나갈 수도 있다. 하지만 그것은 얼마나 단단히 밑지는 삶인가.

독자들을 더 이상 겁주고 싶지 않아서 에르미타주 박물관 이야기는 더 이상 하지 않겠다. 거기에서 찍어온 미숙한 사진들이 내 말을 대신할 것이다.

여름 궁전은 상트페테르부르크 근교에 있다. 겨울 궁전은 글자 그대로 황제가 겨울을 나던 곳이고 여름 궁전은 여름을 나던 곳이란다. 여름 궁전에는 분수 공원이 딸려 있고, 이 분수 공원에는 그리스의 신들과 영웅들의 황금빛 석상이 즐비하다고 했다. 나는 여행 떠나기 전에 이미 분수 공원에 대해 알고 있었다. 컴퓨터에 '여름 궁전'

을 입력하면 정보가 줄줄이 흘러나오는 세상 아닌가.

　황금빛 신화 이미지들에 둘러싸인 거대한 분수!

　여름 궁전의 분수 공원으로 접근하면서 나는 뛰는 가슴을 진정시켜야 했다. 내 가슴은 현대의 것이든 고대의 것이든 신화 이미지만 만나면 마구 뛰는 묘한 버릇이 있다.

　여름 궁전의 정문에서, 분수 옆으로 난 계단을 천천히 내려갔다. 맨 먼저 페르세우스가 보였다. 그리스 신화를 조금이라도 읽어본 사람들이라면 괴물 메두사의 머리를 잘라 들고 환호하는 페르세우스

**분수 공원 들머리에 서 있는, 금칠한 페르세우스 청동상**
페르세우스는 헤라클레스의 의부 암피트뤼온의 조상이기도 하다.

를 한눈에 알아볼 수 있을 것이다. 메두사의 목을 자르러 갈 당시 페르세우스는 헤르메스로부터 날개 달린 가죽신을 빌려 신은 것으로 전해진다. 자세히 보면 날개 달린 가죽신도 눈에 띄게 새겨져 있다. 메두사의 잘린 머리와 날개 달린 가죽신이, 이 금빛 석상의 주인공이 페르세우스라는 사실을 움직일 수 없게 한다.

페르세우스 바로 앞에는 곡식의 여신 데메테르가 서 있다. 딸을 잃고 온 세상 천지를 떠돌던 바로 그 여신이다. 왼손에 든 곡식 이삭을 보라. 틀림없는 데메테르다.

데메테르 여신상에서 몇 계단 더 내려가면 술잔을 든 젊은 신의 석상이 서 있다. 이 석상의 뒤에서는 숲속의 술꾼 사튀로스가 몸을 배배 꼬고 있다. 신상의 사타구니는 나뭇잎으로 가려져 있다. 틀림없

**역시 금칠을 한 데메테르와 헤르메스 청동상**
곡식의 여신 데메테르는 왼손에 곡식 이삭을 들고 있고, 나그네의 수호신 헤르메스는 지팡이에 기대어 있다.

이 포도나무 잎일 것이다. 술의 신 디오뉘소스임에 분명하다. 디오뉘소스 건너편으로는 떠돌이 모습을 한 젊은 신이 서 있다. 모자에 날개가 있는 것으로 보아 헤르메스임에 틀림없다. 헤르메스는 상업의 신이기도 하지만 여기에서는 나그네의 수호신으로 그려져 있다. 돈주머니를 들고 있는 대신 지팡이를 들고 차양 큰 모자를 쓰고 있기 때문이다.

건너편으로 요염한 여신상이 보인다. 〈아프로디테 칼리퓌게스〉, 즉 '엉덩이가 예쁜 아프로디테'로 불리는 아주 유명한 여신상이다. 이 여신상의 진품에 가장 가까운 작품은 지금 이탈리아 나폴리의 국

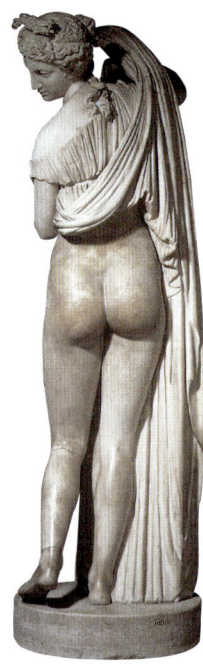

**〈아프로디테 칼리퓌게스〉**
'엉덩이가 예쁜 아프로디테'로 불리는 유명한 여신상. 나폴리 국립 고고학 박물관.

립 고고학 박물관에 있다. 원래는 로마에 있던, 정복자 율리우스 카이사르의 저택 뜰에 놓여 있던 것이란다. 목욕한 직후의 자태를 새긴 것인 듯한데 〈아프로디테 칼리퓌게스〉라고 불리는 이 작품의 모각품(원본을 베껴서 새긴 조각품)은 유럽 도처에서 볼 수 있다.

이제 디오뉘소스상에서 계단을 몇 개 더 내려가본다. 낯익은 부부의 신상이 있다. 오른발 뒤꿈치를 살짝 들고 서 있는 앞의 신상은 제우스임에 분명하다. 울근불근한 근육을 자랑하는 신, 오른손에 벼락뭉치를 든 신이 제우스 아니면 누구이겠는가?

제우스 신상 너머로는 용모가 단정한 여신상이 보인다. 누구일까? 제우스 신의 아내인 헤라 여신임에 분명하다. 제우스 옆에 저렇게 나란히 설 만한 여신은 헤라 말고는 거의 없다. 제우스와 헤라 부부는 지금 물끄러미 무엇인가를, 누구인가를 내려다보고 있다. 제우스는 자애로운 눈길로, 헤라는 새침한 눈길로 내려다보고 있다. 무엇을 내려다보는 것일까? 누구를 내려다보고 있는 것일까?

신상 뒤로 가서 제우스 신이 지금 무엇을, 누구를 내려다보고 있는 시 확인하고 싶었다. 세우스의 시선이 머무는 곳이 어디인지 확인하고 싶었다. 제우스는 지금 한 청년을 내려다보고 있다. 분수 공원의 중심에 서 있는 이 청년은 예사 청년이 아닌 것 같다. 사자와 일대일로 '맞짱' 뜨는 데 그치지 않고 그 아가리까지 찢고 있으니 여느 청년일 리가 없다.

누구일까?

내가 큼지막한 카메라로 신경을 써가면서 사진을 찍고 있어서 이

들어가는 말

17

방면의 전문가로 보였던 모양인가? 유럽 사람인 듯한 한 장년의 관광객이 내게 물었다.

"그리스 신화에 나오는 신들과 영웅들 같군요?"

나는 아주 빠른 말투로 설명해주었다. 저것은 누구, 저것은 또 누구……. 말투가 빨라지지 않을 수 없었던 것은 한시바삐 내려가, 사자와 싸우는 청년을 보고 싶었기 때문이다. 장년의 관광객이 또 물었다.

"그러면 저 아래, 사자의 입을 찢는 영웅은요?"

"네메아의 사자를 제압한 영웅 헤라클레스가 아니면 대체 누구일 수 있습니까?"

나는 자신 있게 반문했다. 그런데 관광객이 고개를 갸웃거리며 혼잣말하듯이 중얼거렸다.

"아닌데…… 삼손이라고 하던데……."

"그럴 리가 있나요? 그리스 신들과 영웅들의 숲 한가운데 이스라엘의 영웅 삼손을 세워놓을 리가 있겠어요?"

하지만 내가 진짜 하고 싶었던 말은 다음과 같은 것이다.

'러시아 사람들이 아무리 무식해도 그렇지, 헬레니즘(그리스와 로마) 문화의 숲 한복판에 헤브라이즘(이스라엘) 문화의 상징인 삼손의 석상을 어떻게 세울 수 있나요?'

하지만 그 관광객이 내 말을 알아들을 것 같지 않아서 그만두었다.

돌아서서 여름 궁전으로 다시 올라갔다. 그늘에 앉아 여행 안내서 『주머니에 쏙 들어가는 상트페테르부르크』의 「여름 궁전」 항목을

**헤라클레스인가 삼손인가**
분수 공원에서 가장 높은 물줄기는 바로 이 사자의 아가리에서 무려 20미터 높이로 치솟는다. 하지만 중요한 것은 청년의 정체다.

다시 읽어보았다. 그리고 까무러치게 놀랐다. 요즘 자주 쓰이는 '죽는 줄 알았다' 혹은 '뒤집어지는 줄 알았다'는 말, 이럴 때 쓰는 것인가 보다.

안내서는, 구약성경에 나오는 영웅 삼손의 석상이라고 했다. 그 분수의 이름도 '삼손 분수'라고 했다. 그렇다면 유럽 관광객에게 헤라클레스라고 벅벅 우긴 나는 무엇이 되는가? 이 무슨 망신인가 싶었다. 그 유럽 관광객에게는 미안하기 짝이 없었다. 나의 확신이 자초한 망신이었다.

설명서를 꼼꼼하게 다시 읽어보았다.

"헤라클레스풍의 어마어마한 이 동상은 삼손이 사자의 입을 찢는 순간을, 즉 북방 전쟁에서 러시아가 스웨덴을 격파하는 순간을 그리고 있다."

'헤라클레스'라는 말이 들어가 있기는 하다. 하지만 그 말은 한낱 수식어로 들어가 있을 뿐이다. 어째서 이런 황당하고 어정쩡한 분수 공원이 조성될 수 있었을까? 〈성 삼손〉 조각상을 제작한 미하일 코즐롭스키의 의중이 궁금해지지 않을 수 없었다.

18세기 초 러시아 제2의 도시 상트페테르부르크를 건설한 사람은 서유럽 유학생 출신인 계몽 군주 표트르(베드로) 황제다. 자신의 수호성인 페테르(베드로)의 이름에 따라 그는 이 도시를 '상트페테르부르크Saint Peterburg', 즉 '성 베드로의 도시'라고 부르게 했다. 서유럽에 견주어 한참 뒤떨어져 있던 러시아를 한달음에 근대화하고 싶었던 이 욕심 많은 황제는 서유럽의 유서 깊은 도시들을 아주 베껴 버리고 싶어 하기까지 했다. 도시 이름에 '그라드grad'라는 러시아어 대신 독일어 '부르크burg'가 들어가 있는 것부터 주목할 만하다. 그는 도시의 중요한 건물을 설계하고 조경할 때도 이탈리아, 프랑스, 독일의 전문가들을 불러들이는 것을 조금도 부끄러워하지 않았다.

표트르가 이 도시의 하드웨어를 준비한 황제라면 예카테리나는 소프트웨어로써 이 도시를 거의 완성시킨 황제다. 옛 독일 출신 여성인 통 크고 배짱 좋은 예카테리나는 서유럽의 예술가들과 철학자들을 폭넓게 사귀는 한편 서유럽의 예술품들을 뭉텅뭉텅 사들였다. 에르미타주 박물관은 그러니까 발로 뛰기를 좋아했던 이 맹렬 여성

**스위스 베른의 옛 거리에 있는 삼손 분수**
저래 가지고 사자의 입이 찢어질까 싶다. 하기야 새끼 사자였다니.

의 발자국 같은 것이다.

상트페테르부르크는 헬레니즘과 헤브라이즘이 만나는 접점 같은 도시이기도 하다.

표트르 황제 시절의 러시아는 어떻게 하든 헬레니즘 쪽으로 가파르게 기울어지기를 열망했다. 앞서가던 서유럽 문화가 바로 헬레니즘을 기둥 줄기로 하는 문화였기 때문이다. 그 시절의 러시아인들은 서유럽에 대해 심한 열등감을 느끼고 있었다. 러시아 황실에서 쓰이던 언어는 러시아어가 아니라 프랑스어, 영어, 독일어였으니 당연했다. 여름 궁전의 분수 공원에 그리스의 신들과 영웅들의 금칠한 동상들이 숲을 이루고 있는 것은 그 때문이다.

표트르 황제 시절의 러시아는 성경을 기둥 줄기로 하는 헤브라이즘 문화가, 기세등등하던 헬레니즘에 가볍게 저항하던 시절이기도 하다. 대부분의 러시아인들은 동방정교회의 독실한 신자들이었다. 그들에게 이스라엘의 영웅 삼손은 그냥 삼손이 아니라 '성(거룩한) 삼손'이었다. 1709년 러시아는 숙적 스웨덴을 격파하고 발틱해 연안의 최강국으로 떠오르는데, 러시아가 압승한 날이 바로 8월 27일, 공교롭게도 '성 삼손의 날'이었다. 러시아의 독실한 정교회 신자들이 분수 한복판에 헤라클레스의 동상이 들어서는 것을 용납할 수 있었을까? 그들은 틀림없이 '성 삼손'의 보살핌 덕분에 스웨덴을 격파할

**당나귀 턱뼈로 블레셋 사람을 죽이는 삼손**
역동성이 느껴지는 이 대리석상은 이탈리아 조각가 잠볼로냐의 작품. 런던 빅토리아 앤드 앨버트 박물관.

수 있었다고 믿었을 것이다. 그래서 〈사자의 입을 찢는 삼손 Samson rending the lion's jaw〉이 그 자리에 들어서게 되었을 것이다.

하지만 벼락을 손에 모아 쥔 제우스 앞의 삼손이라니……. 그리스 신들과 영웅들 사이에 서 있는 이스라엘의 삼손이라니……. 참으로 어정쩡한 분수 공원이기는 하다. 하지만 헬레니즘과 헤브라이즘이 19세기의 분수 공원에서 어정쩡하게 조우하는 현장이기도 해서 보는 재미는 쏠쏠하다.

삼손 이야기, 들어서 잘 아는 독자들도 있을 것이고, 듣기는 했는데 내용을 기억하지 못하는 독자들도 있을 것이다. 구약성서 「판관기」에 나오는 이야기를 간추려보겠다. '판관'이라는 말은 '재판관' 혹은 지도자를 뜻한다.

> 이스라엘 백성이 야훼의 눈에 거슬리는 일을 하였다. 그래서 다시 야훼께서는 그들을 40년 동안 블레셋 사람들 손에 붙이셨다……. 마노아라는 사람의 아내는 아기를 낳지 못하는 돌계집이었는데, 야훼의 천사가 그 여인에게 나타나 말하였다.
> "보아라. 너는 아기를 낳아보지 못한 돌계집이지만 이제 임신하여 아들을 낳으리라……. 네가 임신하여 아들을 낳거든 그 머리에 면도칼을 대지 말라."

이렇게 해서 태어나는 영웅이 바로 삼손이다. 신화에 눈이 밝은 독자들 예감의 더듬이는 여기까지만 읽어도 벌써 이야기의 결말 근처를 더듬거릴 것이다.

 아하, 잘 모르기는 하지만 이 영웅은 '머리카락' 때문에 크든 작든 한 차례 곤욕을 치르겠구나.

 이스라엘 사람들이 블레셋 사람들의 지배 아래서 40여 년 동안 피곤하게 살고 있던 시절의 일이다. 성서 인용을 계속한다.

> 삼손이 딤나로 내려가서 한 포도원에 다다랐을 때의 일이다. 난데없이 어린 사자 한 마리가 으르렁거리며 달려드는 것이었다. 그때 야훼의 영이 갑자기 내리 덮쳐 삼손은 양 새끼 찢듯 맨손으로 그 사자를 갈기갈기 찢었다…….
>
> 삼손이 레이에 이르자 블레셋 사람들이 소리를 지르며 달려오는데 야훼의 영이 그를 덮쳤다……. 마침 거기에 죽은 지 얼마 안 되는 당나귀의 턱뼈가 하나 있었다. 삼손은 그것을 집어들고 휘둘러서 1천 명이나 죽이고는 외쳤다…….
>
> (삼손은) 여우 3백 마리를 잡아 꼬리를 서로 비끄러매고는 두 꼬리를 맨 사이에 준비해두었던 홰를 하나씩 매달아놓고 그 홰에 불을 붙인 다음 여우들을 블레셋 사람 곡식밭으로 내몰았다. 이렇게 하여 그는 곡식 가리뿐 아니라 아직 베지 않은 곡식과 포도덩굴과 올리브나무까지 태워버렸다…….
>
> 삼손은 소렉 골짜기에 사는 한 여자를 사랑하게 되었다. 그 여자의 이름은 들릴라라고 했다. 블레셋 추장들이 그 여자를 찾아와서 부탁하였다.

"그를 꾀어내어 그 큰 힘이 어디에서 나오는지 알아보아라……."

(삼손이 몇 차례 자기 힘의 비밀을 털어놓았지만 모두 짐짓 해본 거짓말이었다. 하지만 들릴라가) 날이면 날마다 (힘의 비밀이 어디에 있는지 가르쳐달라고) 졸라대는 바람에 삼손은 귀찮아 죽을 지경이 되었다. 그래서 마침내 속을 털어놓고 말았다.

"내 머리에는 면도칼이 닿아본 적이 없다. 내 머리만 깎으면 나도 힘을 잃고 맥이 빠져 다른 사람과 조금도 다를 것이 없이 되지……."

들릴라는 삼손을 무릎에 뉘어 잠재우고는 (블레셋) 사람들을 불러 그의 머리카락 일곱 가닥을 자르게 했다……. 블레셋 사람들은 (힘 빠진) 그를 잡아 눈을 뽑은 다음……. 옥에서 연자매를 돌리게 하였다. 그러는 동안 잘렸던 그의 머리가 점점 자랐다.

가수 조영남이 40년 가까이 부르고 다니는 노래 〈딜라일라Delilah〉를 들을 때마다 나는 삼손을 생각한다. 들릴라Delilah에게 배신당하고 두 눈알을 뽑힌 채 감옥에서 연자방아를 돌리면서 삼손은 이를 갈았으리라. 뿐만 아니다. 노랫말 "날 두고 누구와 사랑을 속사이나"에 이르면, 이 노래의 작사가와 작곡가가 삼손의 비참한 심경을 염두에 두고 이 노래를 만들었을 거라고 확신하기까지 한다. 그래서 노래 제목이 〈딜라일라〉가 된 것이 아니겠는가?

블레셋 추장들은 저희의 신 다곤에게 큰 제사를 드리고 나서 외친다.

**삼손과 들릴라**
머리카락을 잘린 삼손에게 블레셋인들이 들이닥친다. 페테르 파울 루벤스가 이처럼 좋은 소재를 놓쳤을 리 없다.

"우리 나라를 망치던 자, 우리를 수도 없이 죽이던 삼손을 우리의 신이 잡아주셨다……. 흥을 돋우게 삼손을 불러내라!"
삼손은 자기 손을 붙잡고 인도해주는 젊은이에게 부탁하였다.
"이 신전을 버틴 기둥을 만질 수 있게 나를 데려다다오."
……삼손이 야훼에게 부르짖었다.
"블레셋 놈들과 함께 죽게 해주십시오."

그러고는 있는 힘을 다해서 밀자 그 신전은 무너져 거기에 있던 추장들과 사람이 모두 깔려 죽었다. 삼손이 죽으면서 죽인 사람이 살아서 죽인 사람보다도 더 많다(더라).

삼손 이야기의 분석을 시도한 이스라엘 작가 다비드 그로스만의 저서 『사자의 꿀』에 따르면 삼손은 민족을 지도한 적도 없고, 여자를 밝혀 돈으로 사기까지 했던 만큼 별로 도덕적이지도 않았다. 그로스만은 삼손이 신이 부여한 육체 자체를 망명지로 삼았던 슬픈 장사

**삼손의 두 눈알을 뽑는 블레셋 사람들**
당나귀 턱뼈로 블레셋 사람 1천 명을 죽인 쳐 죽인 삼손은 결국 대가를 치른다. 하르먼스 렘브란트의 그림.

에 지나지 않는다고 주장한다. 하지만 이스라엘 사람들은 하느님의 영을 수시로 받아 육체적, 도덕적 제약 없이 초능력을 행사하는 그를 지금도 잊지 못한다.

1948년 이스라엘 독립전쟁에 참가했던 용사들이 '삼손의 여우들'이라고 불렸던 것을 보라. 당시의 이스라엘 용사들은 여우 꼬리에 횃불을 매달아 또 한 차례 팔레스타인인들의 논밭을 불 지르고 싶었으리라. 1980년대 팔레스타인인들의 무력시위에 맞서 창설된 이스라엘의 부대 이름은 '삼손 부대'였다. 이제 어떤 사람이 미국의 뉴욕 한복판에다 '삼손 클럽'이라는 육체미 도장을 연다고 해도 별로 놀랄 일은 아니다. 어차피 이스라엘인(유대인) 이민자가 여는 것일 테니까. 아니나 다를까. 1960년대에 쇳덩어리 같은 근육을 자랑하던 유대인 랍비 라파엘 할페른이 세운 '삼손 협회'라는 보디빌딩 클럽이 있었단다.

### 헤라클레스 따라 하기

초등학생 시절, 중고등학교 다니던 사촌형들과 자주 어울렸다. 그들은 막내인 나를 자주 부려먹었다. 심부름도 자주 시켰고 꽤 무거운 물건도 자주 들어 옮기게 했다. 무거운 물건을 거뜬하게 들어 옮길 때마다 형들은 짐짓 다음과 같은 말로 나를 응원하고는 했다. 필경 그렇게 꾀어 자꾸 부려먹으려는 수작이었으리라.

"야, 헤라크레스가 따로 없네."

'헤라크레스'가 무엇인지 당시에는 알지 못했다. 나중에야 힘이 세기로 유명한 영웅 헤라클레스였다는 것을 알았다. 어쨌든 내가 그 말을 듣던 순간은 상징적이고 은유적인 신화의 언어가 내 삶에 처음으로 스며드는 순간이었다.

그로부터 근 45년 세월이 흘렀다. 그동안 나는 그리스와 로마의 신화를 공부하면서 수많은 책을 읽고, 수많은 그림을 보고, 수많은 나라의 박물관을 찾아다녔다.

헤라클레스를 쪼은 가장 유명한 대리석상은 이탈리아의 나폴리 국립 고고학 박물관에 있다. 〈지친 헤라클레스〉, 이것이 그 유명한

**〈지친 헤라클레스〉**
그리스의 전설적인 조각가 뤼시포스의 원작을 모방한 로마 시대 모각품으로, 세계에서 가장 유명한 헤라클레스상. 올리브나무 몽둥이에 사자 가죽을 걸치고 기대어 쉬고 있다. 나폴리 국립 고고학 박물관.

대리석상의 이름이다. 이 대리석상의 모조품은 유럽 어느 박물관에서든 볼 수 있다. 나는 서기 2002년 여름에야 이 〈지친 헤라클레스〉를 내 눈으로 직접 볼 수 있었다.

〈지친 헤라클레스〉는 지금 왼쪽 겨드랑이를 올리브나무 몽둥이에 기댄 채 쉬고 있다. 왼손가락이 모두 축 늘어져 있는 것으로 보아 상당히 지친 것 같다. 오른손은 등 뒤로 돌아가 있다. 그는 왜 오른손을 뒤로 돌리고 있을까. 무엇인가를 감추고 있는 것 같은데 무엇을 감추고 있는 것일까?

뒤로 돌아가본다. 테니스공 비슷한 것을 세 개 쥐고 있다.

**뒤에서 본 〈지친 헤라클레스〉**
헤라클레스는 오른손에 공같이 둥근 것을 세 개 쥐고 있다. 헨드릭 홀치위스의 석판화.

〈지친 헤라클레스〉 앞에서, 로마에서 유학하고 있던 안내인을 불러 농담 삼아 물어보았다.

"헤라클레스가 오른손에 쥐고 있는 게 무엇인지 아시오?"

그는 모르겠다고 하더니, 내가 설명을 시작하기도 전에 손전화 단추를 바쁘게 눌렀다. 손전화에다 대고 속사포 같은 이탈리아어로 잠깐 이야기를 나누던 그가 손전화를 탁 소리가 나게 닫으면서 내게 설명했다.

"'붕알'이랍니다. 이 방면의 전문가에게 물어보았습니다."

'고환'은 점잖은 말이고 속된 말로는 '불알'이다. 경상도 사투리를 쓰는 사람들은 '붕알'이라고 하기도 한다.

"'붕알'이라면 두 개밖에 없어야 하는데, 지금 헤라클레스는 세 개나 들고 있잖아요?"

장난기가 발동했던 나는 안내인을 부드럽게 몰아붙였다. 난감해진 안내인이 약간 '쫄아든' 소리로 말했다.

"헤라클레스의 초인간적 남성스러움을 상징하는 것은 아닐까요?"

센 농담으로 더 밀어붙이려다 말았다. 원숭이도 나무에서 떨어질 때가 있다는데 전문가도 실수할 수 있는 거지 뭐, 이런 생각을 하면서 혼자 웃었다.

더 몰아붙이고 싶었다면 나는 이렇게 을러메었을 것이다.

"에이, 아무리 헤라클레스기로서니, 두 쪽만 해도 거추장스러운데 그걸 세 쪽이나 차고 다녔겠어요? 트로이아의 목동 파리스도 오른손에 테니스 공 같은 걸 쥐고 있기는 한데 달랑 한 개만 쥐고 있습디다.

**〈지친 헤라클레스〉와 비슷한 구도의 파리스상**
전체적인 구도가 상당히 유사하다. 나폴리 국립 고고학 박물관.

그렇다면 파리스는 '외쪽 불알 사나이'게요?"

 헤라클레스는 세 개나 쥐고 있고 파리스는 달랑 한 개를 쥐고 있는 그 테니스공처럼 생긴 물건은 도대체 무엇일까?

 '황금 사과'다.

 파리스가 쥐고 있는 황금 사과는 '파리스의 심판' 때 '그리스에서 가장 아름다운 여신' 아프로디테에게 바쳐진 바로 그 황금 사과다.

 그렇다면 헤라클레스의 황금 사과는?

 이 이야기는 나중에 하기로 한다.

 이탈리아 여행 때 우리를 도와준 유학생 안내인은 신화에 그다지 밝은 것 같지 않았다. 그런데도 그는 헤라클레스에 대해서 '초인간적 남성스러움'이라는 말을 썼다. 많은 사람의 뇌리에 헤라클레스는 막연하게나마 '초인간적인 남성스러움'의 상징처럼 새겨져 있을 것이다.

이 세상에는 '초인간적 남성스러움'을 동경하는 사람도 있고 처음부터 자기와는 인연이 없는 것으로 치부하는 사람도 있다. '헤라클레스'라고 불릴 때 조심해야 한다. 헤라클레스를 동경하거나 이 호칭에 겁없이 집착하면 죽을 고비 몇 번 넘기기는 기본이다. 비슷한 경험의 소유자인 나는 너무 쉽게 평화를 얻었다. 그것과 인연이 없다는 것을 깨달은 지 오래되었기 때문이다.

헤라클레스의 '초인간적 남성스러움', 이것을 동경하면 '헤라클레스 따라 하기'가 시작된다. 따라 하다 보면 어느 순간 헤라클레스와 엇비슷하게 되어가고 있다는 느낌을 받는데 사람들이 '동일시 현상'이라고 부르는 심리 상태가 바로 이것이다.

'헤라클레스 따라 하기'의 원조는 단연 '테세우스'다. 테세우스는 그리스 전역에서는 헤라클레스 다음으로 사랑받은 영웅, 아테나이를 중심으로 하는 아티카 지역에서는 헤라클레스보다 더 인기 있는 영웅이었다. 테세우스가 한동안 아테나이를 중심으로 하는 아티카를 다스렸기 때문이다.

신화에 따르면 테세우스는 헤라클레스와 거의 같은 시대 사람이다. 역사가 플루타르코스는 테세우스가 여섯 살 때 헤라클레스를 만난 적이 있다고 쓰고 있다. 테세우스의 나이는 헤라클레스보다 열네

**몽둥이를 든 테세우스와 미노타우로스**
헤라클레스와 비슷한 몽둥이로 미노타우로스를 때려 죽인 테세우스. 18~19세기 이탈리아 조각가 안토니오 카노바의 작품. 런던 빅토리아 앤드 앨버트 박물관.

댓 살 적었던 것으로 보인다. 신화의 영웅들 나이에 의미가 있을 리 없지만 역사가의 기록이라서 참 재미있다.

　뒤에 자세하게 쓰게 되겠지만 헤라클레스는 네메아 지방을 쑥대밭으로 만든 사자 한 마리를 목 졸라 죽인 적이 있다. 헤라클레스는 이것을 자랑삼아 그 사자의 가죽을 벗겨 겉옷처럼 어깨에 걸치고 다녔다. 테세우스의 외가인 트로이젠 왕궁을 방문했을 때도 헤라클레스는 물론 그 사자 가죽을 어깨에 걸치고 올리브나무 몽둥이는 손에 들고 있었다. 당시 왕궁에 기거하고 있던 사람들은 어른 아이 할 것 없이 모두, 사자 가죽을 걸친 헤라클레스를 진짜 사자로 오인하고는 혼비백산했다. 딱 한 사람, 번개같이 무기 창고로 달려 들어가 도끼를 들고 나온 아이가 있었다.

 여섯 살배기 테세우스였다.

 테세우스는 뒷날 아테나이로 올라가는 길에 페리페테스라는 망나니를 죽인 적이 있다. 페리페테스는 다리가 부실해서 늘 몽둥이를 지팡이 삼아 들고 다녔다. 그래서 사람들은 그를 본명 대신 '코뤼네테스'라는 별명으로 불렀다. '몽둥이 장사'라는 뜻이다. 몽둥이 들고 그냥 나다녔다면 그가 테세우스 손에 죽임을 당했을 리 없다. 그것으로 걸핏하면 행인을 때려 죽이는 것이 문제였다.

 테세우스는 '네가 그런 방식으로 사람들을 죽였으니 나도 똑같은 방식으로 너를 죽인다'는 방침을 실천한 영웅으로 유명하다. 테세우스는 길가에서 주운 몽둥이로 페리페테스를 때려 죽이고는 그 몽둥이를 압수했다. 헤라클레스를 의식했기 때문일 것이다. 테세우스는 이 몽둥이를 오래 들고 다녔다.


 정복자 알렉산드로스는 '역사로 태어나 신화로 편입된 사나이'로 불리기도 한다. 그는 역사적인 인물임에 분명한데도 그에 대해 떠도는 이야기들은 대부분 신화처럼 들린다.

 한 인물이 큰 이름을 얻으면 자신의 핏줄을 신이나 위대한 영웅의 핏줄에다 잇고 싶어 한다. 사실은 그 인물이 그러려고 애쓸 필요도 없다. 주위에는 그런 믿음을 부추기는 무리가 늘 있게 마련이다.

 알렉산드로스의 어머니 올림피아는 지아비로부터 알뜰살뜰한 사랑을 받지 못한 것으로 알려져 있다.

**사자 가죽을 쓴 알렉산드로스**
〈헤라클레스가 된 알렉산드로스〉라는 제목이 없었다면 헤라클레스로 오인하기 딱 좋은 청동상이다. 파리 루브르 박물관.

 자, 이렇게 지아비로부터 구박을 받던 지어미가 간 큰 아들에게 자주 이런 말을 들려주었다고 하자. 이것은 단순한 가정이 아니다. 기록이 있다.
 "사실 너의 아버지는 필리포스 2세가 아니고 저 올륌포스의 제우스 신이란다."
 제우스의 아들이라면, 영웅 헤라클레스와는 단번에 형제지간이 되는 것이 아닌가. 이런 소리를 들었으니 그렇지 않아도 큰 알렉산드로스의 간이 아주 배 밖으로 나왔을 법하다. 알렉산드로스의 '헤라클레스 따라 하기'는 이렇게 해서 시작되었을 것이다.
 알렉산드로스에 대한 많은 기록은 헤라클레스에 대한 그의 집착이 어느 정도였는지 보여준다. 그는 자신에게 '헤라클레스라면 어떻게 했을 것인가', 이런 질문을 자주 던졌던 것 같다.

**폰토스 왕국의 미트리다테스 6세의 두상**
현재의 튀르키예 북부에 있던 폰토스 왕국은 로마와 주도권을 다투었을 정도로 막강했다. 그 전성기를 이끈 미트리다테스 6세의 두상 역시 사자 가죽을 쓰고 있다.

    그리스군 총사령관 시절 알렉산드로스는 페르시아 원정을 앞두고 신탁을 받아보러 델포이로 올라간 적이 있다. 그러나 그가 신전에 이른 날은 공교롭게도 액일, 즉 흉한 일이 일어날지도 모르는 날, 따라서 조심해야 하는 날이었다. 신전에서 액일이라고 하는데도 그는 부득부득 부하를 신전으로 들여보내 여사제에게 자신의 뜻을 전하게 했다.

    잠시 후 부하가 나와 이렇게 말했다.

    "여사제는 신전의 율법에 따라 액일에는 신이 맡겨놓은 뜻을 전해 줄 수 없노라고 합니다."

    바로 이 대목에서 알렉산드로스는 '헤라클레스라면 어떻게 했을 것인가', 이 질문을 떠올렸을 것이다. 헤라클레스는 신탁 들려주기를 거절하는 여사제의 삼각의자를 빼앗지 않았던가? 바로 이 때문에 신전의 주인 아폴론과 대판거리를 할 뻔하지 않았던가?

 알렉산드로스는 부하를 다시 들여보내 우격다짐으로 여사제를 끌어내게 했다. 하지만 끌려 나온 여사제는 아무리 을러메어도 액일에는 신의 뜻을 전할 수 없다고 버티었다. 그러자 알렉산드로스는 우격다짐으로 여사제를 끌고 신전으로 들어가 삼각대에 앉혔다. 여사제는 알렉산드로스의 열성에 감복했던 것일까? 비아냥거려주고 싶었던 것일까? 하여튼 여사제는 이렇게 중얼거렸다.

 "사령관님은 참으로 질 줄 모르시는 분이군요."

 그러자 알렉산드로스가 응수했다.

**영웅이라면 사자 한 마리쯤이야**
헤라클레스가 그랬듯이 알렉산드로스도 사자를 죽였(던 것으로 전해진)다. 하지만 이 조각상의 알렉산드로스는 칼을 들고 있고 사냥개도 있다. 맨손으로 사자를 목 졸라 죽인 헤라클레스와는 다른 부분. 자크 오귀스탱 디외도네의 작품.

"그것이 바로 내가 받고 싶어 하던 신의 뜻이오."

그러니까 알렉산드로스는 신탁을 받은 것이 아니라 만들어내었던 셈이 아닌가? 자신을 헤라클레스와 동일시하고 싶었던 나머지 헤라클레스를 의식하고 아폴론 신전에서 행패를 부렸던 것이 아닌가?

알렉산드로스에게는 '헤라클레스의 잔'이라는 특별한 이름으로 불린 커다란 술잔이 있었다. 그는 아시아 원정 중에도 이 술잔을 가지고 다녔다. 이런 기록도 있다.

"엄청나게 많은 독주를 마셨는데도 불구하고 그는 커다란 '헤라클레스의 잔'까지 가득 채우고는 한 방울도 남기지 않고 깨끗하게 비웠다."

알렉산드로스가 튀로스를 점령한 직후에 있었던 일을 역사가 아리아노스는 이렇게 쓰고 있다.

"알렉산드로스는 헤라클레스에게 제사를 올리고는 무장한 군대를 집결시키고 헤라클레스를 기리는 열병식을 거행했다. 그러고는 튀로스로부터 노획한 선박을 헤라클레스에게 바쳤다. 헤라클레스가 아득한 옛날 노획한 튀로스 선박을 자신에게 바쳤던 것처럼."

알렉산드로스가 동전을 주조할 때, 사자 가죽을 쓴 자신의 모습을 새겨 넣도록 했던 것으로 기록은 전한다. 하지만 그럴 필요까지는 없었을 것 같다. 한 인물이 위대함을 획득하면, 그 의중을 헤아려 '알아서 기는' 측근이 있게 마련이다.

알렉산드로스는 헤라클레스가 프로메테우스를 풀어주었던 곳으로 전해지는 곳을 수소문하면서 직접 찾아다니기도 했다. 군사를 몰고 신화의 현장을 찾아다닌 것을 보면 이 배짱 좋고 배포 두둑했던 전쟁 영웅에게 꽤 순진한 구석도 있었던 모양인가?

인더스강 가의 아오르노스 점령은 알렉산드로스에게도 쉬운 일이 아니었다. 그러나 엄청난 희생을 치르면서도 이 요새를 점령함으로써 그는 해묵은 한을 풀었다. 알렉산드로스 자신의 한이 아니었다. 제우스 신이 지축을 흔드는 바람에 점령을 포기하고 물러나야 했던 헤라클레스의 한을 풀어준 것이었다. 후처 바르시네가 낳아준 아들에게 '헤라클레스'라는 이름을 붙인 대목에 이르면 '따라 하기'를 넘어 다소 '오버'하고 있다고 여겨질 정도다.

로마 황제 중에도 자신을 영웅 헤라클레스와 동일시한 사람이 있다. 2세기 말의 '덜 떨어진' 로마 황제 코모두스가 바로 그 사람이다. 코모두스는 '헤라클레스 따라 하기'에 사로잡힌 나머지 헤라클레스처럼 괴물을 죽인답시고 애꿎은 장애인들을 괴물로 분장하게 하고는, 헤라클레스가 그랬듯이 몽둥이로 이들을 때려 죽인 것으로 악명 높은 황제다.

알렉산드로스의 경우와는 달리 코모두스는 뒤끝이 좋지 못했다. 보다 못한 부하들이 몰래 씨름 선수를 고용해서 코모두스에게 보냈으니까. 코모두스는 그 씨름 선수에게 '헤라클레스 목조르기'를 시도하다 되려 같은 기술에 목 졸려 죽었다.

1999년 여름, 런던에 있는 대영박물관을 찬찬히 둘러보았다. 흑백 사진으로만 보던 고대의 석상들을 내 눈으로 바라보는 재미가 참 각별했다. 관내 서점에서 도록圖錄 몇 권을 사가지고 나와 박물관 입구

**코모두스 황제의 설화석고상**
로마 콘세르바토리 궁전.

의 계단에 앉아서 사진은 보고 글은 읽었다.

그러다 화들짝 놀랐다. 「바즈라파니」라는 제목이 붙은 한 장의 사진 때문이었다. '바즈라파니'는 '금강저(벼락)를 든 사나이'라는 뜻이란다. '헤라클레스 차림을 하고 제우스의 벼락을 든 부처님 수행원'이라는 설명이 있었다.

후다닥, 박물관으로 다시 들어갔다(이 박물관에는 입장료가 없다).

'간다라 시대의 돋을새김'이라는 설명에 또 한 번 놀랐다. '간다라'라면, 그리스 본토에서 천리만치 떨어진 곳이 아닌가? 아니, 그곳 사람들이 어떻게 제우스를 알고 헤라클레스를 알았단 말인가?

부처님 앞에 서 있는 '수행원(보디가드)'은 사자 가죽을 머리에 쓰고는 사자의 두 다리 가죽을 질끈 동여매고 있다. 그는 오른손에는

**헤라클레스 차림의 부처님 수행원**
오른쪽 끝에, 몽둥이와 사자 가죽을 든 헤라클레스가 서 있다. 간다라 지역에서 출토된 돌을새김.
런던 대영박물관.

'금강저(벼락)', 왼손에는 몽둥이 같은 걸 들고 있다. '간다라'라는 말이 내 입을 맴돌았다.

'간다라'는 인더스강의 한 갈래인 카불강 하류에 있는 평원의 옛 이름이다. 옛날에는 인도에 속해 있었지만 지금은 파키스탄의 페샤와르 지역에 속한다.

부처님을 독실하게 섬기던 지역이었지만 이 지역 사람들에게는 불상, 즉 부처님 상을 제작하는 풍속도 없었고 제작할 만한 기술도 없었다. 기껏해야 탑, 진리를 뜻하는 바퀴, 연꽃 새겨진 보좌 같은 것을 쌓고 쪼았을 뿐이다.

그리스의 정복자 알렉산드로스 대왕이 간다라 지역을 정복하고 왕국을 세운 것은 기원전 327년의 일이다. 알렉산드로스는 이곳에 오래 머물지 못했고 왕국도 곧 무너졌다. 그리스인들은 조국으로 돌아갔지만 아예 간다라에 뿌리박은 그리스인들도 적지 않았다. 물론 그중에는 그리스의 돌쪼시(석공)들도 있었을 것이다. 그들은 간다라에서 조국 그리스의 신들과 영웅들의 석상을 쪼았다.

세월이 흘러 조국에 대한 기억이 희미해져갈 무렵부터 그리스인들의 후손들, 혹은 그리스 미술에 영향을 받은 석공들은 간다라에서 불상, 혹은 보살들의 석상을 제작하기 시작했다. 자연히 헬레니즘 냄새가 풍기지 않을 수 없었다.『그리스인의 모험』을 쓴 프랑스인 피에르 레베크는 1세기경 간다라에서 조성된 불상이 그리스의 신 아폴론을 빼다 박은 것 같은 데 충격을 받았다고 고백했을 정도다.

**짐승 가죽을 뒤집어쓴 부처님의 수행원**
중국 감숙성 맥적산 석굴에서도 짐승 가죽을 뒤집어쓴 부처님 보디가드를 보았다. 쓰고 있는 가죽은 약간 코믹하지만 옆에 세워놓은 몽둥이는 헤라클레스의 올리브나무 몽둥이와 흡사하다.

그러니까 내가 대영박물관에서 본 〈헤라클레스 차림을 하고 제우스의 벼락을 든 부처님 수행원〉은 이 시기에 간다라에서 제작된 돋을새김인 셈이다.

우리나라나 일본의 불교 미술, 특히 불상의 조성 기법도 간다라 미술의 영향권에 있다는 것은 잘 알려진 사실이다.

헤라클레스는 그리스 문화에 실려, 그리스 문화는 헤라클레스라는 강렬한 이미지에 실려 먼 동방으로 이렇게 전해진 것을 보라. 그리스 문화의 뿌리, 이거 참 넓고 깊게 퍼져 있다.

## 헤라클레스의 방

루이 14세는 "짐이 곧 국가"라는 말로 유명한 프랑스 왕이다. 국가와 자신을 동일시했으니 그의 생각은 곧 국가의 미래요, 그의 말은 곧 법이었겠다.

루이 14세는 '태양왕'이라는 별명으로도 유명하다. 자신을 태양과 동일시한 것이다. 태양과 자신을 동일시한 이 왕이 '따라 하기'에 관심이 있었다면 누구 '따라 하기'부터 시작했을까? 당연히 태양신 아폴론이다. 루이 14세 시절에 지어진 베르사유 궁전의 드넓은 뜰은 그래서 '아폴론의 뜰'이다.

베르사유 궁전에는 수많은 방이 있다. 방에는 각기 이름이 붙어 있고, 천장과 벽은 그 이름에 걸맞은 이미지들로 장식되어 있다. 아폴론 '따라 하기'를 할 만큼 방의 이름도 스케일이 여간 큰 것이 아니다. '아프로디테의 방', '아르테미스의 방', '아레스의 방', '헤르메스의 방',

이런 식이다. 여기에 인간의 몸에서 태어난 영웅의 방이 하나 있다.
'헤라클레스의 방'이다.

이 거대한 방의 천장화 〈헤라클레스 예찬〉을 그린 화가는 프랑수아 르무안이다. 천장화 중심에는 제우스와 헤라가 딸 헤베를 헤라클레스에게 신붓감으로 인도하는 그림이 그려져 있다. 네 모서리에는 '힘', '인내', '가치', '정의'를 상징하는 그림들이 배치되어 있다. 하필이 네 가지 덕목인가? 가시밭길을 걷지만 결국은 보상받게 되는 영웅의 덕행이다.

**프랑수아 르무안의 〈헤라클레스 예찬〉**
헤라클레스가 겪은 시련들이 군데군데 그림으로 그려져 박혀 있다. 올리브나무 몽둥이를 들고 제우스에게 다가가는 헤라클레스의 모습이 인상적이다.

무엇이 18세기 절대군주로 하여금 아득한 신화시대의 영웅 헤라클레스를 곱씹어보게 했을까? 헤라클레스의 '힘', '인내', '가치', '정의' 때문이었을까?

## 인류의 오래된 기억인가?

'한심한 녀석들······.'

피 흘리며 서로 싸우는 원숭이 수컷들을 보면서 내가 잠깐 해보았던 생각이다. 지금도 그렇게 생각하고 있는 것은 물론 아니다.

인도에는 원숭이가 참 많다. 산속에만 있는 것이 아니다. 힌두교 사원에도 있고 마을에도 있다. 이 원숭이들은 인도 사람들을 매우 귀찮게 한다. 마을로 내려온 원숭이들은 전깃줄 타고 이 집 저 집 옮겨 다니면서 온갖 못된 짓을 다 한다. 관광객이 먹고 있는 음식을 가로채기도 하고 심지어 관광객의 손가방을 뒤지기도 한다. 하지만 인도인들은 원숭이를 별로 미워하지 않는다. 미워하기는커녕 따로 마련한 음식을 주기도 하고, 죽으면 장례식을 치러주기도 한다. 사람과 원숭이가 더불어 평화롭게 사는 곳이 인도다. 인도에는 원숭이 모습을 한 신도 있다. 바로 '하누만'이다.

하지만 짝짓기 철이 되면 원숭이 마을의 분위기는 험악해진다. 걸핏하면 상대를 바꿔가면서 싸우는 수컷들 때문이다. 수컷들은 왜 이렇게 싸우는 것일까? 가장 힘센 수컷만이 동아리의 암컷들을 차지할 수 있기 때문이다. 그래야 힘센 아기 원숭이들이 태어날 수 있기 때문이다. 동물 세계에는 흔히 있는 일이다.

그러니까 나는 이 싸우는 수컷들을 보고 잠깐 '한심하다'고 생각한 것이다. 이들은 오로지 이빨과 발톱으로만 싸운다. 꽥꽥 소리를 있는 대로 지르면서, 쫓고 쫓기면서 할퀴고 깨무는 것이 이들 싸움 기술의 전부다.

이런 상상을 한번 해본다. 이들 가운데서 몽둥이를 휘두르는 수컷이 하나 나온다면 싸움은 어떻게 될까? 원숭이의 힘살이나 뼈대는 꽤 진화해 있다. 가벼운 몽둥이나 작대기는 들고 휘두를 수 있는 정도로 진화해 있는 것이다. 원숭이들 중에는 가느다란 나뭇가지를 꺾어 썩은 나무등치에 난 구멍을 후비고, 구멍 속에 사는 벌레를 잡아먹을 수 있는 녀석들도 있다. 힘살이 그만큼 정교하게 진화해 있어서 그게 가능할 것이다.

자, 몽둥이를 휘두르는 원숭이가 나타났다고 상상해보자. 감히 어느 수컷이 몽둥이 휘두르는 수컷을 당해낼 수 있을까? 몽둥이 휘두를 줄 아는 수컷은 아주 손쉽게 다른 수컷들을 따돌리고 무리의 우두머리가 될 것이다. 무리의 모든 암컷을 차지하게 되는 것은 두말할 나위도 없겠다.

몽둥이 다룰 줄 모르는 원숭이, 돌멩이를 던질 줄 모르는 원숭이가 조금 한심하게 보이기는 했다. 하지만 이게 우리 인간에게는 얼마나 다행한 일인가? 생각해보라. 원숭이가 관광객을 향해 몽둥이를 휘두르거나 돌멩이를 던지는 경우를 상상해보라. 인도 사람들, 평화롭게 살 수 있을까? 인도 여행 어디 마음 놓고 할 수 있을까? 그래서 나는 원숭이를 향하여 이런 농담을 건넬 수 있다.

"원숭이들아, 한심하게 굴어줘서 고마워!"

나는, 손에는 몽둥이를 들고 어깨에는 사자 가죽을 두른 헤라클레스 석상을 보면서 이렇게 상상해보고는 한다.

'헤라클레스의 몽둥이에는 인류의 오래된 기억이 묻어 있는 것은 아닐까? 몽둥이를 처음 써보았을 때의 그 아찔하게 황홀하고 신통방통했던 기억이 묻어 있는 것은 아닐까? 사자 가죽에는, 추위를 이기기 위해 처음으로 짐승의 가죽을 몸에 둘렀을 때의 놀랍게 따뜻했던 석기시대 기억이 묻어 있는 것은 아닐까? 가죽과 몽둥이는 새 세상이 열렸던 날을 기념하는 소중한 기억의 기념품은 아닐까?'

아득한 옛날의 인류는 지금의 원숭이들이 그렇듯이 돌멩이를 던질 줄도, 몽둥이를 휘두를 줄도 몰랐을 것이다. 아득한 옛날의 인류는 지금의 원숭이들이 그렇듯이 다른 동물의 가죽으로 옷을 만들어 입을 줄도 몰랐을 것이다.

자, 그런데 누군가가 처음으로 돌멩이를 던져 토끼를 잡고, 몽둥이로 때려 사슴을 잡았다고 상상해보자. 여기에서 한 걸음 더 나아가 노루나 사슴과는 비교도 되지 않을 정도로 크고 사나운 멧돼지나 사자를 몽둥이로 때려잡고, 그 가죽을 벗겨 머리에 뒤집어쓰고 다니는 경우를 상상해보자. 헤라클레스는 힘도 무지막지하게 센 영웅이었지만 불, 바위, 강물 같은 자연물을 적절하게 이용할 줄도 아는 슬기로운 영웅이었다. 그래서 헤라클레스 신화에는 문명시대 이전 인류의 추억이 묻어 있는 것은 아닐까 싶었던 것이다.

확인된 것은 아니다. 확인할 수도 없는 일이다. 내가 그렇게 느꼈을 뿐이다. 그런데 미국의 신화학자 캐런 암스트롱의 『신화의 역사』에서 눈이 번쩍 뜨이는 구절을 읽었다.

> 구석기시대의 영웅은 후대의 신화 속에 남아 있다. 예를 들어, 그리스의 영웅 헤라클레스는 수렵시대부터 전해져 내려온 인물임이 거의 틀림없다. 헤라클레스는 동물의 가죽을 입기도 하고 몽둥이를 들고 다니기도 한다. 그는 동물을 잘 다루는 걸로 유명한 샤먼이기도 하다. 지하세계에 다녀온 뒤 불멸이란 열매를 얻은 헤라클레스는 올림포스산에 있는 신들의 영역으로 올라간다.

하지만 나는 헤라클레스 신화를 해석하려 들지 않겠다.
다만 얘기할 뿐.

1장
암피트뤼온이 돌아왔다!

GREEK
AND
ROMAN
MYTHOLOGY

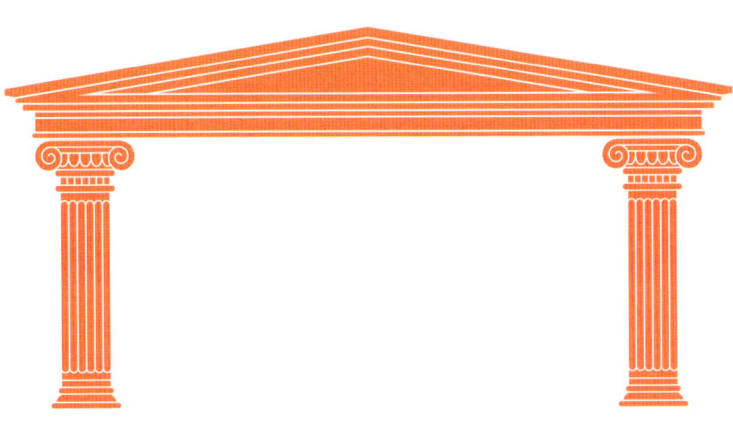

"아, 암피트뤼온!"

알크메네는 얼굴을 붉히면서 두 팔로 제 가슴을 가렸다. 싸움터로 떠났던 약혼자 암피트뤼온이 돌아온 것이다. 신화 시절에는 싸움터로 떠난 장군이 승전보보다 더 빨리 왔다. 싸움터가 바다 건너 쪽에 있을 경우는 특히 그랬다.

"그래요, 내가 왔어요. 그대 오라비들의 원수를 갚고 돌아왔어요."

암피트뤼온이 손을 내밀자 부관이 품 안에서 황금 술잔과 목걸이를 꺼내었다. 암피트뤼온 그걸 받아 알크메네에게 내밀었다.

"받아요. 프테렐라오스의 궁전에서 빼앗은 전리품이오."

황금 술잔은, 아득한 옛날 바다의 신 포세이돈이 손자 프테렐라오스에게 내려준 바로 그 술잔이었다. 목걸이는 일찍이 제우스 신이 에우로페에게 주었던 것과 모양이 아주 똑같았다. 암피트뤼온은 알크메네의 목에 목걸이를 걸어주고 황금 술잔에 술을 따라 권하면서 수작을 건넸다.

"아름다워라, 전리품이여. 바칠 이 있어서 더욱 아름다운 전리품이여."

"그대를 다시 얻은 기쁨이면 됩니다. 황금 술잔과 목걸이 선물은 이 기쁨에 아무것도 보태지 못합니다. 암피트뤼온 장군, 제가 기다리던 분이여, 프테렐라오스는 포세이돈의 부적을 제 몸에 뿌리내리게 한 강적이라고 저는 들었습니다."

"내 승리가 이렇듯 빛나는 것은 프테렐라오스가 강적이었기 때문이오."

"그자의 황금빛 머리카락 이야기를 들려주세요. 그자의 목을 벤 이야기를 들려주세요."

"첫날밤에 남의 피 이야기는 하고 싶지 않아요."

수작이 무르익자 암피트뤼온과 알크메네는 잠자리에 들었다. 부관은 칼집에 손을 댄 채 밖에서 기다렸다.

이윽고 달이 떠올랐다. 암피트뤼온과 알크메네의 사랑은 퍽 진진했던 모양이다. 하지만 너무나 오랜 세월을 기다렸던 암피트뤼온에게는 그 긴긴밤도 사랑하기에는 너무 짧았던 모양인가? 달이 서쪽으로 질 녘이 되자 암피트뤼온은 밖에 있던 부관을 불러 명했다.

"셀레네(달)가 귀찮구나. 조처하라!"

부관이 엄청나게 빠른 속도로 어딘가를 다녀왔다. 그러자 달은 도무지 질 기미를 보이지 않았다. 달은 여느 때 같으면 세 번 떴다가 세 번 졌을 그 긴긴 동안을 하늘에 머물렀다. 혹은 졌다가는 뜨고, 떴다가는 지고, 졌다가는 또 뜨기를 되풀이했다. 적어도 알크메네가 몸 붙여 살고 있던 테바이 도성 밖 마을에서는 그랬다. 테바이 백성의 시간으로 치면 사흘이 훌쩍 흐른 그런 시간이었으리라.

이 긴긴밤에 알크메네가 뱃속에 가지게 된 아들이 뒷날 '트리셀레노스'라는 별명으로 불리게 되는 것은 이런 내력이 있었기 때문이다. '트리셀레노스'는 '세 번 떠올랐던 달의 아들'이라는 뜻이다.

새벽이 오자 암피트뤼온은 부관을 데리고, 온다 간다는 말 한마디 없이 어디론가 사라졌다. 알크메네는 암피트뤼온이 왕을 만나러 테바이의 도성으로 들어간 것이거니 했다.

석양 무렵이 되자 암피트뤼온이 지친 모습으로 돌아왔다. 그는 알크메네 앞에서 두 팔을 벌리면서 속삭였다.

"그래요, 내가 왔어요. 그대 오라비들의 원수를 갚고 돌아왔어요."

그런데 참으로 이상한 일이 벌어졌다. 암피트뤼온이 보기에, 알크메네가 자기를 별로 반기지 않는 것이었다.

아니, 머나먼 섬나라의 싸움터에서 제 오라버니들의 원수를 갚고 돌아온 나에게 알크메네가 이럴 수 있는 것인가?

암피트뤼온은 황금 술잔과 목걸이를 꺼내어 알크메네에게 내밀었다.

"받아요. 프테렐라오스의 궁전에서 빼앗은 전리품이오."

알크메네에게, 암피트뤼온의 말투나 몸짓은 너무나 이상했다.

아니, 싸움터에서 사흘 전에 돌아온 사람이 새삼스럽게 갓 돌아온 사람같이 굴고 있지 않은가.

알크메네의 표정이 시큰둥할 수밖에 없었으리라. 황금 술잔과 목걸이를 건네주면서 암피트뤼온이 한 말도 사흘 전에 한 말과 똑같 았다.

"아름다워라, 전리품이여. 바칠 이 있어서 더욱 아름다운 전리품이여."

알크메네가 아무 대꾸를 하지 않았는데도 불구하고 암피트뤼온은 이런 말도 했다.

"내 승리가 이렇듯 빛나는 것은 프테렐라오스가 강적이었기 때문이오."

뿐만 아니었다. 암피트뤼온은 아무 말 없이 바라보고 있는 알크메네에게, 누가 묻기라도 한 듯이 이런 말까지 했다.

"첫날밤에 남의 피 이야기는 하고 싶지 않아요."

알크메네는 사흘 전에 선물로 받았던 황금 술잔과 목걸이 쪽으로 눈길을 던졌다. 목걸이는 그 자리에 있는데 황금 술잔은 보이지 않았다. 알크메네는 제우스의 사랑을 받고 목걸이를 선물로 받았던 에우로페를 잠깐 떠올렸다.

암피트뤼온과 알크메네는 신방에 들었다. 알크메네를 아내로 맞으려고 여러 차례 싸움터에서 목숨을 걸고 싸워야 했던 암피트뤼온에게 그 밤은 너무나 짧았으리라.

알크메네가 무심결에 이런 말을 했다. 무서운 진실은 종종 무심결에 하는 말에 실리는 법이다.

"어젯밤까지, 달이 세 번 떴다가 지도록 오래오래 사랑하시더니 오늘 또 이렇듯이 사랑하신다."

입이 무거운 암피트뤼온이 그제야 신부에게 물었다.

"그렇지 않아도 내가 물어보고 싶었어요. 목숨을 걸고 싸우고 돌아온 사람을 그대는 어째서 그런 표정으로 맞았지요? '달이 세 번 떴다가 지도록'이라니, 그것은 또 무슨 말이지요?"

알크메네는 사흘 전부터 그날 아침까지 일어났던 일의 자초지종을 암피트뤼온에게 낱낱이 들려주었다. 암피트뤼온은 방 안을 둘러보다가 목걸이를 발견하고는 속으로 이런 생각을 했다.

'아뿔싸. 이것은 제우스 신이 에우로페에게 사랑의 징표로 주었다는 목걸이가 아닌가. 알크메네가 제우스 신의 총애를 입은 것인가. 엄청나게 빠른 속도로 어딘가를 다녀왔다는 그 '부관'은 전령신 헤르메스 신이었던가?'

**알크메네에게 접근하는 제우스**
코미디, 즉 희극은 특정한 캐릭터의 모자라는 면이나 악덕을 왜곡해 보여줌으로써 우스꽝스러운 효과를 연출한다. 흡사 희극의 한 장면 같은 이 질그릇의 그림 역시 코믹하면서도 신랄하다. 헤르메스(지팡이와 모자를 보라)의 도움을 받아 알크메네의 방으로 접근하는 제우스의 모습에서 위엄이나 권위 같은 것은 찾아볼 수 없다. 남부 이탈리아에서 만들어진 질그릇의 그림. 로마 바티칸 박물관.

암피트뤼온은 원래 신들에 대한 믿음이 깊은 사람이라 이를 마음에 담아두고 지냈다. 하지만 가슴 아픈 것은 참아도, 궁금한 것은 참기 어려울 때가 종종 있는 법이다. 암피트뤼온의 궁금증은 예사 궁금증이 아니었다. 여러 목숨이 걸린 궁금증, 여차하면 피바람을 몰고 올 수도 있는 그런 궁금증이었다.

첫날밤을 지내기도 전에 나의 신부를 다녀갔다는 이 해괴한 사내는 대체 누구인가?

암피트뤼온은 경호원을 보내어 당시 테바이에 머물고 있던 테이레시아스를 불러오게 했다. '테이레시아스'라는 말은 '징조를 미리 읽는 자', '선견자', 즉 '미리 아는 자'라는 뜻이다.

**예언자 테이레시아스**
『옛 이야기 사전』에 실려 있는 19세기 동판화.

테이레시아스는 어떤 사람인가? 나르키쏘스의 손을 한 번 만져보고는 "네가 너를 아는 날이 네가 죽는 날"이라고 예언했던 사람이다.

테바이 왕 라이오스와 그 아들 오이디푸스의 앞일을 예언했던 자, 뒷날 아르고 원정대가 테바이에서 만나게 되는 예언자, 저승에서 오뒤쎄우스에게 귀향길을 일러준 눈먼 예언자가 바로 이 테이레시아스다. 테이레시아스가 육신의 눈을 잃어 장님이 되는 대신 마음의 눈을 얻어 앞일을 헤아리게 된 사연은 그리 길지 않다.

그 이야기를 먼저 하는 것이 좋겠다. 곁가지로 자꾸 새면 서사 줄거리가 어수선해질 수 있기는 하다. 하지만 아기자기한 신화는 큰 기둥 줄기의 곁가지에 밤하늘 별처럼 촘촘히 매달려 있는 경우가 자주 있다.

테이레시아스가 아테나 여신의 도시 아테나이의 숲을 지나가고 있을 때의 일이다. 한창나이였던 테이레시아스는 숲속에서 맑은 물에 몸을 닦고 있는 한 여성을 잠깐 훔쳐보았다. 물론 여염집 처녀이겠거니 하고 그랬을 것이다.

그러나 이를 어쩌랴! 여자는 여염집 처녀가 아니라 바로 아테나 여신이었다. 아테나 여신은 테이레시아스를 붙잡아 물었다.

"아르테미스 여신의 알몸을 훔쳐본 사냥꾼 악타이온이 어떻게 되었는지 네가 아느냐?"

"그는 사슴으로 몸이 바뀌어 사냥개들에게 죽임을 당했다고 들었습니다."

"그렇다. 인간은 신들의 세계를 기웃거리는 것이 아니다. 자, 이것은 신들의 몫이다."

아테나는 이 말과 함께 테이레시아스의 눈을 쓰다듬었다. 테이레시아스는 그 순간부터 앞을 보지 못했다. 장님이 된 것이다.

그러나 여신은 테이레시아스가 불시에 당한 봉변이 측은했던지,

"이것은 나 아테나의 몫이니라."

이러면서 다른 한 손으로 테이레시아스의 가슴을 쓰다듬었다.

이로써 육신의 눈을 잃은 대신 마음의 눈을 얻은 테이레시아스는 숲길을 걸으면서 아테나 여신을 찬양했다.

"영원한 '파르테노스(성처녀)'시여, 한 손으로는 치시되 한 손으로는 거두시니 감사합니다. 겉 보는 것을 거두어가시고 속 헤아리는 권능을 주시니 감사합니다. 육신의 눈동자보다 더 큰 눈동자, 육신의 눈동자보다 더 깊은 눈동자를 주시니 감사합니다. 성처녀 '프로노이아(예지자)'시여, 잃고도 얻는 것을 알게 하시니 감사합니다."

암피트뤼온은 앞 못 보는 예언자에게, 자기 신부에게 일어났던 일을 낱낱이 고하기가 부끄러웠다. 그러나 상대는 신화시대를 주름잡던 예언자가 아닌가?

"내가 싸움터에서 돌아오기 전에 내 약혼녀를 다녀갔다는 자가 허깨비인 것이오, 아니면 사흘 뒤에야 약혼녀 앞에 나타난 내가 허깨비인 것이오?"

테이레시아스는 다음과 같은 알 듯 모를 듯한 질문을 던졌다.

"짐작하시는 바가 없지 않으실 테지요?"

"없지는 않소만, 그런 일이 어떻게 나에게 일어날 수 있었는지, 왜 나에게 일어났는지 그것은 짐작하지 못하겠소."

"그러면 되었습니다. 조금 더 지켜보시지요."

테이레시아스는 그러고는 입을 다물어버렸다.

알크메네와 암피트뤼온의 대화에는 우리가 알아듣지 못할 말이 몇 마디 껴들어 있다. 다 사연이 있어서 그런 말을 했을 터이다.

포세이돈의 자손이라는 '프테렐라오스'는 누구인가? 그의 정수리에 박혀 있었다는 '황금빛 머리카락'은 또 무엇인가? '오라비들 원수 갚기'는 또 무슨 말인가? 암피트뤼온은 알크메네와 신방에 들기 위해 '오래 기다렸다'고 하는데, 이것은 또 무슨 소린가?

이야기를 앞으로 되놀려야겠다.

그리스 신화 기록의 원조 중 한 분인 아폴로도로스는 역사 쓰듯이 암피트뤼온과 알크메네의 족보와 개인사를 차례로 쓰고 있다. 말하자면 영웅 페르세우스부터 시작하는 것이다. 하지만 그 족보가 워낙 복잡하고 내력에 곁가지가 많아 독자들은 헤라클레스 이야기가 시작되기도 전에 지쳐버린 나머지, 아이고, 헛갈려, 하면서 혀를 내두르기 십상이다. 그래서 여기에서는 편의상 제우스, 알크메네, 암피트뤼온 이야기를 앞세운 것이다.

하지만 이야기를 앞으로 되돌리고, 족보 이야기도 덧붙이지 않을 수 없다. 그래야 이야기의 문맥이 온전히 정리될 수 있기 때문이다.

뮈케나이에 정착한 영웅 페르세우스와 안드로메다 사이에서는 다섯 아들과 딸 하나가 태어난다.

맏아들 이름은 알카이오스인데, 지금 이야기의 이 대목 주인공인 암피트뤼온은 바로 이분의 아들이다. 다섯째 아들 이름은 엘렉트뤼온이다. 이야기 이 대목의 여주인공인 알크메네는 바로 이분의 딸이

**뮈케나이 성문(사자의 문)**
성문 상인방 위에 두 마리 사자의 돋을 새김이 있다. 문 안쪽으로 '왕가의 길'이 보인다.

**뮈케나이성 안의 '왕가의 길'**
왼쪽으로 왕족들이 오르내리던 길이 있다. 사진 왼쪽의 둥근 구조물은 무덤의 벽. 왕족들은 이 길을 오르내리다 무덤에 묻혔으리라.

다. 알크메네에게는 오라비가 아홉이나 있었다. 그러니까 알크메네와 암피트뤼온은 사촌간이다. 하지만 아버지의 '거시기'를 자르기도 하고, 어머니들 죽이기도 하는 신화의 세계에서 촌수에 무슨 의미가 있겠는가?

 넷째 아들 메스토르는 딸을 낳고 이름을 힙포토에라고 했다. 그런데 바다의 신 포세이돈이 이 힙포토에를 납치해 살과 피를 섞었다. 이 둘 사이에 아들 타피오스가 태어났다. 앞에서 우리가 들었던 '황금 머리카락을 가진 강적 프테렐라오스'는 바로 이 타피오스의 아들이다. 그러니까 프테렐라오스는 영웅 페르세우스의 외손이고 해신 포세이돈의 친손인 셈이니, 족보로만 보자면 찬란하기 그지없다. 그가 다스리던 땅은 먼 섬나라 타포스섬이었는데 본토 사람들은 그 섬을 '텔레보에스섬'이라고 불렀다. '멀리 떨어진 섬'이라는 뜻이란다. 프테렐라오스라는 이름, 잘못 발음했다가는 혀를 깨물 것 같다. 하지만 조심해서 자주 말하다 보면 무슨 외국어를 능숙하게 하는 것 같아서 으쓱해지기도 한다.

해신 포세이돈은 프테렐라오스를 특별히 사랑하여 정수리에 황금빛 머리카락을 한 올 심어주었다. 아무리 사자 같은 장수라고 하더라도, 정수리에 황금빛 머리카락 한 올이 박혀 있는 프테렐라오스를 죽일 수 없다.

그렇다면 프테렐라오스는 불사不死의 몸인가? 두고 볼 수밖에 없다.

알카이오스의 둘째 아들은 스테넬로스다. 조금 있으면 이 스테넬로스의 핏줄에서 한 아들이 태어나게 되는데, 이 덜떨어진 아들은 뒷날 헤라클레스가 차례로 이룩하는 과업의 중심축을 이룬다.

어느 무렵, '멀리서' 뭘 요구하기를 좋아하는 텔레보에스 왕 프테렐라오스가 본토를 향하여 제대로 크게 한번 부르짖었다.

"우리의 자랑스러운 조상 페르세우스의 땅은 나에게도 나누어주어야 마땅하다. 페르세우스의 맏아들은 뮈케나이, 둘째 아들은 미데아, 셋째 아들은 티륀스를 차지하지 않았는가? 넷째 아들 메스토르의 땅은 어디 있느냐? 메스토르의 외손인 내가 묻는다. 메스토르의 몫은 어디 있느냐?"

메스토르의 몫이 본토에 있을 리 없다. 딸 때문이다. 포세이돈에게 납치되어 가 타포스섬에 뿌리내린 딸에게 본토 땅의 지분이 주어졌을 리 만무하다. 그 자손들도 본토와는 별 인연이 없었다.

프테렐라오스가 '멀리서' 부르짖었지만 본토는 꿈쩍도 하지 않았다. 자기의 요구가 쇠귀에 읽은 꼴이 된 것을 안 그는 여섯 아들을 보내어 뮈케나이의 소를 모조리 잡아 오게 했다. 당시 뮈케나이 왕은 엘렉트뤼온. 알크메네는 그 나라 공주였다.

프테렐라오스는 해신 포세이돈의 피를 받은 자가 아닌가? 여섯 아들이 하나같이 난폭하기 그지없는 해적들이었다. 프테렐라오스의 여섯 아들은 뮈케나이 땅에 닿는 대로 소라는 소는 모조리 바닷가로 내몰았다.

남의 소 몰고 뛰는 건 구경거리라지만 소 임자인 뮈케나이 왕에게는 이게 구경거리일 수 없었다. 왕은 아들 칠 형제에게 군사를 주어 해적 육 형제를 뒤쫓게 했다. 페르세우스의 친손들과 외손들 간에 큰 싸움이 벌어졌다.

이 싸움에서 뮈케나이 왕은 아들 칠 형제를 잃었다. 프테렐라오스의 아들 육 형제 중 오 형제도 목숨을 잃었다. 가까스로 살아남은 프테렐라오스의 아들은 소 떼를 엘리스 땅에다 맡겨두고는 섬나라로 군사를 물렸다.

"도둑맞은 소를 되찾아야 한다."

뮈케나이 왕은 신하들을 불러 대책을 의논하게 했다.

한 신하가 의견을 내었다.

"해적에 대한 가장 완벽한 복수는 해적의 흉내를 내지 않는 것입니다. 해적을 흉내 낼 것이 아니라 본토인의 품위를 지키면서 대책을 세우셔야 합니다."

뮈케나이 왕은 콧방귀를 뀌었다.

"소 같은 소리 마라. 우리가 소에게서 배워야 하는 것은 그 되새김질하는 습성이다. 죽은 내 자식들이 내 꿈자리를 어지럽힌다."

또 한 신하가 건의했다.

"전하께서는 연세도 많으십니다. 한 분 남으신 왕자님 연치는 너무 어리시고요. 따라서 막내 왕자님 장성하실 때까지 기다리는 것입니다."

뮈케나이 왕은 이 건의도 묵살했다.

"나는 세월을 기다릴 수 있으나 세월은 나를 기다려주지 않을 것이다."

세 번째로 제법 귀가 솔깃한 의견이 나왔다.

"알크메네 공주의 배필을 고르시되 섬나라 정벌을 염두에 두시는 것이 좋을 듯합니다. 그러면 왕자님들 원수를 세월 앞당겨 갚을 수 있을 것입니다. 그렇다고 사자 새끼를 골라 키워서는 안 되는 것이지만요."

뮈케나이 왕은 이 의견을 받아들여 사윗감을 어떻게 물색할까 곰곰이 생각하다 어느 날 문득 무릎을 쳤다.

"그래. 등잔 밑이 어둡다더니, 내가 형님의 아들 암피트뤼온을 미처 보지 못하고 있었구나. 조금 맹한 구석이 있기는 하나 원래 우직하고 고지식한 아이인 만큼 제 숙부의 나라를 핼금거리지는 않을 것이다. 그래. 사자 새끼가 아닌 것은 분명하다."

엘렉트뤼온은 암피트뤼온을 불러 의향을 물었다.

암피트뤼온은 순순히 그러겠노라고 했다.

"'알카이오스(용기 있는 자)'의 아들인 저에게 '알크메네(용기 있는 여자)'처럼 어울리는 신붓감이 어디 있겠습니까? 또 하나의 알카이오스가 저희 둘 사이에서 태어날 것입니다."

뮈케나이 왕에게 딸을 공짜로 사윗감에게 내어주고 싶은 생각이 있었던 것은 처음부터 아니었다.

사윗감이 나타나면 딸 가진 아비는 잔머리를 굴리게 마련이다. 딸 가진 아비가 잔머리를 굴리면 사위는 피곤해진다.

뮈케나이 왕은 사윗감을 엘리스로 보내기로 했다. 사윗감이 소 떼를 찾아오기는 고사하고 엘리스 왕국의 군대에 목숨을 잃는다고 해도 밑질 것이 없었다. 어차피 그 정도 그릇을 사위로 맞아들여보았자 뮈케나이에 득 될 것이 없을 터이기 때문이었다. 소 떼를 찾아온다면 그야말로 일거양득이있다. 사윗감의 능력이 증명되는 셈인 데다 도둑맞았던 소 떼까지 굴러들어 오는 셈이기 때문이었다.

"암피트뤼온, 너도 알 것이다. 해적 놈들이 우리 소를 도적질해 가다가 힘이 부치니까 엘리스 땅에 맡겨놓고 갔다. 우리 소이니 마땅히 우리 손으로 찾아야 하지 않겠느냐?"

암피트뤼온은 자기까지도 그 '우리'에 편입된 것에 감격한 나머지 자기 능력의 비정한 시험대인 줄도 모르고 이 미끼를 덥석 물었다.

암피트뤼온은 뮈케나이의 군사들을 이끌고 엘리스 땅으로 갔다.

엘리스 땅은 가축이 많기로 유명한 곳이다. 헬라스의 다른 지역들과는 달리 초원이 많기 때문이다. 뒷날 헤라클레스가 '소 부자 말 부자 아우게이아스의 말똥 무더기, 소똥 무더기'를 말끔히 치우는 곳도 바로 이 엘리스 땅이다.

암피트뤼온이 해적들이 맡겨놓은 소 떼 내어놓을 것을 요구하자 엘리스 왕은 싸늘한 반응을 보였다.

"소 떼를 맡긴 것은 섬나라 왕의 아들이다. 그런데 그 소 떼가 뮈케나이에서 도둑맞은 것이라고? 나는 그자가 이 소 떼를 어디에서 도적질했는지 그것은 알지 못한다. 내가 아는 것은, 이 소 떼는 나에게 맡길 당시의 임자인 그자가 와야 넘겨줄 수 있다는 것이다."

암피트뤼온이 무력으로 빼앗겠다고 위협하자 엘리스 왕은 하늘을 우러러 탄식했다.

"어째서 이 사람은 피의 매듭을 푸는 일을 피로써 시작하려 하시는가? 소를 내어놓는 일은 간단하나, 내가 그대 왕국에는 바보가 되고 섬나라 왕국에는 배신자가 되니 이것은 간단하지 않다. 나에게 한 가지 묘책이 있다. 그대가 섬나라를 정복하면 나는 소를 맡아둘 명분을 잃게 되니, 그편이 온당하지 않은가? 뮈케나이 사람들 피의 매듭 푸는 일은 엘리스의 피로 시작하는 것이 아니다. 언뜻 보면 지름길 같을지 모르나, 지름길이 종종 먼 길이 되는 수도 있는 법이다."

암피트뤼온에게 섬나라로 배를 띄울 배짱은 없었다. 엘리스 왕의 제안을 듣는 순간은 암피트뤼온이 할 수 있는 일이 두 가지로 줄어

드는 순간이었다. 이제 남은 일은 엘리스와 한바탕 피비린내 나는 전쟁을 벌이는 일이 그중의 하나였다. 하지만 아름다운 알크메네를 두고 온 암피트뤼온은 그 길을 선택하지 않았다. 그는 어떻게든 살아서 돌아가고 싶었다.

암피트뤼온은 대가 센 강골은 아니었던 것 같다. 엘리스 왕에게 이런 말을 했던 것을 보면.

"그렇다면 이렇게 하시지요. 내가 뮈케나이 소를 모조리 사가지고 돌아가리다. 왕께서는 그 돈으로 다른 소를 사서 나중에 해적들이

**뮈케나이의 아크로폴리스**
뮈케나이성 안에서 가장 높은 곳. 궁전의 잔해가 조금 남아 있기는 하지만, 지금은 구름이 주인 노릇을 하는 것 같다.

찾으러 오면 뮈케나이 소라고 우기면 되는 것입니다. 그러면 왕께서는 명분, 나는 실리를 얻는 것입니다."

엘리스 왕으로서는 싫을 것이 없는 제안이었다.

암피트뤼온은 소 떼를 몰고 의기양양 뮈케나이로 돌아왔다.

성벽 망루에서, 소 떼를 앞세우고 개선장군처럼 다가오는 암피트뤼온을 내려다보고 있던 왕은 몇 차례 고개를 갸웃거렸다.

"나의 병사들 수는 하나도 줄지 않았다. 부상당한 자 하나 눈에 띄지 않는다. 그런데도 암피트뤼온은 소를 되찾아 왔다. 엘리스 왕, 순순히 소 떼를 내어놓을 자가 아닌데, 이것은 이상한 일이 아닌가?"

왕은 암피트뤼온에게 어떻게 된 일이냐고 물어보았다. 고지식한 암피트뤼온은 솔직하게 털어놓았다.

"엘리스 왕은 소를 맡아가지고 있을 뿐 도둑질한 자는 아니지 않습니까? 피를 흘려야 하는 것은 섬나라 왕의 피붙이이지 엘리스 군사들이 아니지 않습니까? 그래서 제가 재산을 털어 소를 모조리 사 왔습니다."

"도둑맞은 소를 사 왔다? 너는 헬라스 온 나라의 법이 장물贓物, 곧 도둑질한 물건을 맡아주고 있는 자에게도 죄를 묻는다는 것을 몰랐느냐? 그런 죄인으로부터 소를 사 왔다는 말이냐?"

뮈케나이 왕 엘렉트뤼온은 이런 생각을 했을 법하다.

'아뿔싸, 밤새 고르다가 쥐 고른다더니, 내가 이 약골을 사윗감으로 골랐구나. 내 딸 알크메네를 이 약골에게 줄 수는 없을 것 같구나. 섬나라 왕은 내 손으로 칠 수밖에 없다.'

숙부로부터 뜻밖의 꾸지람을 들은 암피트뤼온으로서는 형편없이 구겨져버린 명예를 회복해야 했다.

"소 떼 사 온 것이 마음에 드시지 않는다면 제 손으로 소도둑들을 치겠습니다. 프테렐라오스를 제 손으로 죽이겠습니다. 군사를 내어 주십시오."

"군사를 내어달라?"

엘렉트뤼온에게는 암피트뤼온에게 군사를 내어줄 생각이 없었다. 아무래도 사윗감으로 찍은 암피트뤼온이 줏대 없는 약골로 보였기 때문이다.

"내가 두 가지 조건을 내걸겠다. 네가 이 두 가지 조건을 들어주겠다고 약속하면 섬나라로 배를 띄워 프테렐라오스의 목을 내 손으로 베겠다. 나의 조건을 들어줄 수 있겠느냐?"

"말씀하십시오."

"내가 섬나라에서 돌아올 때까지 왕권을 너에게 맡기겠다. 내가 돌아오면 반드시 돌려주어야 한다. 돌려주겠다고 약속할 수 있겠느냐?"

"저는 숙부의 나라를 가꾸릴 만큼 통이 큰 놈이 못 됩니다."

"내 딸 알크메네는 아직 약혼자일 뿐 네 아내는 아니다. 따라서 내가 돌아올 때까지 알크메네의 몸에 손끝 하나 대어서는 안 될 것이다. 약속할 수 있겠느냐?"

"알크메네가 원하지 않으면 접근하지 않겠습니다."

암피트뤼온으로부터 두 가지 약속을 받아낸 엘렉트뤼온은, 도둑맞았다 되찾은 소의 머릿수를 확인하려고 몸소 외양간으로 내려갔다. 암피트뤼온으로부터, 도둑맞은 소의 머릿수와 되찾은 소의 머릿수가 똑같은 것으로 확인했다는 보고를 받기는 했지만 왕에게, 도둑맞은 소를 돈 주고 사 온 암피트뤼온은 더 이상 미더운 존재가 못 되었다.

왕이 서늘한 바람을 일으키며 외양간으로 내려가자 암피트뤼온도 뒤를 따라나섰다. 무안당하고 혼자 남아 있기가 머쓱했기 때문일 것이다.

엘렉트뤼온이 소의 머릿수를 세고 있을 때였다. 어깨 위로 금빛 털이 말갈기처럼 자란 황소 한 마리가 갑자기 무리에서 떨어져 내달리기 시작했다. 암피트뤼온은 섬나라 이야기에 잔뜩 긴장하고 있던 참에 그 꼴을 보았으니 화가 머리끝까지 올랐을 것이다. 그는 버럭 화를 내며 들고 있던 곤봉을 그 황소 쪽으로 던졌다.

알크메네는 창가에서 이 광경을 내려다보고 있었음에 분명하다. 일이 잘못되느라고 그랬는지, 아니면 어느 신이 장난을 쳤던지 곤봉은 황소의 뿔을 맞고는 퉁겨 나와 엘렉트뤼온의 이마를 쳤다. 마치 아폴론이 던진 원반이 허공을 맴돌다 휘아킨토스의 이마를 쳤듯이.

휘아킨토스가 그 원반을 맞고 즉사했듯이 엘렉트뤼온도 그 곤봉을 맞고 즉사했다. 암피트뤼온은 곤봉 한번 잘못 던졌다가 숙부를 죽였던 셈이다.

오라비들에 이어 졸지에 아버지까지 잃은 알크메네에게 이제 의지할 사람은 암피트뤼온 한 사람뿐이었다. 알크메네는 자책하는 암피트뤼온을 위로했다.

"아폴론이 사랑하는 휘아킨토스를 죽이고 싶어서 원반을 던졌겠습니까? 그대가 내 아버지를 죽이고 싶어서 곤봉을 던졌겠습니까? 마침 제가 내려다본 참이어서 잘 압니다. 만일에 그대가 내 아버지를 죽이고 싶어서 곤봉을 던지고 그 곤봉을 튕겨 나오게 했다면 그것은 신의 솜씨이지 인간의 솜씨가 아닙니다. 이것은 신의 뜻입니다. 그러니 자책 마시고 내 오라비들 원수 갚을 방도나 세워주세요."

암피트뤼온이 뮈케나이 왕의 사윗감에서 하루아침에 국왕 시해자(弑害者)로 전락하자 맨 먼저 들고 일어난 자가 티륀스 왕 스테넬로스였다. 뮈케나이 왕과 형제지간인 티륀스 왕은 뮈케나이 왕을 시해한 죄를 물어 암피트뤼온을 테바이 땅으로 추방했다. 알크메네와 하나 남은 왕자까지 딸려 보냈던 것을 보면 스테넬로스는 후환을 무척 두려워했던 것 같다. 제 손에 피 한 방울 묻히지 않고 뮈케나이를 손아귀에 넣은 것은 물론이다. 암피트뤼온으로 말하면 자다가 병을 얻은 셈이요, 티륀스 왕 스테넬로스로 말하면 구름 따라가다 용 만난 셈이었다.

암피트뤼온은 테바이에서 크레온왕을 섬겼다. 신화시대에는 다른 사람을 섬김으로써 죄를 닦는 풍습이 있었던 모양이다. 암피트뤼온도 크레온을 섬김으로써 뮈케나이 왕을 죽인, 말하자면 미필적 고의

**테바이의 옛 성벽**
고대 도시 테바이는 어찌나 철저하게 파괴되었던지 오늘날 남아 있는 것이 별로 없다. 이 성벽은 아무래도 중세 이후에 세워진 듯하다.

로 지은 죄를 닦았다. 암피트뤼온은 꽤 오래 크레온을 섬겼던 것 같다. 그가 알크메네의 동생인 막내 왕자를 장가보냈던 것을 보면.

 상상이 된다. 혈기방장한 청년이 약혼녀와 한집에 머문다. 청년은 약혼녀와 한방에서 자고 싶었을 것이다. 자고 싶었던 정도가 아니라 약혼녀와 함께 자는 망상에 밤새 시달리느라 아침이면 코피를 줄줄 흘릴 지경이었을 것이다.

 암피트뤼온이 때로는 을러메고 때로는 애원했지만 알크메네는 요지부동이었다.

 "'알카이오스(용기 있는 자)'의 아들이여. 이 '알크메네(용기 있는 여자)'를 맞아 또 하나의 알카이오스를 얻겠다고 한 말씀 잊었나요? 나는 오라비들 여섯이나 잃었어요. 이 재앙의 씨앗을 누가 뿌렸나요? 섬나라 도적 무리의 우두머리입니다. 나는 아버지도 잃었어요. 이 재앙의 씨앗을 뿌린 자 또한 섬나라 도적 무리의 우두머리 프테렐라오스입니다. 이자의 목을 가져오세요. 엄중하게 경고합니다. 이자의 머리를 가져오기까지는 이 알크메네를 곁눈질하지 마세요. 굳게 약속합니다. 이자의 머리를 가져오는 날까지 이 알크메네는 처녀로 남아 그대를 기다리겠습니다."

이렇게 야멸차게 쏘아붙이는 알크메네 앞에서 암피트뤼온은 입 한번 벙긋해보지 못하고 물러나지 않으면 안 되었다.

암피트뤼온은 테바이 왕 크레온을 찾아갔다.

"오래된 원수의 나라 텔레보에스를 치려고 합니다. 부디 군사와 무기를 빌려주시기 바랍니다. 나는 텔레보에스섬에 대한 야심이 없습니다. 다만 내 약혼녀의 오라비들과 아버지의 죽음에 직접적, 간접적 책임이 있는 섬나라 왕 프테렐라오스를 죽이고 그들의 원수를 갚아주고 싶을 뿐입니다. 내 약혼녀는 섬나라 왕의 머리를 가져오지 않는다면서 내게 몇 년째 곁을 내어주지 않고 있습니다. 터럭 한 올 건드리지 못한 채 피를 말리면서 약혼녀 곁을 맴도는 이 혈기방장한 청년의 형편과 심정을 헤아려주십시오. 왕을 죽이고 섬나라를 정복하면 송두리째 전하께 드리겠습니다."

테바이 왕은 암피트뤼온의 아쉬운 소리를 끝까지 다 듣고는 한 가지 조건을 내걸었다.

"그대의 원수는 곧 나에게도 원수입니다. 그러나 지금은 그대를 위해서든 나를 위해서든 군사를 움직일 수가 없습니다. 들으셨는지 모르겠습니다만, 지금 테바이 땅은 여우 한 마리 때문에 골머리를 앓고 있습니다. 우리는 이 여우를 '테우메소스의 여우'라고 부릅니다. '뻥' 잘 치는 사냥꾼들 말이라서 다 믿을 수는 없지만요. 테바이의 산신 테우메소스가 보낸 여우랍니다. 어찌나 빠른지 화살이나 투창으로는 어떻게 해볼 도리가 없습니다. 사냥꾼들이 사냥개로써 산짐승의 씨를 말리고 신령스러운 산과 들을 피바다로 만드니까 테우메소스 산신이 이 여우를 보내었다는 것이지요. 지금 이 여우는 테바이의 사냥개라는 사냥개는 다 물어 죽이고 있습니다. 사냥꾼들이 여우 잡을 방도를 의논하다 신의 뜻을 물었더니, 인간 세상의 사냥개라면 어떤 사냥개든 모조리 따돌릴 수 있는 신통한 여우라는 신탁이 내리더랍니다. 이 여우를 없애주세요. 그러면 군사를 빌려드리겠습니다."

인간 세상의 사냥개라는 사냥개는 모조리 따돌릴 수 있는 여우가 있다면, 사냥개로써 이 여우를 잡는 방법은 하나뿐이다. 온 세상의 어떤 여우든 단번에 물어 죽일 수 있는 사냥개를 찾는 일이다. '테우메소스의 여우'라는 말은 '모순'이라는 말과 같은 뜻으로 쓰인다.

옛날 중국의 초나라에 입심 좋은 장사꾼이 있었다. 이 장사꾼은 창을 팔 때는 이렇게 허풍을 떨었다.

"창 사세요, 창. 이 창에 뚫리지 않는 방패는 이 세상에 없습니다. 창 사세요. 어떤 방패도 뚫을 수 있는 창 사세요, 창."

이자가 방패 팔 때는 이렇게 말을 바꾸었다.

"방패 사세요, 방패. 이 세상의 어떤 창도 이 방패는 뚫을 수 없습니다. 어떤 창에도 뚫리지 않는 방패 사세요, 방패."

장자 같은 철학자가 보았다면 이렇게 나무랐을 것이다.

"야, 이 사기꾼아, 앞뒤가 맞는 소리를 해라."

중국의 사상가 한비자가 쓴 『한비자』에 나오는 이야기다. 창을 뜻하는 '모矛', 방패를 뜻하는 '순盾'을 합하면 '모순矛盾'이 된다. 앞뒤가 안 맞는 경우를 뜻하는 '모순'이라는 말은 이 이야기에서 나왔다.

암피트뤼온은 야멸찬 알크메네의 표정을 떠올리며 그답지 않게 큰소리를 쳤다. '인간 세상의 사냥개'라는 말이 그의 뇌리를 떠나지 않았다.

"모든 사냥개를 따돌릴 수 있는 여우가 있다면, 모든 여우를 다 물어 죽일 수 있는 사냥개도 반드시 있을 것이니, 나는 그것을 찾아내겠습니다. 소도둑놈들의 섬으로 군사를 일으킬 채비나 하십시오."

크레온으로서는 오랜만에 들어보는 큰소리였다.

"달걀만 보고 병아리 수 셈하지 말고, 여우를 잡기 전에 딸 값 어림해서 헤아리지 말라는 옛말이 있습니다만, 믿고 기다려보리다."

암피트뤼온은 곧 여우 사냥꾼을 모집했는데, 그중에 케팔로스라고 하는 청년이 있었다. '케팔로스'는 '머리'라는 뜻인데, 아닌 게 아니라 머리 부분, 즉 용모가 매우 준수했다. 그가 몰고 다니는 사냥개도 주인 못지않게 잘생긴 스파르타 개였다. 사냥개에 대한 식견이 높지 않은 암피트뤼온의 눈에도 여느 개가 아닌 것 같았다.

케팔로스는 어떤 청년이며, 어떻게 그 사냥개를 손에 넣을 수 있었을까?

숲과 사냥의 여신 아르테미스는 자기가 거느리고 있는 요정들이 순결을 잃으면 그 죗값을 혹독하게 물리는 것으로 유명하다. 요정의 순결을 빼앗은 당사자가 자기 아버지 제우스라도 아르테미스는 그 요정을 용서하는 법이 없었다. 칼리스토가 좋은 예다. 칼리스토는 제우스 때문에 순결을 잃었다가 곰이 되고 말았다.

아르테미스의 숲에 프로크리스라는 아주 아리따운 요정이 있었다. 그런데 이 프로크리스는 미남 사냥꾼 케팔로스를 보는 순간 그만 홀딱 반하고 말았다. 인적 없는 숲에서 여신 모시고 살던 프로크리스가 보기에, 이름부터가 '케팔로스(머리)'였으니 그 청년의 두상頭相이 참 볼만하지 않았겠는가.

프로크리스는 순결을 잃은 직후 여신에게 죄를 자복하고 죗값을 청했다.

아르테미스 여신이 뜻밖의 말을 했다.

"네 입으로 고백하니 기특하다. 네가 세운 순결의 서원을 벗기고, 사냥꾼에게는 참으로 요긴한 선물을 하나 줄 터이니 함께 숲을 나가서 복되게 살아라."

아르테미스가 프로크리스 부부에게 선물로 내린 것은 사냥개 '라일라프스'였다. '질풍'이라는 뜻이다. 아르테미스가 기르던 사냥개였던 만큼 '인간 세상의 사냥개'가 아니라 '천하에 못 따라잡을 짐승이 없는 사냥개'였다.

고삐에서 풀려나자, '천하에 못 따라잡을 짐승이 없는 사냥개 라일라프스'는 '천하에 못 따돌릴 사냥개가 없는 테우메소스의 여우'를 찾아 '질풍'같이 내달았다. 그 모습이 인간의 눈에는 잘 보이지 않았다. 모래바람이 이는 데다 희미하게나마 네 발로 쓸고 지나간 자국이 남았기에 망정이지 그나마 남지 않았더라면 그렇지 않아도 '뺑'이 센 사냥꾼들은 라일라프스가 '날아갔다'고 했을 터였다.

케팔로스를 비롯, 사냥꾼 무리는 언덕에서 사냥개 라일라프스와 테우메소스의 여우가 쫓고 쫓기는 광경을 내려다보았다.

테우메소스의 여우는 뱅글뱅글 맴을 돌기도 하고, 하늘로 솟구치기도 하고, 전속력으로 달리다 뚝 꺾어 방향을 바꾸기도 하는 등 온갖 재간을 다 부렸다. 라일라프스는 이따금씩 입을 벌린 다음 여우의 뒷다리를 겨냥하고 입을 다물었다. 그러나 사냥꾼들 귀에 들리는 소리는 여우의 비명이 아니라 라일라프스의 빈 이빨 부딪치는 소리일 뿐이었다.

제우스 대신이 이 싸움을 내려보다가 혀를 찼다. 라일라프스가 이기면 자신이 사랑하는 산신 테우메소스가 무색해질 것이요, 테우네소스의 여우가 이기면 사랑하는 딸 아르테미스가 앙탈을 부릴 것이기 때문이었다.

제우스는 한순간에 참으로 여러 가지를 생각했다. 제우스는 그 짧은 순간에, 산신 테우메소스를 무색하게 하지 않고, 딸 아르테미스의 원망도 듣지 않고, 암피트뤼온을 멀리 텔레보에스로 보낼 수 있는 묘안을 찾아내어야 했다.

과연 제우스였다. 제우스는 곧 그 묘방을 찾아내었다. 사냥개와 여우를 석화石化시켜버리는 일이었다. 제우스는 왼손을 들어 사냥개와 여우를 한꺼번에 돌로 화하게 했다.

여우 소동이 가라앉자 크레온왕은 더 이상 댈 핑계가 없어져 암피트뤼온에게 군함과 병력을 빌려주었다. 암피트뤼온이 이 병력을 군함에 싣고 텔레보에스로 떠났던 것은 물론이다.

그런데 제우스가 '암피트뤼온을 멀리 텔레보에스로 보낼 수 있는 묘안'이라는 대목이 걸린다. 제우스에게 무슨 꿍꿍이속이라도 있는 것일까?

머리카락에 그 힘의 뿌리가 있어서, 혹은 굵은 쇠사슬 터뜨리기를 썩은 칡덩굴 터뜨리듯이 하고, 혹은 당나귀 턱뼈로 1천 명의 군사 죽이기를 잘 드는 낫으로 귀리 베듯 하는 영웅 이야기라면 독자들도 익히 들었을 것이다. 그러나 이런 영웅이 필경은 그 머리카락을 베이고, 다시 말해서 그 힘의 뿌리를 뽑히고 결국은 파멸하고 만다는 것도 독자는 알고 있을 것이다. 앞에서 잠깐 읽은 구약성서의 영웅 삼손이 그러지 않았던가?

암피트뤼온의 숙적인 섬나라 왕 프테렐라오스도 그런 영웅의 하나다. 프테렐라오스의 생명과 힘의 원천은 정수리에 있는 금발 한 올이었다. 금발은 일찍이 포세이돈의 은혜를 입고 그의 정수리에서 자라고 있었다. 그 금발이 정수리에서 자라고 있는 한 프테렐라오스는 천하무적이었다.

암피트뤼온이 큰일 났다.

프테렐라오스에게는 다행스럽게도, 그 황금 머리카락을 자르겠다고 나설 자가 있기는커녕 그런 머리카락이 있다는 사실조차 아는 사람이 없었다. 그러나 프테렐라오스에게는 불행하게도 잘생긴 사나이 앞에서는 곧잘 마음이 약해지는 딸 코마이토가 있었다.

암피트뤼온은 원래 티륀스의 왕자 출신이다. 그리스 남부 아르고스 지방에 있던 이 도시국가는 오랜 옛날부터 매우 앞서가던 문명권이었다. 뒷날 헤라클레스가 한동안 살게 되는 도시가 바로 티륀스다. 그가 자주 드나들던 도시는 역시 앞서가던 도시국가 뮈케나이인데, 이 두 도시국가는 서로 불과 10여 킬로미터밖에 떨어져 있지 않다.

자, '텔레보에스(멀리 떨어져 있는 섬)' 처녀 코마이토의 눈에, 앞서가던 도시국가 왕자 출신 암피트뤼온이 어떻게 비쳤을까? 일자무식의 상촌 섬처녀 눈에 비친 꽃미남 '섬마을 선생님' 같지 않았을까?

코마이토는 곧 싸움이 벌어진다는 것을 잘 알고 있었다. 어린 시절 아버지로부터 들은 황금빛 머리카락 이야기도 잘 기억하고 있었다. 뿐만 아니라 황금빛 머리카락이 온전히 그 자리에 붙어 있는 한, 잘생긴 본토 청년 장수가 아버지 프테렐라오스 손에 죽게 된다는 것도 잘 알고 있었다.

코마이토는 갈등하기 시작했다.

"아, 어찌하면 좋단 말인가?"

코마이토에게 다음과 같이 말할 수 있다면 독자는 눈이 매우 밝고 눈치가 굉장히 빠르다.

"마, 묻기는 뭘 물어? 너는 몰래 아버지 침실로 숨어들어 가 정수리의 황금빛 머리카락을 뽑아버리게 되어 있어. 그러면 네 아버지는 머리카락 잘린 삼손처럼 흐물흐물, 잔뜩 불어터진 국수가락처럼 흐느적거리겠지. 어차피 이 전쟁에서는 암피트뤼온이 이기게 되어 있어. 제우스가 뒷배를 보아주고 있잖아? 암피트뤼온의 사랑? 그거 네 차례에 안 와. 암피트뤼온이 너같이 불효막심한 것의 사랑을 받아들일 것 같아? 너는 암피트뤼온의 손에 죽게 되어 있어. 그게 이런 이야기의 공식이야. 메데이아, 아리아드네, 스퀼라가 그랬어."

그렇다. 암피트뤼온은 코마이토가 황금빛 머리카락을 뽑아준 덕분에 힘이 빠져버린 프테렐라오스의 목을 베었다. 사랑을 애걸하는 불효자식 코마이토의 목숨도 거두었다.

이제 남은 일은 테바이로 개선하여, 오래 그리워하던 알크메네의 순결을 거두는 일이다. 오라비들 원수를 갚기 전에는 얼씬도 하지 말라던 저 야멸차기 짝이 없던 알크메네를 아내로 맞는 일이다.

돌아가자, 테바이로!

암피트뤼온이 테바이에 도착해 알크메네의 거처로 달려간 것은 제우스가 다녀가고 나서 몇 시간 뒤의 일이다. 아무리 신들의 아버지라지만 제우스가 자기 신붓감까지 한차례 훑고 지나갔다는 사실을 암피트뤼온은 받아들이기 어려웠을 것이다.

**알크메네를 화형에 처하는 암피트뤼온**

에우뤼피데스의 『알크메네』에 나오는 것일 뿐, 아폴로도로스의 『그리스 신화 소사전』에는 없는 내용이다. 알크메네가 하늘을 향해 빌자 이 화형의 빌미를 제공한 제우스가 비를 내려 불을 끄고 있다. 옛 예술가들은 그림을 그리면서 신화에 없는 내용을 상상력으로 덧붙이기도 했는데, 이런 그림들은 뒷날 오히려 거꾸로 신화에 편입되기도 했다. 그러므로 이 그림은 암피트뤼온이 알크메네를 화형에 처했다는 사실을 입증하는 증거가 아니다. 예술가가 그렇게 상상했다는 증거일 뿐.

암피트뤼온은 분노로 몸을 떨면서 알크메네에게 이렇게 따져보고 싶었는지도 모르겠다.

"알크메네여, 나는 그대 아버지와 오라비들의 원수를 갚아주겠다던 약속을 지키고 이렇게 돌아왔소. 원수를 갚고 돌아올 때까지 순결을 지키겠다던 그대의 약속은 어찌 된 것이오? 그대도 약속을 지킨 것이오?"

참 대답하기 어려운 질문이다.

내가 보기에 알크메네는 약속을 지켰던 것 같다. 알크메네가 순결을 바친 상대가 제우스이기는 하다. 하지만 제우스는 암피트뤼온의 모습을 하고 찾아오지 않았는가? 그러므로 그것은 제우스가 아니라 암피트뤼온인 것이다.

　알크메네는 인간이다. 제우스가 어떤 신인데 인간이 알아볼 수 있을 정도로 허술하게 변장하겠는가? 알크메네에게는 가짜 암피트뤼온의 정체를 파악할 의무가 없다. 그러므로 무죄다. 만일에 알크메네가 유죄라면, 헬라스 여인들은 잠자리에 들 때마다 지아비의 정체를 의심해서 귀와 코를 한 번씩 차례로 잡아당겨보아야 하는데, 그것 참 번거롭겠다.

## 2장
# 영웅, 땅에 내리다

GREEK
AND
ROMAN
MYTHOLOGY

# 아기 헤라클레스, 뱀을 죽이다

알크메네의 신방에 변장한 제우스와 암피트뤼온이 차례로 다녀가고 나서부터 열 달 가까이 되었을 즈음이었다. 알크메네가 몸 풀 날이 다가오고 있었다. 배앓이가 시작되면 산모는 사랑의 달콤하기와 진통의 고통스러움을 자꾸 견주어보게 된다던가? 알크메네가 두 암피트뤼온과의 첫날밤을 떠올리며 몸 풀 채비를 하고 있을 동안 올륌포스 천궁에서는 이런 일이 벌어지고 있었다.

제우스는 여러 신을 불러 앉히고는 '화禍'의 여신 아테에게 맹세하고는 다음과 같이 선언했다.

"신들이여, 여신들이여, 내 말을 들으시고 나의 기쁨과 근심을 함께 나눕시다. 오늘 정오 해산의 여신 에일레이튀아의 도움으로 아르고스 땅의 지배자가 될 나의 피붙이가 세상에 태어날 것이오. 기쁨을 나누자는 것은 나누면 몇 갑절로 기쁠 것이기 때문이요, 근심을 나누자는 것은 나누면 그만큼 가벼울 것이기 때문이지요. 화의 여신에게 맹세한 만큼 내 뜻을 거스르면 화가 미칠 것이오."

헤라 여신이 이 말을 들었으니 아마 속이 뒤집히고 말았을 것이다.

'오냐, 나 모르게 자식을 지어 낳게 하더니, 저렇듯 시치미를 떼는구나. 아니, 아르고스의 지배자 여기 있다. 어디 나 모르게 자식을 낳고 아르고스의 지배자로 봉할 수 있을 줄 알았더냐?'

이렇게 생각하면서도 겉으로는 짐짓 아무렇지도 않은 양 말마중을 했다.

"제우스 대신의 말씀대로 될 것입니다. 오늘 한낮에 인간 세상의 여자 다리 사이에서 태어나는 아이가 장차 아르고스의 지배자가 될 것입니다. 그렇지요?"

헤라의 말에 제우스는 부지불식간에 고개를 끄덕였다. 제우스가 정신없이 빠른 속도로 돌아가는 헤라의 머리를 따라잡을 수 있을 리 만무했다. 제우스가 고개를 끄덕거리는 순간에 헤라는 '오늘 한낮에 여자 다리 사이에서 태어나는 아기'를 아르고스의 지배자로 세우겠다는 약속을 받아내었던 셈이다.

아르고스는 헬라스 남부의 비옥한 노른자위 땅이다. 같은 이름의 도시도 있지만 편의상 아르고스를 지역 이름으로 쓰겠다. 뮈케나이, 티륀스 같은 강대한 도시국가가 바로 이 아르고스 땅에 있었다.

제우스의 묵시적 승인을 받은 헤라는 급히 자리를 떴다.

헤라는 먼저 '해산의 여신'과 '운명의 여신들'을 불러 알크메네의 진통을 멎게 한 다음 이들을 다시 아르고스 땅으로 내려보냈다.

헤라가 이들을 아르고스 땅으로 내려보낸 데는 까닭이 있다. 제우스가 말한 '나의 피붙이'를 헤라는 아르고스 땅에서 찾아낸 것이다.

**모이라이 세 여신**
한 여신이 실로써 운명을 짜면 또 한 여신은 갓 태어난 아기에게 이 운명을 나누어준다. 이렇게 해서 결정된 운명은 절대로 바꿀 수 없다. 19세기 화가 존 스트루드위크의 그림.

**모이라이, 즉 '운명의 세 여신들'**
맨 오른쪽의, 가위를 든 여신의 이름은 아트로포스, '거역할 수 없는 여신'이라는 뜻이다. 아트로포스가 한 인간의 운명을 이 가위로 자르려 들면 아무도 거역할 수 없다. 프란시스코 고야의 그림.

암피트뤼온을 테바이로 추방하고 뮈케나이성을 송두리째 삼킨 스테넬로스를 기억할 것이다. 스테넬로스는 페르세우스의 손자이고, 페르세우스는 제우스의 아들이다. 따라서 제우스가 말한 '나의 피붙이'에 확실하게 해당한다.

이 스테넬로스의 어린 아내 니키페의 복중에도 일곱 달 된 자식이 있었다. 헤라가 해산의 여신과 운명의 여신들을 보낸 것은 바로 이 니키페의 복중에 있는 자식을 서둘러, 그러나 정확하게 한낮에 낳게 하기 위해서였다.

해산의 여신이 손수 거들었으니 해산은 어렵지 않았다. 해산의 여신 덕분에 니키페가 칠삭둥이, 즉 일곱 달배기를 낳자 운명의 여신들은 이 아기에게 운명을 점지해주었다. 그런데 그 운명이라는 것이 기구하다.

**해산의 여신 에일레이튀아**
로마 시대에는 '루키나'로 불렸다. 로마 시대의 청동 마스크.

아기의 부모는 칠삭둥이에게 '에우뤼스테우스'라는 이름을 지어 주었다.

에우뤼스테우스. 헤라클레스에게 시련을 줄 운명을 타고 태어난 자의 이름이다.

아기가 태어난 시각이 정확하게 정오였다는 것을 확인한 헤라는 제우스에게 이렇게 고했다.

"대신이시여, '화의 여신' 아테에게 걸고 한 맹세를 잊지 않으셨겠지요? 오늘 정오, 장차 아르고스의 지배자가 될 대신의 피붙이가 여자의 다리 사이로 태어났습니다. 니키페의 아들 에우뤼스테우스의 탄생을 여러 신과 더불어 기뻐해야 할 일입니다."

제우스의 표정이 뻥 뚫리면서 구멍이 났다.

"아니 어째서 알크메네의 아들이 아니오?"

"어째서 니키페의 아들이면 안 되는 것입니까? 니키페가 오늘 정오에 다리 사이로 대신의 피붙이를 낳았는데요?"

"알크메네는 어떻게 된 것이오?"

"신통이 시작되너니만 그것마저 밎은 모양입니다."

그것이 헤라의 농간이라는 것을 모를 제우스가 아니었다. 해산을 관장하는 여신은 헤라의 심복이 아니던가?

제우스는 돌아앉으면서 화를 참았다.

'그래, 헤라여, 내가 그대를 아내로 맞이할 때, 사악한 잔꾀를 이겨 보겠다는 헛된 희망 또한 없지 않았다.'

화를 삭이지 못한 제우스는 '화의 여신' 아테의 머리끄덩이를 잡

고대 그리스의 식민지였던 시칠리섬에서 발견된 〈제우스와 헤라〉
기원전 5세기 작품이어서 정교하지는 않다. 제우스와 헤라가 왠지 다투고 있는 것 같다.

아 천궁에서 인간 세상으로 집어던져버렸다. 그러나 제우스도 아테를 하계로 던질 수 있을망정 아테에다 걸고 친 맹세를 거두어들일 수는 없었다.

 그즈음 테바이 땅의 알크메네는 에우뤼스테우스가 태어난 순간부터 진통을 다시 시작했다. 하지만 알크메네는 고통으로 몸부림쳤을 뿐 여전히 해산은 하지 못했다.

 당연했다. 해산의 여신과 운명의 여신들이 그 옆방에 팔짱을 끼고 서 있었기 때문이다. 알크메네의 시중을 드는 여자들의 눈에는 여신들이 보이지 않는 것은 물론이다. 해산의 여신이 아기를 낳게 하면 운명의 여신들은 그 아기의 운명을 점지하는데 이들이 팔짱을 끼고 있으면 산모는 아기를 낳을 수 없다.

알크메네의 놀이 동무 중에 갈린테스라는 여자가 있었다. 갈린테스는 어찌나 재치 있는 말을 잘하는지, 타향 테바이에서 곧잘 소외되던 알크메네를 자주 즐겁게 해주었다. 갈린테스는 알크메네가 용쓰는 걸 보다 못해 허공에 삿대질하며 소리를 질렀다.

"해산의 여신, 운명의 여신들이 여기 계시거든 들으세요. 그렇게 팔짱 끼고 계실 것 없어요. 제우스 대신께서 손을 쓰시어 알크메네는 이미 아들을 낳았어요. 이제 별 볼일이 없을 것이니, 어서 온 데로 돌아가시라고요!"

해산의 여신과 운명의 여신들은 '제우스가 손을 썼다'는 말에 소스라치게 놀라 부지불식간에 팔짱을 풀었다. 바로 그 순간 알크메네는 아들을 낳았다. 한 아기가 조금 전에 태어난 칠삭둥이 에우뤼스테우스로부터 온갖 시련을 당할 운명을 타고 이 세상에 내린 것이다.

나중에 속은 것을 안 여신들은 갈린테스를 족제비로 화하게 하고는 수태는 귀로, 분만은 입으로 하게 했다. 족제비가 지금도 그러는지 안 그러는지 모르겠으나 옛날 사람들은 그렇게 한다고 믿었던 모양이다.

조금 다른 이야기도 있다.

팔짱을 끼고 수수방관하고 있는 여신들 앞으로 '갈레(족제비)' 한 마리가 발등을 스치듯이 하면서 쏜살같이 지나갔단다. 아무리 해산의 여신이라고 해도 족제비 한 마리가 발등을 스치듯이 쏜살같이 지나가는데 기겁을 하지 않을 수 있겠는가. 여신은 비명을 지르며 엉겁결에 팔짱을 풀었다는 것이다.

뒷날 헤라클레스는 갈린테스를 위해 사당을 지었는데, 테바이 사

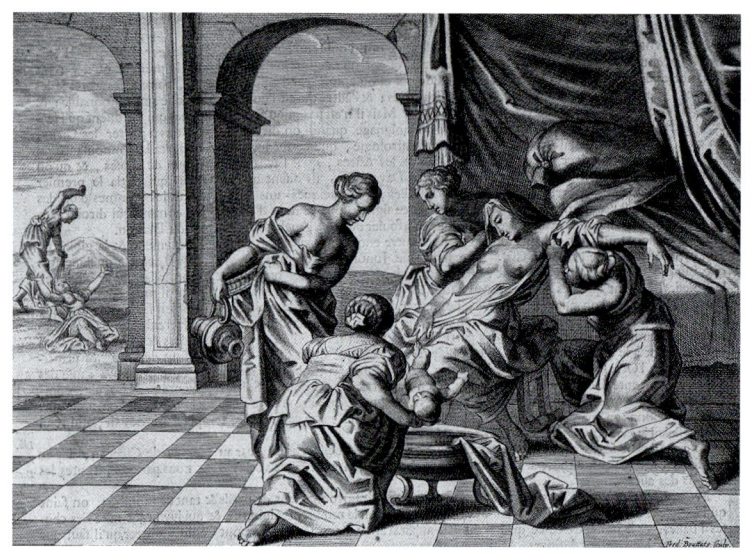

**헤라클레스를 출산하는 알크메네**
갈린테스의 말에 놀란 여신들이 팔짱을 푼 순간 아들이 태어났다. 뒤편에서 갈린테스가 해산의 여신 에일레이튀아에게 끌려가 맞고 있는 것으로 보인다. 17세기 벨기에 판화가 프레데릭 바우타츠의 동판화.

람들은 해마다 영웅 헤라클레스 제사 때가 될 때마다 제물을 마련하고 먼저 갈린테스에게 제사를 지냈단다.

알크메네는 아들을 낳은 다음 날 또 아들을 낳았다. 인간 세상에서는 있기 어려운 일이다. 하지만 알크메네가 이 두 아들을 배게 된 사연은 인간 세상에 어디 있을 법한 일이던가?

부모는 먼저 난 아들 이름을 '알케이데스'라고 지었다. '알카이오스의 자손'이라는 뜻이다. 알카이오스는 암피트뤼온의 아버지 이름이다. 그러니까 정확하게는 '알카이오스의 손자'라는 뜻이다. 헤라클레스는 장성할 때까지 이 이름으로 불렸다. 하지만 가뜩이나 긴 헬라스 사람들의 이름, 이 이름 저 이름 바꿔 쓰면 헷갈리니까 우리는 편의상 처음부터 헤라클레스라고 부르기로 하자.

두 번째로 태어난 아들 이름은 '이피클레스'라고 했다. '용맹으로 이름을 떨치는 자'라는 뜻이지만, 이피클레스는 용맹을 그다지 떨치지 못했다.

두 아기의 부모는 먼저 태어난 아기는 암피트뤼온으로 변장하고는 달이 세 번 떴다 질 동안 알크메네를 사랑했던 자의 자식이요, 이피클레스는 진짜 암피트뤼온의 자식이라는 걸 어렴풋이 알고 있었다.

헤라의 재치 있는 잔머리 굴리기에 된통 당한 제우스는 풍차라도 돌릴 듯한 기세로 푸욱 한숨을 내쉬었다. 그가 한숨을 쉰 데는 까닭이 있다.

제우스는 아름다운 여성을 차지하기 위해서는 어떤 동물로든 변신하기를 마다하지 않은 신이었다. 때로는 딸 아르테미스의 모습을 빌리는 비열한 수를 쓰기도 했다. 그중에서도 제우스 자신도 낯 뜨거웠던 것이 바로 약혼자 암피트뤼온으로 변장하고 알크메네를 차지한 바로 그 사건이었다.

하지만 제우스 신에게도 할 말은 있었다.

그는 '신들의 아버지'로 불린다. 신들 중에 그와 여신들 사이에서 난 아들딸이 많기 때문이다. 그는 여러 여신은 물론이고 인간 세상의 여자도 무수히 차지한 바람둥이였다.

헤라가 지아비의 그런 바람기를 좋아했을 까닭이 없다. 그러나 헤

**헤라 여신**
기원전 5세기의 대리석상이라고 믿어지지 않을 만큼 정교하다. 바티칸 박물관.

라가 바가지를 긁을 때마다 제우스는 이렇게 넉살 좋게 응수하고는 했다.

 "인간 세상을 위해 할 일은 하고많은데 뚜렷한 직분을 가지고 인간들 도와줄 신들의 수, 인간 세상에서 날뛰는 무수한 괴물을 잡아 죽일 영웅의 수는 턱없이 모자라지 않소? 이러는 나도 좀 피곤하오."

 제우스는 이때 벌써 '기간토마키아', 즉 '거신巨神들과의 전쟁'을 예견하고 있었던 것일까? 뒷날 헤라클레스는 이 전쟁에서 제우스를 도와 큰 공을 세우게 된다.

 알크메네를 끌어들인 것도 제우스가 세운 원대한 계획, 제우스가 촘촘하게 그린 밑그림의 일부였다. 그에게는 장차 시련을 당할 올륌포스 신들을 도와줄 초인超人이 필요했다. 그는 알크메네에게서 태어나는 아들을 아르고스의 지배자로 세워놓은 뒤 때를 기다릴 속셈이었다. 그런데 헤라가 잔머리를 굴려 일을 그르치고 있는 것이었다.

제우스는 헤라에게 절충안을 내어놓았다.

"헤라여, 십 리가 모래 바닥이라도 눈 찌를 가시나무는 있다더니 내가 그대라고 하는 가시나무에 눈을 찔렸소. 따라서 나는 에우뤼스테우스를 아르고스의 지배자로 용인할 것을 약속하오. 그대는 내가 그린 큰 밑그림에다 황칠을 한 셈이오만, 나 또한 이대로 무너져서는 그대 보기에도 모양이 좋지 않을 것이오. 그러니 미워하기만 할 게 아니라 알크메네의 몸에서 난 내 자식에게도 그대가 무엇인가를 베풀어주기를 바라오."

"대신이여, 강물은 잘 때가 있지만 시앗 바라기하는 지아비의 아내는 자지 않습니다. 그러지요. 상아가 어찌 소의 엄마와 같겠습니까? 그 아이를 제 손에 붙이세요. 제우스 대신의 아들이라도 제우스 대신의 자식 값을 못 할 그릇이면 그걸 어디에다 씁니까? 대신에게도 모양이 안 날 것이고요. 그러니 저는 그 아이를 미래의 아르고스 지배자 손에 붙일 것입니다. 그 아이가 장차 이 헤라와 아르고스의 지배자의 담금질을 견딘다면 이 헤라도 기꺼이 그 영광을 인정하겠지만 견디지 못하면 그뿐입니다. 대신께서는 이제 그 아이 일에 간섭하지 못하실 것이니 그리 아십시오. 잘 아시겠지요?"

헤라는, 대신의 다짐을 받아도 단단히 받은 다음에야 올륌포스의 대전을 나왔다.

은하수의 기원에 관한 신화, 신화 쓰기의 원조 아폴로도로스의 기록에는 나오지 않는다. 하지만 다른 작가에 의해 기록되었을 법한 이 이야기는 광범위하게 유포되어 있다. 뒷날의 화가들은 앞다투어 이 이야기를 그림으로 그렸다.

  제우스의 자식을 낳고도 헤라의 앙갚음을 면한 여신이나 인간 세상의 여자가 어디 있던가? 알크메네는 이것을 잘 알고 있었다.

  헤라의 진노가 세 모자母子에게 떨어질 것이 두려웠던 알크메네는 먼저 낳은 아들 헤라클레스를 들판에다 버려 헤라의 뜻을 물었다. 헤라의 진노가 헤라클레스에게 미친다면 나중에 난 이피클레스는 살릴 수 있을 것이라고 판단했기 때문이다. 그런데 암피트뤼온이, 두 아들 중 어느 아들이 제우스의 자식인지 궁금했던 나머지 아기 헤라클레스와 아기 이피클레스를 동시에 버렸다는 주장도 있다. 어쨌든 아기 헤라클레스가 버려졌다는 벌판은 뒷날 '헤라클레스의 평원'이라고 불린다.

  헤라클레스가 벌판에 버려졌다는 것을 맨 먼저 안 여신은 헤라 여신이 아니라 아테나 여신이었다. 아테나는 아기 헤라클레스를 안고 올륌포스로 올라갔다.

  아테나는 처녀 신이다. 헤라는 결혼의 여신, 가정의 여신이다. 헤라의 눈에, 가정을 꾸리지 않고 긴긴 세월 혼자 사는 처녀 여신이 못

마땅했을 수밖에. 그래서 말투가 곱지 않다.

"아니, 처녀가 웬 아기를 안고 다닌대? 그것도 갓난아기인 것 같은데."

"들판에 버려진 아이입니다. 저는 이 아기가 며칠을 굶었는지 알지 못합니다. 저를 좀 도와주세요."

"내가 아테나 여신을 어떻게 도와요?"

"다른 여신들이 있기는 합니다만 부뚜막의 여신 헤스티아, 사냥의 여신 아르테미스, 그리고 저 아테나 모두 처녀입니다. 처녀가 아기에게 젖을 물릴 수도 없거니와 그럴 수 있다고 해도 젖이 나오지 않습니다."

"근본도 모르는 아이에게 젖을 먹이라는 것이오? 내 젖을 먹으면 영원한 생명을 얻는다는 것도 모르오?"

"영생의 능력만 빼고 먹이시면 되지요. 아폴론 신이 인간에게 예언의 능력을 주되 설득력을 쏙 빼고 주어 헛소리나 지껄이게 했던 것처럼요."

헤라 여신도 딱 잘라서 거절하기 어려웠다. 아테나 여신으로부터 처음으로 받아보는 부탁이었기 때문이다.

헤라는 대수롭지 않게 여기고는 아기에게 젖을 물렸던 모양이다.

"꺅! 무슨 애가 힘이 이렇게 세!"

아기가 어찌나 세게 젖을 빨았던지 헤라 여신은 비명을 지르며 아기를 가슴에서 떼어냈다. 하지만 젖은 멈추지 않고 계속해서 흘러내렸다.

**은하수의 탄생**
헤라가 아기 헤라클레스에게 젖을 빨리다 흘린 젖 줄기가 은하수가 되었다. 이 광경을 제우스가 바라보고 있다. 제우스의 상징인 벼락 다발을 그러쥔 독수리, 헤라의 상징인 공작새도 보인다. 페테르 파울 루벤스의 그림.

 인간 세상에서 있었던 일이 아니다. 저 높은 곳에 있는 올림포스 천궁에서 있었던 일이다. 헤라 여신의 가슴에서 흘러내린 젖 줄기는 멀리 멀리 퍼져나가 하늘을 뿌옇게 물들이다가 곧 굳어져서 '젖의 길', 즉 은하수가 되었다.
 아득한 옛날의 헬라스 사람들은 이렇게 해서 은하수가 생기게 되었다고 믿었던 모양이다.
 뒷날 로마 제국 사람들도 이것을 믿었던지 은하수를 '비아 락테아'라고 불렀다. 역시 '젖의 길'이라는 뜻이다. 은하수를 영어로는

'밀키 웨이 Milky Way'라고 하는데 이 말도 '젖의 길'이라는 뜻이다.

그렇다면 헤라클레스가 태어나기 전에는 하늘에 은하수가 없었던 셈이 아닌가?

신화시대에는 하늘에 별자리로 붙박인 인간이나 동물이 아주 많다. 제우스 신이 대부분의 별자리를 하늘에다 박았던 것이다.

옛 헬라스 사람들은 많은 별자리가 헤라클레스가 이 땅에 태어나기 전에는 없었다고 믿었던 것이 분명하다. 그래서 헤라클레스 이야기를 두고, 별자리의 기원을 설명하기 위해 누군가가 지어낸 이야기다, 이렇게 주장하는 사람도 있다. 주장하라지.

어쨌든. 아테나 여신은 헤라 여신의 품에서 아기 헤라클레스를 가로채 재빨리 인간 세상의 어둠 속으로 사라졌다. 알크메네가 아기 헤라클레스를 돌려받은 것은 물론이다.

아기 헤라클레스와 이피클레스가 태어난 지 여덟 달쯤 되었을 때의 일이다. 암피트뤼온의 집에서 이상한 일이 벌어졌다. 아기 헤라클레스가 최초로 그 손에 피를 묻히는 일이 벌어진 것이다.

이날 알크메네는 이 쌍둥이 형제를 사프란색 강보에 싸서 재워두고는 남편 암피트뤼온과 한담을 나누고 있었다. 그러다 자지러지는 이피클레스의 울음소리와 하녀들의 비명을 들었다.

가장 먼저 튀듯이 일어난 사람은 알크메네였다. 이어서 암피트뤼온이 달려갔고, 그 뒤를 따라 암피트뤼온을 경호하던 카드메이아인들이 아기들이 자던 방 쪽으로 달려갔다.

그러나 나중 달려간 자들이나 먼저 간 자들이나 다 아기 방문 앞에서 얼어붙고 말았다. 자지러지게 우는 아기 이피클레스 옆에서 아기 헤라클레스가 팔뚝 굵기가 실히 되어 보이는 두 마리 뱀의 목을 양손에 각각 한 마리씩 잡고 힘을 쓰고 있었기 때문이다. 신화는 헤라 여신이 아기 헤라클레스를 죽이기 위해, 혹은 시험하기 위해 두 마리의 뱀을 보냈다고 주장한다

하녀들, 암피트뤼온 부부, 경호하는 카드메이아인들이 손을 쓰지 못하는 것은 당연했다. 그 뱀이 테바이 땅에서 흔히 볼 수 있는 무독사無毒蛇도, 황야에서나 찾아볼 수 있는 독사도 아니었기 때문이다. 아니, 쌍둥이 형제와 뒤엉켜 있는 동물이 여느 짐승이 아닌 뱀이었기 때문이라고 해야 옳다. 뱀이란 원래가 인간을 처음에는 놀라게 하고, 다음에는 얼어붙게 하는 요물이 아니던가?

다행히도 아기 헤라클레스가 한 손에 한 마리씩, 두 마리 뱀의 목을 조르고 있어서 당분간 이피클레스가 공격을 받을 것 같지는 않았다. 이성을 되찾은 경호원들이 칼을 뽑아들고 방 안으로 뛰어들어가려 했다. 그러나 암피트뤼온은 한 손으로는 경호원들을 물리고 한 손은 들어 손가락을 입술에 대었다.

오래지 않아 아기 헤라클레스의 얼굴에 웃음이 번지기 시작했다. 이와 때를 같이해서 두 마리 뱀도 그 긴 몸을 물줄기같이 눕히기 시

**뱀을 잡아 죽이는 아기 헤라클레스**
기원전 4세기의 은화(왼쪽)와 로마 시대의 청동상(오른쪽).

작했다. 암피트뤼온의 얼굴에도 웃음이 번지기 시작했다. 알크메네의 얼굴에도 화색이 돌기 시작했다. 하녀들과 경호원들이 수군거리기 시작했다. 목을 졸린 뱀의 입가로 피가 흘러 아기 헤라클레스의 손을 적시기 시작했다.

시작했다, 시작했다, 많은 일이 일어나기 시삭했다.

독자들은 테이레시아스를 기억할 것이다. 가짜 암피트뤼온이 약혼녀의 방을 다녀간 직후 진짜 암피트뤼온이 만났던 예언자다. 당시 그는 암피트뤼온에게,

"짐작하시는 바가 없지 않을 테지요?" 이렇게 물었다. 암피트뤼온이 없지는 않다고 대답하자,

"그러면 되었습니다. 조금 더 지켜보시지요."

**두 마리 뱀을 목 졸라 죽이는 아기 헤라클레스**
작가는 18세기 신생 러시아 제국의 국력을 아기 헤라클레스에 견주고자 이 그림을 그렸다고 한다. 18세기 영국 화가 조슈아 레이놀즈의 그림.

하고는 입을 다물어버렸던, 앞 못 보는 예언자가 바로 테이레시아스다.

그 테이레시아스가, 난장판이 된 암피트뤼온의 집 안으로 들어왔다. 지나가는 길에 들렀노라고 했다. 하지만 그는 암피트뤼온의 집에서 무슨 일이 일어나고 있는지 미리 알고 있었던 모양이다.

테이레시아스는 아기 헤라클레스와 죽은 뱀 두 마리, 그리고 암피트뤼온을 가만히 번갈아 바라보았다. 육신의 눈이 아니었다. 마음의 눈으로 바라본 것이다. 그러고는 한참 뒤 입을 열었다.

"한 말씀 드리고 싶지만 귀가 너무 많군요."

암피트뤼온이 손짓하자 하녀들과 경호병들이 물러갔다. 테이레시아스는 암피트뤼온과 알크메네에게 속삭이듯이 말했다.

"짐작하시겠지만, 두 분은 아버지가 각각 다른 두 아기씨를 기르고 계십니다. 두 마리 뱀으로부터 두 분의 아드님 이피클레스 님을 지켜주신 이 아기씨는 제우스 대신의 아드님이십니다. 헤라 여신이 벼르고 계셨던 모양이군요. 두 마리의 뱀을 보낸 것을 보면요.

일찍이 제우스 대신께서는 이분을 아르고스의 지배자로 삼으신 바 있습니다. 하지만 이분이 아르고스를 지배할 것 같지는 않습니다.

**왕뱀 퓌톤을 죽이는 아폴론**
들라크루아의 천장화. 그림 중앙에서 빛을 내뿜으며 활을 쏘는 아폴론과 달리 왕뱀은 어둠 속에 있다.

**커다란 뱀을 죽이는 카드모스**
테바이의 건설자 카드모스도 큰 뱀을 죽인 적이 있다. 아기 헤라클레스가 뱀을 죽인 바로 그 도시에서 말이다. 4세기 접시 그림.

 헤라 여신의 술수에 넘어가 그 지배권은 다른 이에게로 넘어갔기 때문입니다. 누구에게 넘어갔는지는 저도 모릅니다. 제 심안도 이 천기만은 엿볼 수가 없으니까요. 하지만 알크메네 님이시여, 맹세코 말씀드립니다. 헬라스 여인들은 장차 양털 실을 감으면서, 혹은 물가에서 푸성귀를 씻으면서, 혹은 전장에 나간 아들을 기다리면서, 혹은 밤하늘 셀레네(달)를 바라보면서 알크메네 님과 알크메네 님께서 낳으신 알케이데스, 이 분을 찬양하는 노래를 부를 것입니다."
 암피트뤼온의 표정은 그리 밝지 않았다.
 "테이레시아스여, 그리되기까지 이 아이는 험한 길을 걸어야 하겠군요?"
 "그럴 테지요. 암피트뤼온 님, 알크메네 님. 이분을 '트리셀레노스', 혹은 '알케이데스'라고 부르시는 것은 온당하지 않습니다. 이분은 여신의 젖을 드시었습니다. 헤라 여신의 신유를 드신 것입니다. 헤라 여신이 이분을 어여쁘게 여겨 젖을 빨리신 것이 아닙니다. 아테나 여신에게 속아서 얼떨결에 그리하신 것입니다. 그러니 당연하지요. 헤라 여신은 이분을 그냥 두지 않을 것입니다. 아테나 여신께서는 늘 이분을 보호하실 것이고요.

아, 이분의 손에 뱀의 피가 묻었군요. 이분의 앞에는 피가 강이 되어 흐릅니다. 시체의 산을 넘고 피의 강을 건너실 이분은 신인神人이시되…… 어머니 대지에는 묻히지 않습니다."

"테이레시아스, '신인이시되……' 하고 얼버무린 까닭이 대체 무엇이오?"

암피트뤼온이 묻자 테이레시아스는 온 길을 되짚어 가면서 말을 이었다.

"행여 맛있는 술과 기름진 안주로 저를 붙잡지는 마십시오. 더 이상 천기天機를 누설하면 빌 데가 없습니다."

# 사고뭉치 헤라클레스

　밖에서 보기에 헤라클레스와 이피클레스는 영락없는 쌍둥이였다. 조금 이상한 것이 있다면, 쌍둥이는 서로 닮게 마련인데, 이 둘은 서로 그리 닮은 것 같지 않았다. 이피클레스의 얼굴이나 행동거지가 아버지 암피트뤼온을 빼다 박은 듯이 닮았지만 이걸 눈여겨보는 이들은 별로 없었다.
　암피트뤼온 부부는 쌍둥이 아닌 쌍둥이를 기르고 가르치는 데 온 정성을 기울였다. 알크메네에게야 그건 어려운 일이 아니었겠지만 암피트뤼온의 입장에서 보면 쉬운 일은 아니었을 것이다.
　암피트뤼온은 쌍둥이에게 병거兵車 타는 법과 모는 법, 병거 위에서 싸우는 법을 몸소 가르쳤다. 이피클레스는 병거술을 잘 배웠으나 헤라클레스는 병거 끄는 말에게 막무가내로 자기를 끄는 법을 다시 가르쳤다.
　쌍둥이는 아우톨뤼코스로부터 씨름을 배웠다. 아우톨뤼코스가 누구던가? 상업과 돈놀이의 신 헤르메스의 아들이 아닌가? 아우톨뤼코스는 씨름에 천하장사였지만 아버지를 닮아 속임수와 도둑질에 능했다. 훔치고 싶어 하는 물건에 그가 손만 대면 그 물건이 사람들 눈앞에서 사라졌을 정도였다. 쌍둥이의 씨름 배우기는 진도가 빨랐다. 이피클레스는 오른 다리 거는 법을 가르치면 왼 다리 거는 법까지 익혔지만, 헤라클레스는 목조르기를 가르치면 목뼈 부러뜨리는 법까지 익혔다.

쌍둥이는 카스토르로부터 칼 쓰는 법, 중무장 전투 기술을 배웠다. '디오스쿠로이(제우스의 쌍둥이 아들)' 중 하나인 카스토르는, 거위로 변신한 제우스와 레다 사이에서 난 아들이다.

**로마의 카피톨리움 언덕을 지키는 디오스쿠로이**
카스토르와 폴뤼데우케스는 지금도 로마의 카피톨 세나토리움을 지키고 있다.

이피클레스는 치는 법을 가르치면 베는 법까지 익혔지만, 헤라클레스는 사흘을 채 못 배우고도 칼은 버리고 몽둥이를 하나 다듬어 감히 스승의 버릇을 고치려고 했다.

헤라클레스와 이피클레스는 에우뤼토스로부터 활 쏘는 법을 배웠다. 이피클레스는 활 겨누는 법을 배우면서 이미 작은 과녁을 크게 보는 법을 익혔으나, 헤라클레스는 활을 쏘다가 햇볕이 짜증스럽다면서 감히 헬리오스(태양)를 향해 살을 겨냥했다. 헬리오스는 그런 헤라클레스를 그다지 밉게 본 것 같지 않다. 뒷날 이 영웅을 크게 한 번 도와주는 것으로 보아.

쌍둥이는 리노스로부터 악기 키타라를 배웠다.

고전의 기록들은 '리노스는 오르페우스와 형제간'이었던 것으로 쓰고 있다. 형인지 아우인지 밝히고 있지 않는 것이다. 하지만 리노스는 오르페우스의 형이었던 것 같다. 헤라클레스 옛 그림을 보면 청소년 시절에 리노스는 이미 노쇠의 조짐을 보이고 있다. 뒷날 헤라클레스는 오르페우스와 함께 '아르고나우타이(아르고 원정대)'에 합류하게 되는데, 그 시절의 오르페우스는 젊은이였다. 따라서 리노스는 오르페우스의 형이었음에 분명하다.

리노스와의 만남은 헤라클레스 청년 시절의 가장 큰 비극이었다.

리노스는 헤라클레스가 누구인지 잘 몰랐던 모양이다. 헤라클레스가 수업 진도를 고분고분 따라갔을 것 같지 않다. 그래서 리노스가 헤라클레스를 한 대 쥐어박았던 모양이다. 악기로 한 대 갈겼을 수도 있다.

**난장판이 된 음악 수업**
헤라클레스는 조그만 접이용 걸상으로 리노스를 내리치고, 리노스는 키타라로 헤라클레스를 공격하는 모습이다. 기원전 5세기의 술잔 그림. 뮌헨 국립 고대미술 박물관.

 발끈한 헤라클레스는 악기를 빼앗아 리노스를 쳤다. 태어난 지 겨우 여덟 달 만에 팔뚝만 한 뱀 두 마리를 목 졸라 죽인 헤라클레스가 아니던가? 악기를 배울 당시 그는 이미 혈기방장한 청년이었다. 가엾은 '아게로프소스(늙은 가수)'는 그 자리에서 숨을 거두었다.
 형제의 운명이 어찌 이렇게 다를 수 있는가? 형 리노스는 멀쩡하게 살아 있다가 악기에 머리를 맞아 하데스의 땅(저승)으로 내려갔고, 아우 오르페우스는 하데스의 땅으로 내려갔다가도 절묘한 연주 솜씨로 하데스를 감동시켜 다시 이 땅으로 돌아왔으니.
 몽둥이 드는 것에나 어울리는 헤라클레스의 손에 키타라는 아무래도 체질에 맞지 않았던 것 같다.

살인은 살인이었다.

암피트뤼온에게 헤라클레스의 살인은 골칫거리 현안이었을 것이다. 자기가 맡아 기르고 있기는 하나 엄연히 제우스 신의 아들이 아닌가? 제우스 신의 아들을 인간인 자신이 재판에 회부할 수 있는가? 하지만 암피트뤼온이 그 사실을 공공연하게 떠들고 다닐 수도 없지 않은가?

헤라클레스는 재판에 회부되었다. 논점은 하나로 모아졌다.

"그렇다면 헤라클레스는 학생이라는 단 한 가지 이유 때문에 리노스의 키타라에 맞아 죽어야 하는가?"

당시 테바이에는 '라다만튀스법'이라는 것이 있었던 모양이다. 헤라클레스의 살인은 이 라다만튀스법에 따라 정당방위로 인정되었다. 헤라클레스가 풀려난 것은 물론이다.

암피트뤼온은 헤라클레스를 불러 심하게 꾸짖었다. 헤라클레스가 사실은 제우스 신의 아들이나, 당시 테바이 땅에서 이를 아는 사람은 암피트뤼온 내외와 점쟁이 테이레시아스뿐이었다. 따라서 헤라클레스는 겉보기에는 이피클레스와 조금도 다름없는 암피트뤼온의 아들이었을 뿐이다.

암피트뤼온은 죗값을 물어 헤라클레스를 키타이론산으로 보내어 양 떼를 돌보게 했다. 키타이론은 아테나이에서 테바이로 가자면 꼭 지나야 할 아주 험한 산이다.

옛날 시인들은 이때 헤라클레스의 나이가 열여덟 살이었고, 키는

4에레였으며, 퉁방울처럼 툭 튀어나온 커다란 눈에서는 늘 불길이 이는 것 같았다고 본 듯이 말한다. 활을 쏘면 백시 백중百矢百中이요, 창을 던지면 백과 물실百戈勿失이었다고 본 듯이 쓰기도 하고, 한 끼 음식이 구운 양 한 마리와 검은 빵 한 소쿠리였고, 밤이면 늘 문지방을 베고 자더라고 노래하기도 한다.

　헤라클레스의 키가 4에레나 되었다는 것은 과장된 듯하다. 4에레면 2미터가 넘는데, 옛 그림에 그려진 헤라클레스를 보면 키가 그다지 크지 않다. 헤라클레스는 주로 땅땅한 근육질 청년으로 그려진다. 퉁방울눈에서 불길이 이는 것 같더라는 묘사는 퍽 일리 있어 보인다. 도자기 그림에 그려지는 헤라클레스의 특징이 바로 이글거리는 퉁방울눈이다.

**활을 쏘는 헤라클레스**
헤라클레스는 태양을 향해 활을 겨누고 있는 것일까? 프랑스 조각가 앙투안 부르델의 작품.

**뮌헨 민족학 박물관 입구의 헤라클레스**
허리에 사자 가죽을 동여맨 헤라클레스가 기둥 노릇을 하고 있다. 헤라클레스는 아틀라스 대신 하늘 축을 맨 적이 있는데 '천하장사', '하늘 축', 이 두 이미지로 인해 이렇게 기둥이 된 듯하다.

 키타이론산은 영웅들이 버려져 괴로워하고 방황하던 시련의 산이다. 세멜레의 자매들이 아기 디오뉘소스를 찾아다니던 산도 이 산이었고, 암피온과 제토스가 버림받았던 곳도 이 산이었다. 뿐인가, 오이디푸스가 버려진 땅, 뒷날 바로 그 오이디푸스가 딸 안티고네와 방황하던 산도 이 산이었다.
 헤라클레스에게도 이 키타이론산은 시련의 땅이지 다른 데가 아니었다. 헤라가 이른바 '키타이론의 사자'를 보내어 헤라클레스를 시험한 산이 바로 이 산이었다.
 일찍이 두 마리의 뱀을 보내어 아기 헤라클레스를 시험했던 헤라는, 이번에는 한 마리의 사자를 보내어 소 떼와 양 떼를 닥치는 대로 잡아먹게 했다. 사자가 소와 양을 자꾸만 잡아먹었으니 그 수가 나날이 줄어들었을 수밖에 없다. 이 산에서 소와 양을 치던, 한 끼에 양 한 마리씩 구워 먹는다는 헤라클레스의 먹성에 혐의가 가지 않을 수 없었다. 테스피오스왕과 측근들은 헤라클레스의 먹성을 빌미로 암피트뤼온에게 없어진 솟값, 양값의 변상을 요구했다.

그 소식을 들은 헤라클레스가 이를 벅벅 갈았다.

"내가 테스피오스의 딸을 잡아먹었으면 잡아먹을지언정 양을 잡아먹지는 않는다."

헤라클레스는 올리브나무로 몽둥이를 만들어 둘러메고는 사자를 찾아다녔다. 키타이론산은 크고도 높다. 열여덟 살 먹은 헤라클레스에게도 쉬운 산은 아니었을 것이다.

마침내 테바이 쪽 산록에서 '키타이론의 사자'를 만난 헤라클레스는 그 사자의 입을 찢어 죽였다. 이스라엘의 영웅 삼손처럼 헤라클레스도 그렇게 한 것이다.

헤라클레스는 이 사자의 가죽을 벗겨 들고 테스피오스왕을 찾아가, 수많은 가축을 잡아먹은 사자를 죽인 만큼 그 수고를 보상해줄 것과, 양 잡아먹은 것으로 오해받는 바람에 땅에 떨어진 명예를 회복시켜줄 것을 요구했다.

테스피오스왕은 자신의 허물을 부끄러워하면서 보상과 명예 회복을 선선히 약속했다. 뿐만 아니었다. 그는 헤라클레스에게 왕국의 손님으로 궁전에 머물면서, 자기에게 손님을 환대할 기회를 베풀어줄

**사자의 입을 찢는 헤라클레스**
이스라엘 영웅 삼손만 사자의 입을 찢어 죽인 것은 아니다. 보라, 헤라클레스도 몽둥이는 세워두고 사자의 입을 찢고 있지 않은가? 오스트리아의 빈 구 궁전.

것을 소원했다. 키타이론산으로 사람을 보내어, 헤라클레스가 돌보던 가축을 대신 돌보게 하겠다고도 했다.

헤라클레스로서는 마다할 까닭이 없었다.

헤라클레스는 당시에 이미 꽤 많은 술을 마셨던 것 같다. 그는 거의 매일 포도주에 잔뜩 취한 뒤에야 잠자리에 들었다.

테스피오스의 딸이 밤마다 밤 시중을 들었다. 헤라클레스는 밤마다 찾아오는 처녀가 누구인지 알고 싶어 하지 않았다. 스무 살 전후의 이 피 끓는 무작배기 청년에게 사랑, 결혼, 가정 같은 개념은 머리에 들어오지도 않았으리라. 그런데 50일째 되는 날 밤에는 처녀가 나타나지 않았다.

궁전에서 50일을 지낸 다음에야 테스피오스왕의 속셈을 읽었으니, 아무리 술 때문이었다고는 하나, 헤라클레스, 둔하기는 참 둔하다.

왕은 헤라클레스를 보는 순간 헤라클레스를 닮은 자손을 거느리고 싶었다. 그런 자손 몇 명만 있어도 왕국을 너끈하게 지켜줄 것 같았다. 그래서 밤마다 공주를 들여보낸 것이다.

**테스피오스의 딸들**
19세기 프랑스 화가 귀스타브 모로의 그림.

헤라클레스는 밤마다 같은 처녀가 들어오는 줄 알았지만 들어오는 공주들은 매일 밤 달랐다. 왕에게는 공주가 50자매나 있었는데, 이들 중 49명이 헤라클레스와 동침했던 것이다.

50일째 되는 날 처녀가 들어오지 않았던 것은 막내 공주가 헤라클레스와의 동침을 거절했기 때문이다. 이 막내딸은 뒷날 헤라클레스 신전을 지키는 최초의 처녀 사제가 된다. 말하자면 50자매 중 49자매는 인간 헤라클레스의 아내가 되었고, 막내 하나는 영웅신 헤라클레스의 여사제가 된 것이다.

아폴로도로스는 헤라클레스가 '키타이론 사자'의 머리 가죽은 투구 삼아 머리에 쓰고 나머지는 옷 삼아 어깨에 둘렀다고 썼다. 하지만 뒷날의 많은 신화 작가는 헤라클레스가 쓰고 다니던 사자 가죽은 그것이 아니라 '네메아의 사자' 가죽이었다고 쓴다. 아무리 고대 신화 쓰기 원조라고 해도 이쯤 되면 아폴로도로스도 더 이상 '키타이론의 사자' 가죽이라고 우기지 못한다.

신화의 힘이다. 신화는 한번 유포되어 굳어지면 쉬 소멸하지 않는다.

헤라클레스가 테스피오스의 왕궁에서 늘어지게 쉬고 테바이로 되돌아갈 무렵, 저 높은 천궁에서 이 젊은 영웅을 벼르는 여신이 있었다. 헤라 여신 아니면 누구이겠는가.

"오냐, 네가 바닥에 배를 대고 기어다닐 때는 너처럼 배를 대고 기는 뱀으로 시험했다. 네가 흑발을 휘날리며 키타이론산을 누빌 때는 너처럼 갈기를 휘날리며 산을 누비는 사자로 너를 시험했다. 그러나 끝난 것이 아니니 어디 견디어보아라."

테스피오스 땅에서 고향 테바이로 돌아가던 헤라클레스는 도중에 소 떼와 소 떼를 모는 군사, 그리고 군사를 지휘하는 차림이 반반한 사람을 만났다. 차림이 반반한 사람은 이웃 나라의 통치자 에르기노스왕의 대리인이었다. 소 떼를 보고 있자니 헤라클레스는 심기가 몹시 불편했다.

그의 심기가 편하지 못했던 까닭은 얼마든지 있다. 암피트뤼온이 엘렉트뤼온의 사위가 된 것도 먼 섬나라 해적들이 소 떼를 몰아 갔기 때문이 아니던가?

암피트뤼온이 장인이자 숙부인 엘렉트뤼온을 죽게 한 것도 결국 소 때문이 아니던가? 키타이론산에서 사자와 싸운 것도 테스피오스왕의 소 때문이었다.

헤라클레스는 그래서 길을 막고, 그 군사를 지휘하는 사람에게 소 떼 몰고 가는 연유를 물었다.

에르기노스왕의 대리인이 거만하게 대답했다.

"대체 테바이 사람들이 수수께끼를 좋아한다더니 빈말이 아니었구나. 나도 수수께끼로 대답하마. 나는 지금 돌멩이 하나 값으로 소 1백 마리를 얻어가는데 젊은이가 그 연유를 짐작할 수 있겠는가?"

대리인 말에 헤라클레스가 곱지 않게 되물었다.

"나는 오이디푸스가 아니거니와 그대도 스핑크스는 아니오. 곱게 대답하시려오, 아니면 내게 소 한 마리를 주어 구워 먹게 하시려오?"

"이놈, 어느 시절에 났는지 모르지만 말은 크게 한다. 너는 어느 땅 사람인데 테바이 소식에 이렇듯 어두우냐?"

"나는 테바이 왕국 암피트뤼온 장군의 아들이오. 1년 전에 키타이론산에 올라갔다가 얼마 전에 이 몽둥이로 사자를 때려잡고 내려오는 길이오."

"내 일러주마. 연전에 테바이 왕 손자 메노이케우스의 마부가 돌팔매질을 하다가 실투하는 바람에 돌이 우리 임금님 머리에 맞았다. 임금님은 이 상처 때문에 곧 돌아가셨다. 돌아가시면서 아드님께 복수해줄 것을 신신당부했다. 그런데 그 아드님 되시는 분이 가만히 있겠느냐? 그래서 아드님 되시는 에르기노스왕이 군사를 일으키고 테바이를 쳐서 테바이 왕의 무릎을 꿇렸다. 테바이 왕은 무릎 펴는 값으로 향후 20년 동안 해마다 소 1백 마리를 조공으로 바치겠다고 했다. 그래서 내가 군사를 이끌고 와서 소를 몰고 가는 것이다. 어떠냐, 그래도 여전히 한 마리를 잡아 구워 먹고 싶으냐? 너 키타이론산에 있었다면 소를 길렀겠구나. 썩 길을 비키고 테바이 땅으로 돌아가 부지런히 소를 길러 내년 몫의 조공 준비나 하거라."

"죽은 사람이 에르기노스의 부왕이라면, 혹시 클뤼메노스가 아니오?"

"알기는 아는구나."

"클뤼메노스의 목숨값이라면 소 1백 마리는 과하오."

"그럼 테바이 왕에게 부하 단속 잘못한 죗값을 물어 코를 베었어야 했겠구나. 너 이놈, 세상 떠나신 클뤼메노스왕의 이름을 함부로 입에 올리다니 그 죄를 물어 네 귀를 베어야겠구나."

"그대는 '말이 씨가 된다'는 것도 모르오?"

헤라클레스는 두말 않고 군사의 칼을 빼앗아 그 대리인의 코와 귀를 베었다. 그러고는 대리인의 가죽 신발 끈을 풀어 그 코와 귀를 꿰어 목에다 걸어주고는 말의 엉덩이를 걷어차 제 나라로 쫓아 보내고는 유유히 소 떼를 몰고 테바이로 향했다.

소 1백 마리를 빼앗기다시피 하고 코가 쑥 빠져 있던 테바이의 크레온왕에게 헤라클레스는 구세주 같아 보였을 것이다. 크레온왕은 헤라클레스를 한없이 칭송했으나 암피트뤼온은 한숨을 쉬며 아들의 앞일을 근심했다.

"내가 옛날 엘리스 땅으로 소 떼를 찾으러 갔더니 엘리스의 왕이 '피의 매듭 푸는 일은 피로 하는 것이 아니다'라고 하더라. 소 때문에 기구해진 나의 팔자를 보아라. 소의 피 때문에 저주를 받았는지 네가 이렇게 장성한 이날 이때까지도 나는 아직 내 땅으로 돌아가지 못하고 있다. '지름길이 종종 민 길일 수 있다'리던 엘리스 왕의 말이 예사로 한 말 같지 않다. 물은 물길 트는 대로 흐르는 법이거니······. 에르기노스왕이 가만히 있지 않을 것이다. 나는 그것이 걱정이다."

암피트뤼온의 예감은 적중했다. 에르기노스왕이 군사를 몰아 테바이를 공격해 온 것이다.

하지만 지금은 이름조차 기억하는 이 없는 에르기노스왕이 욱일승천하는 헤라클레스의 앞을 가로막을 수 있었을 리 없다.

헤라클레스는 아테나 여신으로부터 무기를 빌려 들고 이 싸움을 지휘했던 것으로 신화는 기록하고 있다. 아테나의 무기라면 아이기스 방패가 가장 유명한데, 그 방패였을까? 아니면 여신이 즐겨 들고 다니는 창이었을까?

헤라클레스는 싸움터 한복판에서 에르기노스왕을 만났다. 그가 아테나 여신으로부터 빌린 것이 방패였다면, 에르기노스가 아무리 칼을 잘 썼다고 하더라도 그 방패를 뚫지 못했을 것이다. 그가 빌린 것이 창이었다면, 에르기노스의 방패가 아무리 튼튼한 것이었다고 하더라도 그 창을 막아내지 못했을 것이다. 에르기노스는 이 싸움에서 헤라클레스에게 죽임을 당했다. 테바이군이 대승을 거둔 것이다.

하지만 슬픈 소식도 있다. 제우스의 아들을 헌헌장부로 기른 암피트뤼온이 이 전쟁에서 전사한 것이다.

탁란조托卵鳥를 아시는지? 스스로 알을 부화시키는 것이 아니고 남의 둥지에 알을 맡겨 부화시키는 새가 바로 탁란조다. 대표 선수가 뻐꾸기다. 뻐꾸기는 몸집이 아주 작은 뱁새의 둥지에다 알을 낳는다. 뱁새는 이 알을 품어 부화시키고, 저보다 몸집이 몇 배나 큰 뻐꾸기 새끼를 먹여살린다.

암피트뤼온에게 아들의 양육과 교육을 맡긴 제우스는 흡사 탁란조 같다. 제우스의 아들을 맡아 힘들게 기른 암피트뤼온은 흡사 저보다 몸집이 몇 배나 큰 뻐꾸기 새끼를 먹여살리는 뱁새 같다. 에르기노스와의 전쟁에서 전사하고 신화의 무대에서 퇴장하는 암피트뤼온은 뱁새 같다.

헤라클레스는 왕을 잃은 에르기노스 군대의 철군을 허락하되 나라의 경계를 범한 죄를 물어 40년간 해마다 소 2백 마리씩 조공으로 바치게 했다.

간단한 계산이 나온다.

테바이 왕은 20년간 해마다 1백 마리의 소를 에르기노스의 왕국에 바쳐야 했다. 게다가 이미 1백 마리를 바치기까지 했다. 그런데 헤라클레스가 도중에서 소 떼를 되찾아 왔다. 뿐만이 아니다. 그는 에르기노스를 죽이고 그 왕국에 40년간 해마다 소 2백 마리를 조공으로 바치게 했다. 테바이 왕은, 바쳐야 할 소 1백 마리를 바치지 않아도 좋게 된 것은 물론이고 해마다 조공까지 2백 마리씩 받게 된 셈이다.

테바이 왕 크레온이 이 장한 사내 헤라클레스에게 몸이 달지 않았을 리 없다. 마침 테바이 왕에게는 아리따운 딸 메가라가 있었다.

테바이 왕은 헤라클레스에게 제안했다.

"나의 딸 메가라가 어떠하던가? 메가라도 그대가 싫지 않은 모양이니라. 어떠냐? 이제 그대에게는 아버지도 없다. 아버지 없어진 마당에 아버지의 조국 뮈케나이에 그대 설 자리가 있겠는가?"

헤라클레스는 처음에는 거절했다.

"왕이시여, 테스피오스왕은 딸 50자매를 내어놓고도 저를 붙잡지 못했습니다."

"그대는 테스피오스의 딸들을 이따금씩 그리워하기도 하는가?"

"저의 잠자리를 다녀갔다는 49자매에게는 하등의 애착도 남아 있지 않습니다. 저를 거절했다는 막내 하나의 소식이 이따금씩 궁금할 뿐입니다."

"그것 보게. 딸 50자매로는 그대를 붙잡을 수 없네. 테스피오스의 왕이 아닌 나는 딸 하나로 그대를 붙잡으려고 하네. 그대는 기왕에 취한 테스피오스의 딸 49자매보다 취하지 못한 하나를 더 그리워하고 있지 않은가? 마흔아홉에 대한 그리움을 다 합한 것보다 더 큰 그리움으로 그 하나를 그리워하고 있지 않은가?"

테바이 왕이 자상한 인물, 가정적인 사람이었다면 헤라클레스에게 딸을 주면서 나라를 덤으로 준 셈이고, 그가 정치적인 사람이었다면 나라를 주면서 딸을 덤으로 준 셈이다. 어쨌든 헤라클레스는 이 두 가지를 모두 얻었다. 테바이 왕은 헤라클레스의 아우인, 암피트뤼온의 친아들 이피클레스에게도 막내딸을 주어 테바이에 몸 붙이고 살게 했다.

헤라클레스는 테바이 땅에 오래 머물렀다. 메가라의 몸에서 아들 삼 형제를 얻었을 만큼 오래 머물렀다.

메가라가 낳은 헤라클레스의 아들이 삼 형제였다고 아폴로도로스는 분명하게 쓰고 있다. 뒷날의 신화 작가 중에는 팔 형제였다고 주장하는 이들이 많았다. 이 주장이 한동안 고대 그리스 사회에서는 유효했다. 테바이에서 누린 헤라클레스의 평화를 돋우어 말할 때는 팔 형제 쪽이 힘을 받는다. 팔 형제라면, 연년생으로 낳아도 8년이 걸리니까.

하지만 팔 형제설은 곧 아폴로도로스의 삼 형제설로 되돌아갔다.

헤라클레스의 비극을 연극으로 상연하자니 극장 무대가 너무 좁았던 것이다. 그래서 삼 형제설을 주장하던 사람들은, 극장 무대를 핑계로 헤라클레스의 아들을 팔 형제에서 삼 형제로 줄여버렸다는 비난을 받고는 했다.

## 헤라클레스, 발광하다

 어쨌든 젊은 헤라클레스의 삶은 온통 고요함으로 차고 넘치는 것 같았다.
 활 솜씨도 다시 닦았다. 헤라클레스는 에우뤼토스를 스승으로 모시고 활쏘기를 배웠던 것으로 전해진다. 여러 신이 헤라클레스에게 선물을 주었다고 전해지기도 한다. 전설에 따르면 헤르메스는 칼, 아폴론은 활과 화살, 헤파이스토스는 황금 흉갑(가슴받이), 아테나 여신은 군복을 선물로 주었다는 것이다.
 헤라클레스는 그동안 행복했을까? 아마도 행복했을 것이다. 하지만 이 행복은 행복이 아니다. 헤라클레스의 행복은 불행의 전주곡이다. 헤라클레스가 누리는 고요는 폭풍 전야의 고요에 지나지 않는다.
 올륌포스 천궁에는 헤라클레스가 행복에 겨워하는 꼴은 절대로 못 보아주는 여신이 있기 때문이다. 우리는 어째서 운명은, 영웅이 돌상 받은 자리에서 회갑 상을 받을 수 있게 내버려두지 않는지 늘 궁금하다. 어째서 한 칼이 칼집으로 들어가면 다른 칼이 칼집에서 나오는지 그 까닭이 늘 궁금하다. 우리는 영웅의 기이한 운명이 또 한 번 역전하는 이 순간을 그릴 때 '호사다마'라는 말을 자주 쓴다. 좋은 일에는 나쁜 일이 껴들게 마련이라는 것이다.

그렇다. 하늘은 영웅에게 호사만을 베풀지는 않는다. 인간은 영웅에게 호사만을 베풀지는 않는다. 무슨 까닭인가? 영웅이 인간에게 봉사하는 것은 영웅이 누리는 행복을 통해서가 아니기 때문이다. 우리가 영웅이 이승의 행복을 오래 누리는 데 박수를 보내지 않는 것도 다 이 때문이다.

그러므로 영웅을 영웅이게 하는 것은, 오랜 방황과 모험 끝에 그가 누리게 되는 행복이 아니다. 영웅의 모험은 행복에 이르는 도정이 아니다. 영웅의 행복은 또 다른 모험을 준비하는 순간의 짧은 잠과 꿈에 지나지 않는다. 오래 잠자고 오래 꿈꾸는 자를 우리는 영웅이라고 부르지 않는다. 우리는 이 잠과 꿈을 깨우는 자를 영웅이라고 부른다. 영웅에게 '호사다마'는 일상적이다.

헤라가 헤라클레스의 행복을 곱게 바라보고 있었더라면, 작가 핀다로스에게 헤라클레스를 '베오스 헤로스(영웅신)'라고 부를 기회는 오지 않았을 것이다.

헤라의 신녀, 즉 딸림 여신 중에는 '뤼사'와 '마니아'라는 신녀가 있다. '뤼사'는 '발광', '마니아'는 '광기'라는 뜻이다. 헤라가 헤라클레스에게 보낸 신녀가 '뤼사'라는 주장도 있고 '마니아'라는 주장도 있다.

뤼사 신녀는 마니아와는 조금 다르다. 마니아가 내미는 칼에는 날과 자루가 있다. 따라서 마니아가 칼을 내밀 때 자루를 받으면 받는 자는 그 손에 피를 묻히지 않게 된다. 그러나 뤼사의 칼에는 날과 자루가 따로 없다. 어느 쪽을 잡든 뤼사가 곧 날이 되어버리는 것이다. 헤라는 이 뤼사를 테바이 도성의 헤라클레스에게 급파했다.

헤라클레스는 그날 포도주에 가볍게 취해 있었다. 가볍게 취해 있었다고는 하나 헤라클레스의 주량이 엄청났던 만큼 꽤 많은 양의 포도주를 마셨을 것이다. 아들들은 사촌간인, 이피클레스의 아들들과 어울려 주위를 뛰어다니며 병정놀이를 하고 있었다.

뤼사의 칼에 손을 상한 헤라클레스는 헤라가 뜻하던 대로, 그리고 독자들이 짐작한 대로 발광하기 시작했다. 포도주 때문에 광기에 사로잡힌 것이 아니었다. '발광' 때문이었다. 헤라클레스의 눈에, 병정놀이하는 아이들이 자신을 죽이려고 청동 갑옷으로 무장하고 온 자객들로 보였다. 방 안은 불길 넘실거리는 화염지옥으로 보였다. 헤라클레스는 아들을 하나씩 그 화염지옥으로 던져 넣었다. 경호병들이 달려왔다. 그는 경호병들을 차례차례 곤봉으로 때려 죽인 뒤에도 아들들과 조카들을 죽이는 손길을 멈추지 않았다. 소식을 듣고 달려온 아내 메가라도 지아비의 무지막지한 손길에 목숨을 잃었다. 만일에 아테나 여신이 '리토스 소프로니스테르(깨달음의 돌)'를 헤라클레스의 가슴에 던지지 않았더라면 헤라클레스는 테바이 성내 백성들의 씨를 말렸을지도 모른다.

**헤라클레스의 광기**
발광한 헤라클레스가 아들을 집어던지려 하고 있다. 메가라는 그 뒤에서 절망적인 포즈를 취하고 있다. 기원전 4세기의 질그릇 그림. 마드리드 국립 고고학 박물관.

　제정신을 차린 헤라클레스는 꿈도 아니고 생시도 아닌 상태에서, 싸움터에서 전사한 암피트뤼온을 만났다. 그 자신이 찾아간 것 같기도 했고 암피트뤼온이 찾아온 것 같기도 했다. 암피트뤼온은 아들일 수도 있고, 아들이 아닐 수도 있는 헤라클레스를 이런 말로 달랬다.
　"헤라클레스, 태어난 지 한 해가 못 되어 저승의 사자인 배암의 피를 손에 묻힌 내 아들아. 점쟁이 테이레시아스는 일찍이 네가 시체의 산을 넘고 피의 강을 건널 것이라고 예언했다. 그런데 어째서 그 피가 네 아내와 자식의 피여야 하느냐. 한때는 아들들을 그토록 사랑하는 아버지더니, 이제는 이 아비에게 근심을 안기는 아들이 되었구나. 하지만 안심하여라. 아내와 자식을 죽인 것은 헤라클레스가 아니다. '발광한 헤라클레스'일 뿐이다."
　"'발광한 헤라클레스'가 제 아내와 자식을 죽였으니 저는 그 '발광한 헤라클레스'를 죽이겠습니다."

"나는 '발광'이 떠난 헤라클레스를 용서했다. 그러므로 너는 너를 다스리는 신의 허락 없이 이 땅을 떠나지 못한다."

"인간은 저를 용서할 수 있어도 저는 그 발광했던 헤라클레스를 용서할 수 없습니다. 기적이 일어나지 않는 한 이 목숨은 죽은 목숨입니다. 저는 신의 허락 없이도 이 피를 피로 씻을 수 있습니다. 저는 스스로의 죗값을 물을 줄 모르는 신들을 가르치겠습니다."

암피트뤼온의 환영은 헤라클레스를 떠나면서 이렇게 중얼거렸다.

"제 성미에 거슬린다고 태양을 과녁 삼아 활을 겨냥하고, 뱃전을 넘나든다고 몽둥이로 파도를 위협하더니 이제는 신들에게 제 버릇을 가르치려 하는구나. 저 아이가 대체 태양을 끄고 등을 켤 만큼 미련한 아인가, 아니면 참으로 올륌포스에 불을 놓을 만큼 담대한 아인가."

'발광한 헤라클레스'를 죽이겠다는 말은 자결하겠다는 뜻이다. "기적이 일어나지 않는 한 이 목숨은 죽은 목숨"이라고 한 것은 그 때문이었다. 그러나 헤라클레스는 '발광한 헤라클레스'를 죽이지 않았다. 그의 말대로 '기적'이 일어났던 것이다.

그즈음 테바이성에는 아티카에서 온 귀한 손님이 묵고 있었다. 또 하나의 불세출의 영웅 테세우스 바로 그 사람이다. 헤라클레스가 '온 헬라스인이 다 칭송하는 영웅'이라는 말은 합당하지 않다. 왜냐하면 아티카(아테나이)인들은 헤라클레스의, 아무것도 두려워하지 않는 용기, 백전불패하는 그의 절대적인 힘에 별로 박수를 보내지 않기 때문이다.

아티카인들이 헤라클레스를 크게 대접하지 않는 이유는, 그들에게 테세우스가 있기 때문이다. 테세우스는 헤라클레스보다는 용기와 힘이 조금 모자라지만 그 모자라는 자리에다 지성과 자애를 고루 갖춘 영웅이다. 아테나이 사람들이 이런 테세우스를 헤라클레스에 앞세우는 것은 따라서 무리가 아니다.

헤라클레스가 피 묻은 손을 들여다보며 수염을 깨물고 있을 때 테세우스가 들어와 헤라클레스가 치울 사이도 없이 그 피 묻은 손을 덥석 붙잡았다. 테세우스의 손에 그 피가 묻은 것은 물론이다. 헤라클레스는 눈을 부라리며 테세우스를 나무랐다.

**헤라클레스와 디오뉘소스가 새겨진 헤르마**
헤르마는 옛날부터 이정표로 쓰이던 양면상兩面像이다. 헤라클레스가 술을 좋아했다는 뜻일까? 헤라클레스는 자신을 불태움으로써 종교적 순교를 했고, 디오뉘소스는 가을에 죽었다가 봄이 오면 부활한다. 아무래도 '순교'와 '부활'을 암시하는 것 아닐까. 상트페테르부르크 에르미타주 박물관.

"이 피는 내 아내와 자식의 피다. 이 피를 그대 손에 묻히면 내가 받을 죗값을 나누어 받아야 한다는 걸 모르는가? 아테나이에서 신들과 인간의 법도를 모르고 왔다면 곧 아폴론 신전으로 달려가 내게서 나누어 받은 죄를 씻어라."

헤라클레스의 말에 테세우스는 다시 그의 손을 잡으며 말했다.

"나는 헤라클레스 그대가 신들의 존재를 부인하는 줄 알았습니다. 그런데도 아폴론 신은 믿으시는군요. 나는 그대와 더불어 이 죗값을 나누어 치르겠습니다. 그대와 나의 믿음이면 능히 이 죄를 닦을 수 있을 것입니다."

"신들에게 참람한 죗값, 신들을 향해 팔을 걸은 죗값과 테바이성의 밥값은 다른 것이다. 작은 값을 귀한 목숨으로 바치려 하지 말고 가거라. 내가 이렇듯 신들을 헐하게 말한다고 해서 발 밟은 죄, 신발 밟은 죄를 가려 보지 못할 신들은 아니다. 가서 그 손에 묻은 피 닦을 궁리나 하라."

"헤라클레스여, 아테나이에서 그대의 아들들을 일러 '칼코아라이(청동의 저주를 받은 자들)'라고 하더이다. 이것이 신의 뜻이 아니라면 누가 감히 그대의 아들들을 이렇듯이 함부로 부를 수 있겠습니까?"

"테세우스, 그대는 내 기쁨을 나누어 누리고자 하는 것이 아니고 내 고통을 나누어 지고자 하는구나. 뜻은 고마우나 그대가 나누어 지고자 하는 고통은 여기에서 온 것이 아니다."

헤라클레스는 이렇게 말하면서 손가락으로 땅을 가리켰다. 테세우스는 하늘을 손가락질하며 대답했다.

"나도 압니다. 저 위에서 내려온 '발광'이 그대를 쳤다는 것을요. 나도 압니다. 저 아래에서 올라온 '포도주'의 광기야 어찌 그대를 이렇듯이 칠 수 있겠습니까?"

"그대의 마음이 나에게 좋구나. 하지만 내가 그대에게 나누어주는 나귀, 그대가 나에게 나누어주는 나귀에 너무 무거운 짐은 지울 수가 없다."

"헤라클레스여, 대장장이 신 헤파이스토스는 불로써 쇳조각의 강도를 시험한다고 들었습니다. 이제 그대와 나누는 고통이 이 나귀의 힘을 시험할 것입니다."

"내가 스스로 목숨을 끊지 못하면 사람들은 나를 일러 '술에 취해 제 아내와 자식을 죽이고도 멀쩡하게 살아 있는 자'라고 손가락질할 것이다. 그대가 나를 벗하면 그대 역시 손가락질을 당할 것이다. 이를 어쩌려는가?"

"신들은 앞문을 닫을 때는 반드시 뒷문을 연다고 들었습니다. 그대에게 '발광'을 보낸 신들은, 이로 인하여 지은 죄를 씻는 방도 또한 알고 있을 것입니다."

헤라클레스는 테세우스를 따라 델포이로 갔다. 잘 아시다시피 델포이에는 아폴론의 신전이 있다. 테세우스는 아폴론 신이 맡긴 뜻을 물어 헤라클레스의 죄를 씻어주고자 했던 것이다.

델포이 신전의 여사제 퓌티아는 예전 아폴론이 잡아 죽인 거대한 뱀퓌톤의 아내 퓌티아다. 그런데 이 퓌티아에게는 '델퓌네(자궁)'라는 별명이 있다. 그러니까 델포이는 곧 '델퓌네(자궁)의 땅'이라는 뜻이다. 헤라클레스는 바로 이 기괴한 뱀의 아내인 퓌티아에게, 아폴론이 맡겨놓은 뜻을 물었던 것이다.

델포이 신전에서 퓌티아는, 갈라진 대지의 틈에서 나오는 김을 쐬고 무아지경에 들어 신의 뜻을 엿듣고는 이를 인간에게 일러준다.

헤라클레스에게 내린 아폴론 신의 뜻은 다음과 같다.

"아르고스의 지배자를 찾아가 1신년 반 동안 종살이를 해야 한다. 티륀스에 머물면서 뮈케나이 왕의 종살이를 잘 끝내면 큰 영광이 있을 것인즉, 그때부터는 산 자는 그대의 목숨을 빼앗지 못한다, 헤라클레스여!"

고대 도시 델포이에 있는 아폴론 신전

**아폴론의 뜻을 전하는 여사제 퓌티아**
19세기 프랑스 화가 앙리 폴 모트의 그림.

헤라클레스는 그 신탁, 즉 신의 뜻을 듣고는 버럭 화를 내었다.

"내 이름은 알케이데스인데 '헤라클레스'는 또 무엇이오? 알케이데스가 헤라클레스에게 내린 신탁을 받으라는 말이오?"

델포이 신탁은 뜬구름 잡는 소리로 일관하는 것으로 유명하다. 너무나 포괄적인 것이다. 그렇다고 해서 여사제에게 물어볼 수도 없다. 델포이 여사제는 절대로 질문에 대답하지 않는다. 그래서 신전에는 신탁을 전문적으로 해설해주는 여사제가 따로 있었을 정도다. '1신년 반'이라는 말은, 1신년이 8년이니까 따라서 12년을 뜻한다.

헤라클레스는 그때까지 한 번도 '헤라클레스'라는 말을 들어본 적이 없다. 그렇게 불려본 적도 물론 없다. 우리가 편의상 그렇게 불렀을 뿐이다. 그러니까 이 순간은 알케이데스가 헤라클레스로 불리기 시작하는 순간인 셈이다.

신전 지킴이 사제가 헤라클레스에게 설명해주었다.

"'헤라클레스(헤라의 영광)'여, 헤라 여신 때문에 모진 고초를 겪고 있군요. 고초가 끝나면 '영광'을 얻게 될 것입니다. 헤라 여신이 없었더라면 그대는 고초를 겪지는 않겠지만, 영광은 얻지 못할 것입니다. 헤라 여신이 어째서 그대를 박해하나요? 그대가 제우스 신의 아들이기 때문입니다. '알케이데스(알카이오스의 자손)'라는 이름은 당치 않습니다. 그대의 핏줄에 알카이오스의 피는 한 방울도 흐르지 않습니다. 아시겠지요? '헤라클레스'라는 이름에는 이런 뜻이 담겨 있답니다."

헤라클레스는 이제 아르고스 땅으로 가야 한다.

## '아우또반 뜨리뽈리'

1999년 여름, 나는 그리스 신화의 유적을 찾아 몇 달 동안 그리스 땅을 떠돌았다. 그해 여름 델포이 신전이 있는 파르나쏘스산에만 두 차례 올랐다. 헤라클레스 사당이 있다는 그리스 북부의 타소스섬까지 들어가기도 했다. 수도 아테네에서 테살로니키까지 버스로 여섯 시간, 다시 카발라까지 버스로 두 시간, 다시 하이드로포일(수중익선)로 한 시간, 그렇게 찾아간 타소스섬에 남아 있는 것은 헤라클레스 사당의 주춧돌뿐이었다. 거기에서 만난 한 암보네제(인도네시아계 네덜란드인)는 나에게 말했다.

"이렇게 외진 곳까지 찾아다니는 한국인은 아마 당신밖에 없을 거요."

'아르고스'는 그리스 남부 펠로폰네소스 반도에 있다. 옛날부터 헤라 여신에 대한 믿음이 강했던 곳이다. 우리나라의 도道에 해당한다. 이 아르고스도에는 같은 이름의 도시도 있다. 지금부터 우리가 자주 이름을 듣게 될 도시 국가 '티륀스'나 '뮈케나이'는 바로 아르고스도에 있다.

 아르고스의 지배자로서 장차 헤라클레스에게 시련을 안기게 될 에우뤼스테우스는 뮈케나이 왕이다. 헤라클레스가 머물 도시는 티륀스다. 아르고스, 뮈케나이, 티륀스는 모두 다닥다닥 붙어 있다. 멀어봐야 20킬로미터를 넘지 않는다. '뮈케나이 왕 에우뤼스테우스'. 신화에 익숙한 나에게도 이름이 너무 길다. 앞으로는 '아르고스의 지배자'라고 부르기로 한다.

 그해 여름 나는 이 세 도시를 찾아보려고 아테네에서 자동차를 빌렸다.

**헤라클레스 사당 유적**
그리스 북부 타소스섬에 남아 있는 헤라클레스 사당. 사당 기둥 뒤로 전봇대가 보인다. 사당과 주택단지의 구분이 점점 사라져가고 있다.

**헤라클레스가 머물렀던 티륀스성**
헤라클레스가 약 12년간 머문 것으로 전해진다. 지금은 너무 퇴락해 관광객의 출입을 부분 통제하고 있기도 하다.

아테네에서 고속도로를 타고 내려가다가 아르고스 지방에서 길을 잃었다. 고속도로에서 너무 서둘러 내려왔던 것이다. 시골의 올리브 밭만 군데군데 보였다.

비좁은 시골길로 늘어가니 한 그리스 노인이 지나갔다. 차를 세우고 길을 물었다. 노인은 '아르고스 시티_Argos city_'라는 말은 알아듣는 것 같았다. 문제는 나에게 있었다. 따발총같이 쏘아대는 그의 그리스 말을 도저히 알아들을 수 없었다. 자동차를 돌렸다. 노인은 내가 자동차를 완전히 돌릴 때까지 접근하는 차량을 통제해주었다. 그리스인들, 정말 친절하다.

주유소를 찾았다. 주유소는 서유럽인들을 많이 상대하는 곳이니 영어가 통할 것 같았다. 나는 주유소를 지키는 땅딸막한 아주머니에게 '아르고스 시티'를 물었다. 속사포같이 아주머니가 길을 가르쳐주었다.

"아우또반 뜨리뽈리 세븐 낄로메떼르 아르고스, 오께이?"

그리스 사람들은 된소리를 많이 쓴다. '아우또반'은 고속도로라는 뜻이다. 제2차 세계대전 당시 독일에 점령되었던 탓에 그리스인들에게는 독일어가 익숙하다. 아주머니의 말은 이런 뜻이다.

"트리폴리로 가는 고속도로로 올라가 7킬로미터만 가면 아르고스 출구가 나옵니다, 아시겠어요?"

아주머니의 절묘한 영어에 우리 부부는 한동안 자동차 안에서 배를 잡고 웃었다. 그 아주머니, 지금도 신화를 쓰고 있는 것 같았다. 오래 여행하다 보면 이런 에피소드가 여행의 피로를 말끔히 씻어주기도 한다.

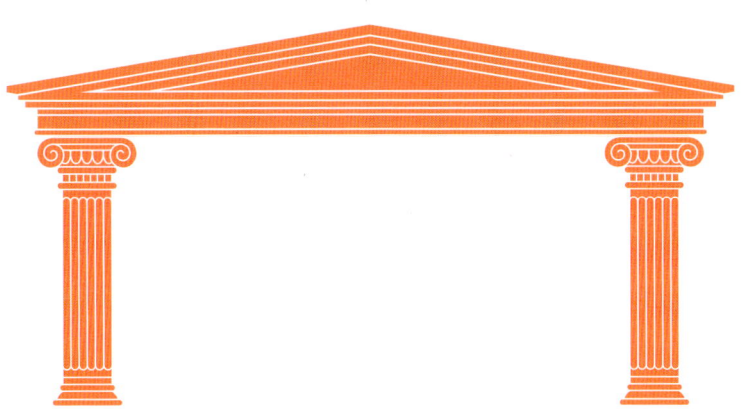

"헤라클레스가 나타났다!"

아르고스의 지배자 에우뤼스테우스의 가슴이 철렁 내려앉는 것 같았을 법하다.

헤라클레스가 누구인가?

나그네 입을 통해 아르고스 땅에는, 헤라클레스가 키타이론산에서 맨손으로 사자를 잡았고 단칼에 에르기노스왕을 죽이고 왕국을 허물어버렸다는 위명도 전해져 있었고, 술에 취해 제 아들들과 아내를 죽였다는 악명도 전해져 있었다.

헤라클레스가 누구인가?

아르고스의 지배자 자리는 마땅히 암피트뤼온에게 계승되었어야 하는 자리다. 암피트뤼온에게 계승되었더라면 헤라클레스로 이어지는 자리이기도 하다.

하지만 암피트뤼온은 왕좌를 차지하지 못했다. 달아나는 소를 향해 던진 몽둥이가 튀어 국왕의 얼굴에 맞는 바람에 그는 졸지에 국왕 시해자가 되어 테바이로 떠나지 않으면 안 되었다. 그 자리를 차지한 것은 숙부였던 스테넬로스였다.

 헤라클레스가 아르고스 땅으로 내려갔을 당시 아르고스의 지배자는 에우뤼스테우스였다. 에우뤼스테우스. 암피트뤼온이 테바이로 떠난 직후 아르고스의 지배자 자리를 차지한 스테넬로스의 아들이다. 헤라클레스가 아르고스의 지배자가 되는 것을 원천봉쇄하기 위해 헤라 여신이 서둘러 니키페로부터 태어나게 한 칠삭둥이다.

 그러니 헤라클레스의 적은 온 아르고스 땅이요, 아르고스의 지배자의 적은 오직 헤라클레스뿐이었다고 보아도 좋다. 말하자면 아르고스의 지배자는 헤라클레스 하나만을 노리고 오래 거기에서 기다리고 있었던 시련의 복병, 혹은 험로의 돌부리인 것이다.

 이 아르고스 땅의 칠삭둥이 지배자는 알고 있었을까? 헤라 여신이 헤라클레스를 자기 손에 붙였다는 것을 알고 있었을까? 알고 있었을 리 만무하다. 만일에 알고 있었더라면 헤라 여신의 각본을 연기하되 회초리로 때리는 대목에서도 능히 홍두깨를 휘둘렀음 직하다.

 아르고스의 지배자에게 헤라클레스는 참으로 만나서 재미없는 존재가 아닐 수 없다. 헤라클레스가 당시에 이미 온 헬라스 땅이 기울어 아는 천하장사라서 더욱 그랬다. 이제 그는 이 껄끄러운 장사를 거느려야 한다.

 아르고스의 칠삭둥이 지배자는 천성이 겁이 많고 비열한 위인이었다. 하지만 그것이 그의 허물만은 아니다. 세상에 영웅짜리를 영웅으로 연단하는 시련의 집행자치고 비열하지 않고, 교만하지 않고, 심술이 많지 않고, 교활하지 않은 자가 어디 있던가? 영웅이 마침내 그 숨통을 끊어놓고 마는 괴물치고 영생불사하는 괴물에 그 족보를 대지 않는 괴물이 어디 있던가? 영웅이 괴물을 죽이고 그 상급으로 차지하는 공주치고 아름답지 않은 공주가 어디에 있던가.

헤라클레스는 아르고스의 지배자를 만나기 위해 뮈케나이 도성 밖에 잠자리를 정한 다음 성안으로 사람을 넣어 왕을 친견하고 싶다는 뜻을 전했다.

"아폴론 신이 델포이 신전에 맡기신 뜻에 따라 원래 아르고스 사람인 헤라클레스는 대왕께 몸을 붙입니다."

헤라클레스의 전언에 대해 성에서 나온 답은 이랬다.

"테바이 사람 헤라클레스는 성안으로 들어오되 함부로 뮈케나이 사람을 칭하지 말라."

아르고스의 지배자는 주위에다 기치창검을 삼엄하게 벌리고 그 가운데 앉아, 빈손으로 들어온 헤라클레스를 맞았다. 헤라 여신이 내려다보았더라면 참으로 낯이 붉어졌을 터이다. 이 둘 사이에서 오고 간 대화는 대중 이러하다.

"나는 이렇듯이 기치창검을 으리번쩍하게 벌리고 그대를 맞는데 그대는 빈손으로 들어왔다. 내가 두렵지 않으냐?"

"아르고스의 지배자여, 내게 칼이 있어도 이는 근원 벨 칼이 못 될 것이요, 내게 영약이 있어봐야 이는 근심 없앨 영약은 어차피 못 될 것입니다. 그렇다면 있는 것이나 없는 것이나 마찬가지가 아닙니까. 나는 손에 묻은 피를 씻으러 왔지 손에 피를 묻히려고 온 것이 아닙니다."

"나는 그대를 백성으로 삼지는 않겠다. 내가 그대를 백성으로 택한 바가 없는데 어째서 그대가 나를 왕으로 택할 수 있겠느냐?"

"나는 손에 묻은 피를 씻으러 왔지 손에 피를 묻히려고 온 것이 아닙니다."

"이자가 나를 협박하고 있지 않나? 라오메돈이 아폴론과 포세이돈의 죄 닦아주기를 거절했다는 이야기를 그대가 못 들었는가?"

"하면, 아폴론 신이 그 땅에 괴질을 퍼뜨렸고, 포세이돈 신이 그 땅의 농사꾼을 쓸어버렸다는 이야기를 왕은 못 들으시었소?"

헤라클레스가 눈까지 부라리고 대어들자, 아르고스의 지배자는 너무 놀란 나머지 왕좌에서 떨어졌다는 말도 있고 경호병의 방패 뒤로 숨었다는 말도 있다. 곧 알게 될 테지만 대체 이 아르고스의 지배자는 숨는 것에 능한 자이니 방패 뒤에 숨었다는 말이 옳을 것이다.

"나는 아폴론 신의 뜻에 따라, 내 아내와 자식을 죽인 죄를 씻고자 왕을 찾아왔소. 내게 정히 내 죄를 씻겠다는 마음이 없었더라면 그러한 뜻을 맡긴 아폴론 신의 목을 조르는 것도 마다하지 않았을 것이오. 대왕이 싫어하든 좋아하든 나는 1신년 반을 이 뮈케나이에 머물 것인즉, 나를 부려 나라의 근심거리를 없애든지, 나를 나라의 근심거리로 삼든지 왕이 좋을 대로 하시오."

헤라클레스는 이 말을 남기고 뮈케나이성을 나와버렸다.

아르고스의 지배자 머리가 재빨리 돌아가기 시작했다.

'나를 나라의 근심거리로 삼든지? 이놈이 나를 공갈협박하고 있지 않나? 여차직하면 나라를 쑥대밭으로 만들어버릴 수도 있다는 뜻일 테지. 저 천둥벌거숭이를 성 밖에 둘 일이 아니다. 가까이 두면 무슨 짓을 저지를지 모른다. 그래, 영생불사를 얻었다는 괴물, 그래서 인간의 손으로는 죽일 수도 사로잡을 수도 없다는 괴물들과 싸움을 붙이자. 헤라클레스가 이기면? 나라의 근심거리인 괴물을 제거하는 셈이지 뭐. 괴물이 이기면? 나라의 근심거리가 될 가능성이 매우 풍부한 헤라클레스를 제거하는 셈이지 뭐.'

아르고스의 지배자는 이렇게 마음을 정하고 헤라클레스에게 사람을 보내어 첫 번째 과업을 맡겼다.

네메아의 사자와 싸우라는 것이었다.

뮈케나이성에서 그리 멀지 않은 곳에 아르고스 평원이 있다. 이 평원의 북쪽에는 험한 산봉우리가 첩첩이 솟아 있는데, 뮈케나이에서 코린토스로 가려면 이 산을 넘어야 한다. 이 산봉우리 가운데 가장 높은 봉우리가 '트레토스산(도려낸 듯한 산)'이다. 생김새가 흡사 식탁을 뒤집어 놓은 것 같아서 이런 이름이 붙었던 보양이나. '네메아'는 이 산에 있는 골짜기 이름이다.

네메아의 사자는 바로 이 네메아 골짜기에 사는, 성미가 괴악하기 짝이 없고 그 나타남과 사라짐에 '신출귀몰'이라는 말이 참 잘 어울리는 사자였다.

네메아 사자의 족보에 대해서는 주장이 분분하다. 헤시오도스는 괴물 키마이라와 오르트로스의 자식이라고 분명하게 못 박는다. 키마이라는 '머리 쪽은 사자, 꼬리 쪽은 용, 허리 쪽은 염소' 모양을 한, 불을 뿜는 괴물이다. 헤라 여신이 이 사자를 길러, 마음에 들지 않는 인간에게 고통을 주기 위해 네메아 골짜기에 풀어놓았다는 것이다. 이 사자는 가깝게는 트레토스산 인근 마을, 멀리는 티륀스, 뮈케나이 지방에까지 출몰하여 사람과 가축을 물어 죽이되 양식으로 삼는 일이 없었다.

헤라클레스가 네메아 골짜기로 가서 이 사자의 내력을 묻자 사람에 따라 대답이 각기 달랐다.

"이 골짜기 사람들은 원래 '포로네오스原人'의 후예들입니다. 헤라 여신이 이 후예들에게 천벌을 내리느라고 보낸 짐승이 바로 이 사자

**네메아의 사자를 업어치기 하는 헤라클레스**
기원전 6세기의 항아리 그림.

입니다."

"그게 아니고 헤라 여신께서 먼 동방에 있는 아리모스인들의 나라에서 끌고 오신 짐승입니다."

"이 짐승은 원래 '셀레네(달)' 여신께서 기르시다가 쫓아낸 것입니다. 헤라 여신이 네메아로 보냈고요."

주장이 서로 다른데도 '헤라 여신'이라는 말만은 빠지지 않았다.

헤라클레스는 네메아 계곡에 있는 클레오나이 마을에 이르렀다. 그가 숙소 삼아 든 집의 주인인 날품팔이꾼 몰로르코스는 이런 말을 했다.

"저는 이 네메아의 사자에게 아들을 잃은 사람입니다. 이 세상에 이런 슬픔 저런 슬픔 해도 자식을 앞세우는 슬픔에 비할 수 있는 슬픔은 없을 것입니다."

헤라클레스는 할 말을 잃고 두 눈만 끔벅거렸다. 자식 잃은 슬픔을 헤라클레스가 모를 리 없었다. 자식을 잃은 정도가 아니라, 제 손으로 죽인 헤라클레스가 아니던가?

몰로르코스가 말을 이었다.

"저는 이 네메아의 사자를 잘 압니다. 물론 본 적은 없지요. 이 사자는 창으로 찔러도 죽지 않고, 칼로 쳐도 죽지 않으며, 활로 쏘아도 죽지 않습니다. 꼭 30일 동안 목을 조르고 있어야 죽는다고 합니다. 아직까지 이 사자를 대적하여 이 사자를 죽인 영웅이 없는 것도 다 이 때문입니다. 저희는 이 사자를 '타나토스(죽음)'라고 부릅니다. 타나토스를 죽이려면 먼저 '휘프노스(잠)'와 싸워 이겨야 합니다. 부디

**사자의 목을 조르는 헤라클레스**
17세기 스페인 화가 프란시스코 데 수르바란의 〈네메아 사자와 헤라클레스〉.

 싸워서 이겨주십시오. 저는 가난한 날품팔이인지라 전 재산이라고는 양 한 마리밖에 없습니다. 저는 이 양을 헤라 여신께 제물로 바쳐 노여움을 거두시게 하고 싶습니다."

 "그럴 필요 없어요. 양 한 마리로 노여움을 거둘 헤라 여신이 아닐 겁니다."

 옛 헬라스 사람들에게는 묘석에다 사자 그림을 돋을새김하는 풍습이 있다. 몰로르코스가 네메아의 사자를 '타나토스(죽음)'라고 부른 것도 이런 풍습과 무관하지 않을 터이다.

"그러면 제가 이 양을 잡아드릴 테니 영웅께서 양고기를 배불리 드시고 저희 네메아 사람들의 가슴에서 타고 있는 불을 꺼주십시오."

헤라클레스는 고개를 가로저었다.

"그대의 전 재산인 양 한 마리를 내가 먹을 수는 없어요. 나는 30일 뒤에 돌아오겠어요. 다행히 내가 사자를 잡아서 돌아오거든 그 양은 나를 지켜주신 제우스 신께 제물로 바치세요. 만일에 내가 사자에게 목숨을 잃어서 돌아오지 못하거든 그때 나의 죽음을 슬퍼하면서 나에게 제물로 바치세요."

헤라클레스는 골짜기로 들어가기 전에 올리브나무를 뿌리째 뽑아 한가운데를 뚝 분질러 실팍한 몽둥이를 하나 만들었다. 그리스 땅에 매우 흔한 올리브나무는 옹이가 많아서 겉이 울퉁불퉁하고 굉장히 단단하다. 실팍한 이 몽둥이는 무게도 상당히 나갔던 모양이다. 뒷날 산 도둑 쌍둥이가 이 몽둥이를 훔치는데, 들고 가지 못하고 질질 끌고 갔다니까.

네메아의 사자는 과연 키타이론산에서 헤라클레스가 잡아 죽인 사자와는 달랐다. 활을 쏘아보았다. 화살은 사자의 가죽을 뚫지 못했다. 이번에는 창을 던져보았다. 아테나 여신으로부터 선물받은 창도 사자 가죽을 뚫지 못하고 쇳소리를 내며 튕겨 나왔다. 칼로 베어보았다. 헤르메스로부터 선물받은 것이라면 '하르페(금강검)'였을 텐데도 칼은 사자 가죽을 베지 못했다. 헤라클레스의 공격을 받을 때마다 사자는 동굴로 도망쳤다. 헤라클레스가 사자를 따라 동굴로 들어가보았지만 번번이 허탕이었다. 동굴에는 들어가는 문, 나가는 문이

따로 있었기 때문이다.

헤라클레스는 거대한 바위를 옮겨 한쪽 문을 막았다. 그러고는 사자가 동굴로 들어가기를 기다렸다.

이윽고 네메아의 사자가 동굴로 들어가려는 순간 헤라클레스는 다짜고짜 올리브나무 몽둥이로 사자의 머리를 갈겼다. 사자는 그렇게 무지막지한 몽둥이에 머리를 맞아보기는 처음이었을 터이다. 몽둥이에 맞아 정신이 반쯤 나간 사자는 동굴 속으로 도망쳤다. 헤라클레스가 따라 들어가자 사자는 일단 다른 문을 통해 달아나려고 했다. 하지만 그 문은 이미 거대한 바위에 막힌 뒤였다.

헤라클레스는 벼락같이 달려들어, 몽둥이에 맞아 정신이 반쯤 나간 사자의 목을 조르기 시작했다. 목뼈 부러지는 소리가 났지만 헤라클레스는 조르기를 풀지 않았다.

헤라클레스가 죽은 사자를 어깨에 메고 동굴을 나온 것은 그로부터 30일 뒤의 일이다. 그러니까 헤라클레스는 30일 동안 잠 한숨 자지 못하고 아무것도 먹지 못한 채 사자의 목을 조르고 있었던 셈이다.

30일째 되는 날 헤라클레스가 동굴에서 나왔다. 헤라클레스에게 꼬리를 잡힌 사자는 숨이 끊어진 채 끌려 나왔다.

몰로르코스는 헤라클레스가 그 사자에게 죽임을 당했을 것으로 믿었다. 30일이 되었는데도 헤라클레스가 돌아오지 않았기 때문이다.

몰로르코스는 헤라클레스의 죽음을 슬퍼하면서 제사 지내기 위해 전 재산인 양 한 마리를 잡았다. 그런데 제사 준비가 거의 끝났을 때쯤 헤라클레스가 나타났다.

**사자와 싸우는 헤라클레스**
전설적인 조각가 뤼시포스의 작품을 본뜬 로마 시대의 대리석상. 상트페테르부르크 에르미타주 박물관.

몰로르코스는 양고기를 제우스에게 제물로 바치고 헤라클레스를 찬양했다.

"아, '헤라클레스 칼리니코스'시여, 아, '헤라클레스 알렉시카코스'시여!"

칼리니코스는 '빛나는 승리자', 알렉시카코스는 '백성을 지키시는 이'라는 뜻이다.

헤라클레스는 뒷날 엘리스 왕국과 전쟁을 치르게 되는데, 그때 몰로르코스가 살던 마을 클레오나이 사람들로부터 큰 도움을 받는다. 헤라클레스는 전 재산인 양 한 마리를 잡아주겠다던 몰로르코스를 잊지 않고 네메아 근방에 몰로르키아라는 도시를 세웠다. 네메아에는 특별히 숲을 조성했는데, 이 숲이 바로 '네메아숲'이다. 고대 그리스의 4대 경기 중 하나인 '네메아 경기'는 바로 이 숲속에서 열렸다.

 아폴로도로스의 책에는 나오지 않는 에피소드 「갈림길의 헤라클레스」가 이어진다. 뒷날 소피스트(궤변론자) 프로디코스가 지어낸 이야기라고 한다.
 네메아의 사자를 죽이고 아르고스로 돌아가던 헤라클레스는 이상한 일을 겪는다. 갈림길에서 아름다운 두 여인이 헤라클레스를 유혹한 것이다.
 한 여인이 이런 말로 헤라클레스를 꾀었다.

**갈림길의 헤라클레스**
러시아 화가 이반 아키모프의 그림. 왼쪽에 서 있는, 투구를 쓰고 월계관을 손에 든 여인은 아테나 여신 같다. 오른쪽의 아기를 안은 여인은 아프로디테 여신인 듯하다. 어깨 너머로 에로스가 보인다.

"저를 따라오시지요. 저를 따라오시면 길이 험하기는 합니다. 가시 밭길이기는 합니다. 무수히 싸워야 하고 무수한 고통을 겪어야 하지만 결국은 이것이 영광의 길입니다. 저를 따라오시지요."

그러자 다른 여인이 정반대되는 말로 헤라클레스를 꾀었다.

"저를 따라오시지요. 저를 따라오셔야 편안한 길로 들어설 수 있습니다. 저를 따라오셔야 편안하고 사치스러운 삶을 누릴 수 있습니다. 이 좋은 세상에서 왜 고통스럽게 싸워야 합니까? 저를 따라오시지요."

앞 여인의 이름은 '미덕'이고 뒤 여인의 이름은 '악덕'이다.

**미덕과 악덕 사이에 선 헤라클레스**
흰옷을 입은 '미덕'이 아테나 여신이라는 증거는 없지만, 오른쪽 여인은 에로스를 거느리고 있는 것으로 보아 아프로디테가 분명하다. 니콜라 푸생의 그림.

헤라클레스가 어느 여인을 따라갔을까?

헤라클레스는 '미덕'의 길을 따르기로 했다. 앞에는 험한 가시밭길이 기다리고 있겠지만 그것이 바로 영광에 이르는 길이었을 것이다.

독자 여러분은 어느 길로 들어서고 싶은지?

뒷날의 많은 예술가는 갈림길에서 어느 여인을 따라갈지 망설이는 헤라클레스의 모습을 그려내었다. 재미있는 것은 '미덕'의 상징으로는 아테나 여신이, '악덕'의 상징으로는 아프로디테 여신이 등장하고 있다는 점이다.

헤라클레스가 아테나 여신의 길로 들어섰다는 것은 아프로디테 여신으로부터 등을 돌렸다는 뜻이다. 사랑의 여신으로부터 등을 돌렸으니, 아프로디테 여신의 은혜를 입기는 애당초 글렀다는 뜻이다.

헤라클레스, 여자 복이 별로 없다.

헤라클레스는 이 사자를 둘러메고 뮈케나이성으로 아르고스의 지배자 왕을 찾아갔다. 에우뤼스테우스왕은 헤라클레스가 사자를 죽였다는 소식을 미리 접하고는 부하들에게 커다란 청동 피토스(항아리)를 하나 땅에 묻게 한 뒤 그 안에 들어가 앉아 부하에게 말했다.

"코프레우스는 가서 헤라클레스에게 일러라. 금후로는 괴물을 죽인 헤라클레스는 그 괴물을 끌거나 둘러메고 성안으로 들어오지 못한다. 코프레우스여, 내 단단히 일러놓겠다. 만일에 헤라클레스가 내 명을 어기고 성안으로 들어오거든 이 청동 피토스의 뚜껑을 닫아다오. 나는 이 안에서 술이 될지언정 헤라클레스 손에는 죽고 싶지 않다. 코프레우스여! 네가 부럽구나."

**갈림길의 헤라클레스**
왼쪽의 '미덕' 앞으로는 헤라클레스를 기다리는 험한 길이 구체적으로 제시되어 있다. 오른쪽 '악덕'의 발치에는 '시간 죽이기' 놀이에 필요한 물건들이 놓여 있다. 몽둥이를 짚고 앉은 헤라클레스의 표정에 고뇌가 역력하다. 세바스티아노 리치의 그림.

아르고스의 지배자가 '부럽다'고 했을 법하다. 아르고스의 지배자의 이름은 '널리 이름을 떨치는 강자'라는 뜻이다. 그런 강자가 헤라클레스 앞에 무릎을 꿇을 수는 없다. 그러나 코프레우스는 헤라클레스 앞에 언제든 무릎을 꿇을 수 있다. 그의 이름 '코프레우스'는 '코프로스(똥)'를 연상시킨다.

어느 부모가 자식을 '똥'이라고 부르고 싶겠는가마는 옛날의 헬라스 사람들은 신들의 경계심을 느슨하게 하기 위해 이런 이름을 더러

**16세기 화가 안니발레 카라치의 〈헤라클레스의 선택〉**
왼쪽의 '미덕'은 험한 산 위의 말 한 마리를 가리킨다. 영광의 다른 모습이리라. 또한 '미덕'의 발치에는 책 읽는 사람이 앉아 있다. 반면 오른쪽의 '악덕'의 발치에는 가면, 악기 등이 놓여 있다.

짓기도 했던 모양이다.

 멀리 갈 것도 없다. 큰 영광을 떨쳐본 분은 아니지만 대한제국의 황제가 된 고종의 어린 시절 이름도 '개똥이'였다. 귀신의 시기를 피하기 위하여 뒷날의 흥선대원군이 되는 이하응이 아들 이름을 그렇게 지었다는 것이다.

 헤라클레스는 코프레우스로부터 아르고스 왕이 몹시 겁을 집어먹고 있다는 말을 전해 들었다. 그 자리에서 사자의 가죽을 벗기면서 코프레우스에게 물었다.

 "죽은 사자에게 겁을 먹다니. 이렇게 가죽을 벗기면 아르고스의 지배자도 사자를 겁내지 않을 테지?"

 헤라클레스는 이때부터 올리브나무 몽둥이는 무기 삼아 손에 들고, 이 사자 가죽은 옷 삼아 걸치고 다녔다. 네메아 사자의 머리 가죽은 두껍고 견고해서 투구 노릇을 너끈하게 했다. '헤라클레스 따라 하기'를 좋아하던 열성팬들이 그토록 따라 하고 싶어 하던 '헤라클레스 패션'이 완성된 것이다.

 아르고스의 지배자는 성벽 위에서 이 사자 가죽을 쓴 헤라클레스를 직접 보고 나서부터는 정말 헤라클레스를 무섭게 생각해서, 그가 왔다는 소리만 들으면 그 청동 피토스 안으로 들어가버리고는 했다. 뮈케나이 사람들은, 따라서 마파람에 게 눈 감추는 듯한 형국을 두고 '헤라클레스 온다는 소식에 청동 항아리로 들어가는 아르고스의 지배자 같다'고 빗대어 말했을 법하다.

 저 높은 곳의 제우스 신도 시앗에게서 난 아들을 각별히 사랑하기

**헤라클레스 청동상**
전설적인 조각가 뤼시포스의 〈지친 헤라클레스〉 모방한 18세기의 작품. 상트페테르부르크 미하일 궁전에 있다.

는 여느 사내와 다를 것이 없었다. 제우스는 어쩌지 못해 아들 헤라클레스를 헤라의 손에 붙이긴 했지만 아들이 이렇듯 첫 번째 관문을 너끈하게 넘어서자 굳이 그 기쁨을 감추려고 하지 않았다. 그래서 제우스 대신은 거 보아라는 듯이 뽐내면서 이 사자를 하늘로 불러올려 별자리로 박아주었다. 아들이 이룬 공훈의 징표를 신들과 인간들에게 두루 보이기 위함이었다. 우리가 12궁의 '레온토스궁(사자궁)'이라고 하는 별자리가 바로 이 네메아의 사자다.

　헤라클레스 이야기는 별자리의 내력을 설명하기 위해서 누가 지어낸 이야기라는 주장은 이래서 나온 모양이다.

# 4장
# 물뱀 휘드라, 죽음의 씨앗

GREEK
AND
ROMAN
MYTHOLOGY

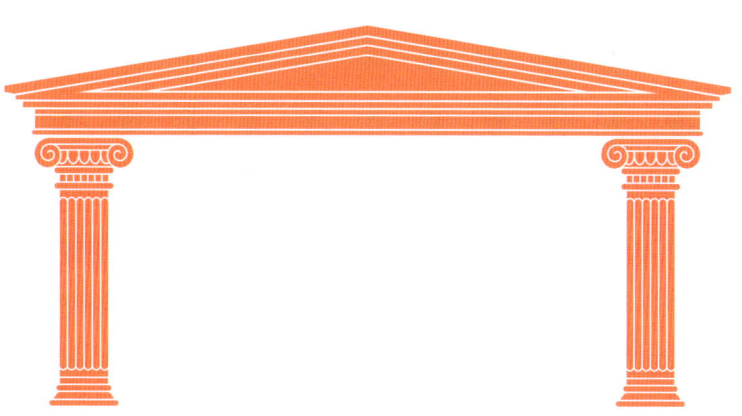

아르고스 왕의 사자 코프레우스가 다시 헤라클레스를 찾아왔다. 헤라클레스는 그동안 밤이면 밤마다 하늘에 새로 붙박인 별자리 '사자좌'를 올려다보면서 소일하고 있었는지도 모른다. 네메아의 사자로부터 벗겨 낸 가죽으로 망토 만드는 재미도 쏠쏠했을 것이다. 그는 사자 가죽 중에서도 머리 부분을 가장 좋아했다. 어찌나 두껍고 튼튼했던지 머리에 뒤집어쓰면 투구 노릇을 너끈하게 해주었기 때문이다. 제 손으로 죽인 사자의 가죽을 쓰고, 죽어서 하늘에 붙박인 사자자리 별자리 올려다보는 재미도 쏠쏠했겠다.

독자들은 델포이에서 헤라클레스가 받은 신탁의 내용을 기억할 것이다. 신탁의 내용 중에 "티륀스에 머물면서 뮈케나이 왕의 종살이를 잘 끝내면", 이런 구절이 있다. 따라서 당시 헤라클레스는 티륀스에 머물고 있었을 것이다. 아르고스 왕의 궁전이 있는 뮈케나이에서 티륀스까지는 그리 멀지도 않다. 말을 타면 한나절도 채 안 걸리는 거리다.

헤라클레스는 겁을 주려고 그랬던지 그냥 한번 짓궂게 굴어보고 싶었던지 하여튼 사자 가죽을 걸치고 코프레우스를 맞았다. 코프레우스가 기겁했던 것은 물론이다.

"코프레우스, 아르고스 왕은 청동 항아리 속에서 나오셨는가? 내, 다리 부러진 장수 성안에서 호령한다는 말은 들어보았다만, 천하에 그 이름을 떨치는 아르고스 왕이 항아리 안에서 왕명을 내린다는 말은 일찍이 들어보지 못했구나."

"장군께서 티륀스에 계시니 전하께서 항아리 안에 계실 리 없지요. 전하께서는 저 코프레우스를 보내시면서 말씀을 전하라고 하시었습니다."

 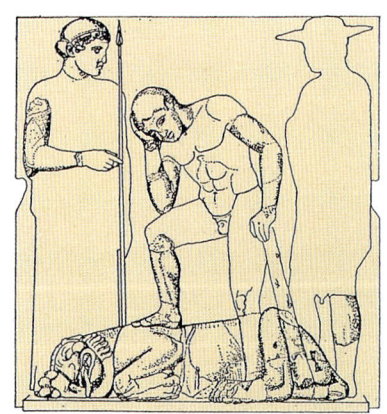

**헤라클레스의 열두 과업에 관한 돋을새김과 복원도**
올륌피아 박물관에는 헤라클레스의 열두 과업을 새긴 벽면 돋을새김과 복원도가 전시되어 있는데, 많은 사람이 대체로 이 순서를 기준으로 삼는다. 복원도가 없으면 이 돋을새김 읽기는 쉽지 않다. 죽은 사자에 한 발을 올린 헤라클레스 앞에 아테나 여신이 서 있다. 뒤쪽은 모자를 보아, 아무래도 헤르메스 같다.

"그래, 전하여보아라."

"송구스럽습니다. '네미아의 사자를 죽이고 그 가죽을 벗긴 재주와 힘과 용기는 가상하다. 그러나 기운이 세다고 소가 왕 노릇을 하는 것은 아니다.'"

"이놈이 저희 왕을 빌미 삼아 내게 욕을 하고 있지 않나!"

"저는 전하의 입이 되어 말씀을 전하고 있을 뿐입니다. 이렇게 전하라고 하시었습니다. '레르네 땅에 가면 아뮈모네라고 하는 샘이 있고 이 샘에는 휘드라라고 하는 괴악한 물뱀이 있다. 지금 이 물뱀

**모습을 드러낸 물뱀 휘드라**

휘드라의 앞에는 이미 무수한 희생자들의 시신이 나뒹굴고 있다. 귀스타브 모로의 그림.

은, 그 샘에 물뱀이 있다는 것을 잊어버린 사람들을 무수히 저 저승 세계로 보내고 있다. 이 물뱀을 무찔러 아르고스 땅의 근심을 없게 하라', 이러시더이다."

"아뮈모네?"

"바닥이 없는 샘이랍니다."

아뮈모네는 나라가 메말라 물길을 찾아다니던 여성의 이름이다. 산길에서 사슴을 만나자 아뮈모네는 창을 던졌는데 이 창이 공교롭게도 잠자고 있던 사튀로스의 다리에 꽂혔다. 숲속의 호색한 사튀로스는 사경을 겨우 벗어나자 아뮈모네를 겁탈하려고 했다. 그때 포세이돈 신이 나타나 아뮈모네를 구해주었다. 목숨 구해준 것을 고맙게 여겨 아뮈모네는 잠깐 포세이돈의 애인이 되었다. 포세이돈도 이것을 고맙게 여겨 삼지창으로 땅을 쳐서 깊고도 깊은 샘을 파주었는데, 이것이 바로 '아뮈모네 샘'이다.

세상천지의 물이라는 물은 다 좌지우지하는 포세이돈이 아닌가? 그런 포세이돈이 애인을 위해 게딱지만 한 옹달샘 하나 달랑 파주었을 리 없다. 애인이 누구인가? 나라가 메말라 물길 찾아다니던 아뮈모네가 아닌가? 그런 애인에게 포세이돈이 파주었으니 솟아오르는 물이 많아 강의 원류 노릇을 너끈하게 하는 거대한 늪이었으리라. 사람들이 '바닥 없는 샘'이라고 부른 것도 그 때문일 터이다.

"이놈의 아르고스 땅에는 '없는 것', '안 되는 것'이 어째서 이렇게 많으냐?"

헤라클레스는 이 대목에서 죄 없는 코프레우스에게 역정을 내었

**몽둥이로 휘드라를 공격하는 헤라클레스**
15세기 이탈리아 화가 안토니오 폴라이우올로의 그림. 헤라클레스의 표정이나 몸짓을 좀 껄렁패스럽게 그리기는 했지만, 신화의 영웅들을 그림의 세계로 다시 불러낸 중요한 화가다.

다. 그러나 그게 어디 역정을 낼 일이던가? 헤라클레스가 몰라서 그렇지 '신들의 시대', '영웅의 시대'의 인간들은 '없는 것', '안 되는 것'에 둘러싸여 살아야 하지 않았던가?

못 따라잡을 짐승이 '없는' 사냥개, 못 따돌릴 사냥개가 '없는' 여우, 활을 쏘아도 창으로 찔러도 칼로 베어도 죽지 '않는' 짐승, 바닥 '없는' 심연, 피할 수 '없는' 운명…….

이 수많은 창조적, 구원적 '부정'을 극복해야 마침내 '영생불사', 저 인도 사람들이 말하는 '아므리타<sub>不滅</sub>'에 이르는 법이다. 제우스의 아들인 '테오스 헤로스' 헤라클레스에겐들 그 길이 험하지 않았겠는가. 세계사적, 인류사적 제약을 허물어뜨리고 이를 보편타당한 인간적 형태로 환원시킬 수 없다면 헤라클레스는 동화 속의 왕자와 다를 바가 없지 않겠는가.

헤라클레스는 코프레우스의 전갈을 듣고 처음에는 역정을 내었고, 상대가 물뱀이라는 걸 안 연후에는 크게 웃었다.

"돌이 채 되기도 전에 팔뚝만 한 독사 두 마리를 한 손에 한 마리씩 잡아 목 졸라 죽인 나다. 이번에는 물뱀을 잡으라? 가서 아르고스 왕에게 일러라. 물뱀을 잡아갈 것인즉 청동 항아리 안에 꽁꽁 숨어 있으라 하더라고."

휘드라의 머리를 자르는 헤라클레스
귀도 레니의 그림.

그러나 그렇게 말할 일은 아니었다. 에우뤼스테우스가 말한 물뱀 휘드라는 헤라클레스가 그렇게 쉽게 말해도 좋을 예사 물뱀이 아니었다.

휘드라는 원래 뱀의 여신 에키드나의 딸이다. 저승의 하데스 궁전의 지킴이인 머리가 셋인 개 케르베로스는 따라서 이 휘드라와 남매지간이 되는 셈이다. 이 휘드라 역시 또 하나의 저승 문지기 아니었을까?

'히드라'라고 하는 강장동물이 있다. 히드라의 몸은 둥근 통 꼴인데 밑에는 빨판이 있어서 다른 물체에 단단히 달라붙을 수가 있고, 입 주위에는 7, 8개의 촉수가 나 있다. 문제는 이 촉수다. 이 촉수는 흡사 도마뱀 꼬리처럼 잘려도 곧 다시 돋아난다. 말하자면 재생력이 엄청나게 강한 것이다. 이런 강장동물에게 '히드라'라는 이름을 붙였으니 처음 발견한 학자들이 신화에 밝았던 모양이다.

헤라클레스가 레르네에 갔을 때 그곳 사람들은 휘드라를 이렇게 설명했다.

"휘드라가 일어서면 그 모습이 꼭 터져 오르는 용암과 같습니다. 아홉 개나 되는 대가리를 일시에 쳐들었다고 생각해보십시오. 저희 같은 농투성이들은 휘드라의 숨결만 닿아도 그 자리에서 즉사합니다. 쓸개즙에서 나온다는 숨결입니다. 벌써 수많은 사람이 휘드라의 숨결에 닿아 저승 땅으로 내려갔지요."

"숨결에 닿지 않으면 능히 물뱀을 죽일 수가 있지 않소? 그대들이 낫으로 귀리를 베듯이 이 칼로 아홉 개의 목을 끊어버리면 될 게 아니오?"

"쇠붙이를 끌어들이는 마법의 돌이 있다는 말은 들은 적이 있습니다. 휘드라의 머리 아홉 개 중 가운데에 있는 머리는 사람 머리 형상을 하고 있습니다. 저희는 마법의 돌을 본 적이 없습니다만 마법의 돌이 쇠붙이를 끌어들이듯이, 휘드라의 눈은 사람을 가까이 끌어들인다고 들었습니다. 물론 그 사람 형상의 눈을 보고 살아남은 사람이 없으니, 그 눈을 보았다는 사람이 있을 리 없겠습니다만."

"그러면 휘드라 역시 영생불사를 얻었다는 말이오? 하늘, 땅, 인간의 눈이 닿는 데 영생불사를 얻은 짐승은 없지 않소?"

"능히 죽일 수 있을 자가 나서지 않을 바에야, 그 짐승이 곧 영생불사하는 짐승이 아닐는지요."

"능히 죽일 수 있는 자가 여기 나섰소."

"그러나 휘드라의 대가리는 하나를 자르면 그 자리에서 둘이 나온다고 하더이다."

"그 둘을 마저 자르면?"

"넷이 나오겠지요."

"여덟 개의 물뱀 대가리를 귀리 베듯이 베어버리면?"

"사람 머리 형상을 한 대가리가 남아 있지 않습니까?"

"그 대가리까지 베어버리면?"

"여덟 개의 물뱀 대가리에서 열여섯 개의 물뱀 대가리가 나와 있을 테지요."

"그대와 더하기 빼기를 하고 있으려니 한심하오. 내게 생각이 있

**휘드라의 머리를 자르려는 헤라클레스와 그를 돕는 이올라오스**
올림피아 박물관에는 헤라클레스의 잘린 자리를 조카 이올라오스가 불방망이로 지지고 있다. 프란시스코 데 수르바란의 그림.

으니 그대는 이 길로 테바이 땅으로 가서 그곳 왕에게 봄을 붙이고 있는 이올라오스를 찾아서 데려오시오. 헤라클레스가 오라고 한다면 지체하지 않을 것이오."

이올라오스는 헤라클레스의 쌍둥이 아우 이피클레스의 아들이다. 따라서 헤라클레스에겐 조카가 된다.

이올라오스가 레르네로 왔을 때 헤라클레스는 이미 장작 운반용 마차 한 대, 전투용 마차 한 대, 활과 화살통, 농부들이 귀리 벨 때 쓰

**아테나가 지켜보는 가운데 휘드라와 싸우는 헤라클레스**
기원전 6세기의 항아리.

는 긴 낫, 그리고 잘 마른 나뭇가지를 길게 단으로 묶은 여러 개의 불방망이를 준비한 뒤 기다리고 있었다.

이올라오스가 당도하자 헤라클레스가, 평소에 자주 무작배기로 구는 헤라클레스답지 않게 이치를 따져 말했다.

"휘드라의 머리는 하나를 자르면 두 개가 나온다고 한다. 이 집 주인이 너를 데리러 테바이로 가고 나서 내가 한 이치를 터득했다. 내가 낫으로 휘드라의 머리를 벨 터인즉 너는 이 불방망이로 그 벤 자국을 지져버려라. 불과 휘드라(물)는 상극이 아니냐? 불은 무엇으로써 끄느냐? 물로써 끈다. 우리는 지금부터 이 휘드라를 불로써 잡도리한다. 휘드라, 너 오늘 죽었다."

숙부 헤라클레스와 조카 이올라오스는 전투용 마차와 장작 마차에 나누어 타고 아뮈모네 샘으로 달려갔다. 숙부와 조카가 장작을 부려 불을 놓자 오래지 않아 샘가는 장작 타들어가는 소리, 불길이 물에 닿으면 꺼지면서 내는 지지직거리는 소리로 몹시 소란스러워졌다. 그 소리와 열기를 느꼈던지 휘드라가 모습을 드러내었다.

휘드라가 윗몸을 일으키고 동굴에서 나왔을 때 헤라클레스는 그의 눈을 의심했다. 곧추세운 몸길이만 해도 헤라클레스의 키로 두 길을 넘었다. 머리 역시 농부가 말하던 그대로 가운데엔 사람 머리가 하나 있고 여덟 개의 물뱀 대가리가 이 사람 형상의 대가리를 둘

**휘드라와 헤라클레스를 새긴 잔**
이 16세기 공예품은 잔이라기보다는 뚜껑이 있는 그릇 같다. '휘드라(물)'를 담는 그릇이 아니었을까?

러싸고 사방을 기웃거리며 한가운데 있는 대가리를 지키고 있었다.

헤라클레스는 자루가 한 길이 넘는 낫을 들어 앞으로 나서는 휘드라의 물뱀 대가리를 하나 잘랐다. 역시 농부의 말 그대로 잘린 자리에서 두 개의 물뱀 대가리가 솟아났다.

'농부는 이 괴물을 본 자가 없다고 했는데, 본 자가 없다면 어떻게 이 괴물을 이렇듯 소상하게 알 수 있을까. 참으로 모를 일이다.'

헤라클레스가 이런 생각을 하면서 공격해 오는 물뱀 대가리를 향해 낫을 휘두르고 있는데 갑자기 발뒤꿈치 근처가 저려왔다. 어느 틈에 다가왔는지 큼지막한 게 한 마리가 그 집게발로 헤라클레스의 발뒤꿈치를 집어 조르고 있었다.

헤라클레스는 칼을 뽑아 그 게의 집게발을 자르고 나서 그 두꺼운 등 껍데기를 향해 칼을 던졌다. 어찌나 힘들여 던졌던지 칼은 게의 등 껍데기를 꿰뚫고 자루까지 박혔다.

게의 집게발에서 풀려난 헤라클레스는 이올라오스에게 눈짓한 뒤 다시 낫으로 휘드라의 물뱀 대가리를 치기 시작했다. 헤라클레스가 물뱀 대가리를 하나씩 자를 때마다 이올라오스는 불방망이의 불길로 그 자른 자리를 지졌다. 불길 먹은 자리에서는 과연 다른 물뱀 대가리가 돋아나지 못했다. 남은 물뱀 대가리 한가운데 있던 휘드라의 인두가 헤라클레스를 향해 부르짖었다.

"헤라클레스가 머리 빈 장사라는 말은 허사였구나. 그 힘에 그 꾀를 갖추었으니 장차 누가 그대를 당하랴. 그 솜씨에, 내 독을 묻힌 독화살이 있으면 누가 그대를 대적할 수……."

헤라클레스는 휘드라가 이 말을 채 끝마치기도 전에 사람 머리 형상을 한 대가리를 찍어 떨어뜨렸다. 물뱀 대가리와 사람 형상을 한 대가리를 모조리 잃은 휘드라는 그 긴 몸을 아뮈모네 샘 둑에다 길게 눕혔다.

휘드라의 독?

농부로부터 들은 '쓸개즙'이라는 말이 생각났다.

헤라클레스는 휘드라의 찬사에 우쭐해진 나머지, 휘드라의 배를 갈라 쓸개를 찾아내고는, 지니고 있던 화살 끝에다 휘드라의 쓸개즙을 바르기 시작했다. 독을 바른 독화살을 화살통에다 넣으면서 헤라클레스는 이올라오스에게 이런 말을 했다.

"들었느냐? 마녀 에키드나의 딸이 나를 찬양했다. 네메아의 사자를 죽인 나를 찬양했다. 보라, 휘드라의 머리를 보라. 휘드라의 죽음은, 때가 되면 죽는 모든 것의 죽음이다. 죽음이 이 헤라클레스를 찬양했다."

그러나 헤라클레스는 알지 못했다. 사냥꾼은 사냥개로 여우를 잡고, 성복낭한 사는 아첨하는 입술로 어리석은 정복자를 잡는다는 사실을 헤라클레스는 알지 못했다. 교활한 휘드라는 이승을 떠나면서 헤라클레스에게 복수할 올무를 만든 것이었다. 우리는 오래지 않아 이 휘드라의 독을 바른 화살 때문에 두 차례나 곤욕을 치르는 헤라클레스를 만나게 된다. 한 번은 이 화살로 스승이자 친구인 현명한 켄타우로스 케이론을 죽이고, 또 한 번은 아내를 겁간하려는 자를 죽임으로써 휘드라의 덫에 걸리고 마는 헤라클레스를 만나게 된다.

헤라클레스와 이올라오스는 휘드라의 사람 머리 형상을 한 대가리를 길가에다 묻은 뒤 무거운 돌로 눌러놓은 다음 뮈케나이로 갔다.

 그동안 제우스 대신은 이 휘드라까지 하늘로 불러올려 별자리로 박아주었으니 이 별자리가 바로 오늘날 우리가 '물뱀자리'라고 부르는 '휘드라'다. 헤라도 이번에는 가만히 있지 않고 헤라클레스에게 희생된 큰 게를 불러올려 사자좌 옆에다 별자리로 박아주었다. 12궁의 사자좌 옆에 있는 '거해좌' 혹은 '게자리'라고 하는 별자리가 바

**고대 그리스 도자기에 새겨진 헤라클레스와 이올라오스**
이 그림 속 헤라클레스는 낫도 몽둥이도 아닌, 날이 꼬부라진 '하르페(금강검)'라는 무기로 휘드라의 목을 베고 있다.

로 이것이다.

　한자리에 누워도 꾸는 꿈은 각각이라고, 사자를 불러올려 별자리로 박아준 제우스의 속내와 큰 게를 불러올려 별자리로 박은 헤라의 속내 또한 각각이었다. 말하자면 제우스는 아들의 공훈을 신과 인간에게 두루 드러내어 보이기 위해 '사자자리'와 '물뱀자리'를 박았고, 헤라는 헤라클레스에 대한 앙심을 신들과 인간에게 두루 확인시키기 위해 '게자리'를 박은 것이니.

　물뱀 휘드라의 대가리는 몇 개였을까?

　나는 아폴로도로스의 기록을 좇아 9개라고 썼다. 하지만 여기에는 여러 가지 다른 주장이 있다. 한 개였다는 주장, 50개였다는 주장, 1백 개였다는 주장, 심지어는 1만 개였다는 주장도 있다. 이런 주장 혹은 이렇게 서로 다른 의견에는 약간 관대해질 필요가 있다. 그리스인들이 '100'이라는 숫자를 좋아한다는 것을 빌미로 1백 개였을 것이라고 박박 우기는 사람을 만날 때면 나는 이렇게 물어보고 싶어진다.

　"니 봤나?"

　휘드라의 대가리가 하나뿐이었다면 여느 물뱀이나 다를 바 없다. 따라서 신비감 혹은 공포감은 훨씬 덜 느껴진다. 헤라클레스가 몸소 등장해서 목숨을 걸고 '폼' 잡을 일도 없었을 것 같다. 헤라클레스가 몽둥이 둘러메고 출동했다는 것은 여느 물뱀과 다르다는 증거 아니었겠는가.

　50개, 1백 개 혹은 1만 개였다고 주장하는 사람들이 나는 참 딱해

보인다. 항아리 혹은 접시에다 붉은 물감으로 〈휘드라와 헤라클라스〉를 그렸던 고대 그리스의 '환쟁이들' 입장을 전혀 고려하지 않고 있기 때문이다. 그 좁은 화면에 어떻게 그 많은 휘드라의 대가리를 그려 넣으라고!

르네상스 시대의 화가들 입장도 생각해주어야 한다. 그들은 그림의 주문자로부터 안료(물감)를 배급받아 그림을 그렸다. 화가가 제 주머니 털어서 지불하기에는 안료값이 너무 비쌌던 것이고, 그래서 주문자는 안료를 저울에 달아서 화가에게 주었던 것이다. 휘드라의 대가리가 1백 개 혹은 1만 개였다면 그런 화가들 얼마나 낙심했을까.

중세 이후 화가들은 하나같이 휘드라를 무시무시한 괴물로 그리고 있다. 하지만 고대 그리스의 질그릇에 그려진 그림들을 보면 그렇게 무서운 괴물 같아 보이지 않는다. 아마 화면이 좁은 데다 사실적인 표현 기법에 서툴러서 그렇게밖에 그릴 수 없기는 했을 것이다. 한 개였다는 주장, 1백 개였다는 주장은 이렇게 해서 탈락한다.

그런데 '휘드라'의 정체에 대한 아주 재미나는 해석이 있다. 이따금씩 터져나와 근처의 땅을 아주 망쳐놓는 지하 수맥을 상징하는 것이 아니겠느냐는 것이다. 참 재미있는 해석 같다.

그리스 땅은 처음 여행하는 사람들을 약간 헷갈리게 한다. 여름철일 경우 중부에서 남부로 내려갈수록 푸른 풀 구경하기가 어려워진다. 뜨거운 열기와, 아프리카에서 불어오는 열풍이 푸나무를 누렇게 혹은 발갛게 말려버리기 때문이다. 그래서 여름철이면 산불이 잦다. 하지만 가을과 함께 우기가 시작되면 풀과 나무는 생기를 되찾는다.

여름철에 그리스를 여행하다 보면, 도대체 이렇게 메마른 땅에서 어떻게 문명이 꽃피었을까 싶어진다. 그만큼 물 구경하기가 쉽지 않다. 하지만 지하수는 풍부하단다. 지하 수맥이 엄청나게 발달해 있기 때문이란다.

휘드라는 지하 수맥을 의인화한 괴물이라는 주장이 퍽 일리 있어 보인다. 지진 같은 것으로 지하 수맥이 터지는 경우를 상상해본다. 그 수맥 터진 구멍을 막는다면? 수압 때문에 그 옆에서 터질 수도 있다. 두 군데가 터질 수도 있고 1백 군데가 터질 수도 있다. 그러니까 하나를 자르면 그 자리에서 두 개가 솟는다는 휘드라의 대가리는 지하 수맥이 아니냐는 것이다.

내가 적극적으로 지지하는 해석은 아니지만 재미있지 않은가? 괴물 휘드라를 지하 수맥으로 상상해보는 일은.

5장
뿔 달린 암사슴이라니!

GREEK
AND
ROMAN
MYTHOLOGY

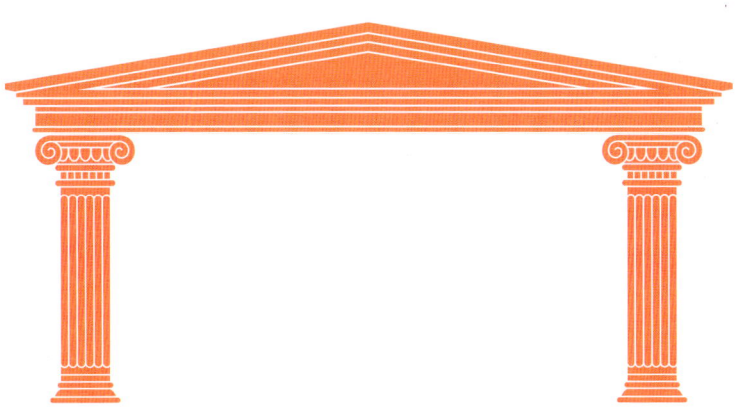

　헤라클레스가 또 한 번 개선하자 아르고스 왕은 또 한 번 청동 항아리 안으로 숨어들어 갔다. 하지만 헤라클레스는 휘드라의 주검을 가지고 간 것이 아니었다. 헤라클레스가 빈손으로 온 것을 보고 아르고스 왕은 제법 기가 살아났던지 이번에는 휘드라를 죽인 징표를 요구했다. 헤라클레스가 휘드라의 주검을 끌고 입성하지 않은 바에 아르고스 왕이 징표 보이기를 요구한 것이 당연해 보이기는 한다. 헤라클레스는 하늘을 가리켰다.

　"왕께서 청동 항아리에 들어가 있을 동안 휘드라는 이미 저기서 별자리가 되어 빛나고 있소. 자, 다음에 내가 할 일은 무엇이오? 저 별자리를 벗겨 내리는 일이오? 저 별자리를 벗겨 다시 레르네 샘에다 풀어놓는 일이오?"

　"그대는 파괴자이지 창조자가 아니다. 가서 기다려라. 코프레우스가 그대에게, 그대가 마땅히 해야 할 일을 일러줄 것이다."

　이튿날 코프레우스가 성을 나와 아르고스 왕의 뜻을 전했다.

"'아르카디아 땅과 아르고스 땅에 몹쓸 암사슴이 출몰하여 발굽으로 전답을 파헤치고 그 뿔로 사람과 가축을 해친다고 한다. 이 암사슴을 붙잡아 오라. 행여, 사자를 죽인 헤라클레스가 암사슴을 놓친 헤라클레스로 웃음거리가 되는 일이 없게 하라.' 대왕께서는 이렇게 전하라 하셨습니다."

"코프레우스, 이놈! 암사슴에게 뿔이 어디 있고, 사슴의 연약한 발굽이 어찌 논밭을 파헤칠 수가 있느냐?"

"이 암사슴의 뿔은 황금 뿔이요, 이 암사슴의 발굽은 청동 발굽이라고 합니다."

"그 암사슴이 어디에서 자주 나타난다더냐?"

"케뤼네이아의 바위산이라고 합니다."

"이놈들이 나를 아르테미스 여신과 싸움을 붙이려 하는구나."

헤라클레스는 그답지 않게 한숨을 쉬었다.

당연한 일이다.

아르카디아와 아르고스 땅 사이에는 두 개의 큰 산맥이 있다. 파르테니온산맥과 아르테미시온산맥이 그것이다.

아르고스 왕이 헤라클레스에게 맡긴 세 번째 과업은 바로 이 산을 뒤져 암사슴을 잡아 오라는 것이다. 헤라클레스가 이 과업이 참으로 어려울 수밖에 없다고 짐작한 이유는 간단하다.

'파르테니온(처녀의 산)'과 '아르테미시온(아르테미스의 산)'은 곧 처녀신 아르테미스의 산이다. 실제로 이 두 산꼭대기에는 아르테미스 신전도 있었다. 따라서 헤라클레스가 이 암사슴을 잡으려면 처녀신

**달과 사냥의 여신 아르테미스**
화살통을 멘 모습으로 그려지는 달의 여신 아르테미스는 사냥의 여신이자 동물의 수호 여신이기도 하다. 내가 가장 좋아하는 아르테미스상이다. 파리 루브르 박물관.

아르테미스의 거룩한 산에 발을 들여놓아야 한다.

　이 암사슴만 해도 그렇다. 황금각과 청동제라는 말에서 이미 짐작했을 테지만 이 암사슴은 아르테미스가 총애하는 거룩한 짐승이다. 너구나 예사 짐승인 것도 아니다.

　헤라클레스가 이 땅에 태어나기도 전의 일이다.

　아르테미스에게는 50여 명에 이르는 시녀 요정이 있었다. 하나같이 아름다운 데다 여신의 허락을 얻기까지는 절대로 순결을 잃지 않기로 맹세한 시녀 요정들이었다.

　그 가운데 여느 요정들에게 견주어 몸집이 유난히 큰 요정이 있었다. 타위게테였다. 타위게테는 키가 크고 살집이 두꺼웠다. 거기에다 아름답기까지 했다. 따라서 타위게테는 풍만한 미녀였다.

그런데 제우스 신이 이 딸의 시녀 요정에게 눈독을 들였다.

에이, 딸의 시녀에게 눈독을 들이는 아버지가 어디 있대요?

이렇게 묻는 독자가 있다면 그것은 제우스를 잘 모르고 하는 소리다. 제우스는 일찍이 딸 아르테미스의 시녀에게 눈독을 들인 전력이

**아르테미스를 섬기는 요정 칼리스토를 노리는 제우스**
17세기 네덜란드 화가 니콜라스 베르헴의 그림.

있다. 눈독을 들인 정도가 아니라 아주 비열한 수를 써서 이 요정을 손에 넣고 아기까지 배게 한 전과가 있다. 그렇다면 제우스는 어떻게 이 시녀 요정 칼리스토를 손에 넣을 수 있었을까?

아르테미스는 자기 시녀가 순결을 잃을 경우 혹독한 벌을 내리는 것으로 유명한 여신이다. 시녀 요정들이 몸을 사리지 않을 수 없었다.

칼리스토도 그렇게 몸을 사렸다. 그런데 그토록 믿고 섬기던 아르테미스 여신이 칼리스토를 유혹했다. 칼리스토로서는 여신의 유혹을 뿌리치기 어려웠다. 그래서 순결을 잃었는데, 뒤늦게 알고 보니 순결을 앗아간 것은 아르테미스 여신이 아니었다. 딸 아르테미스로 변장한 제우스였다.

칼리스토는 아르테미스와 헤라의 저주를 받아 곰이 되었다. 지금은 하늘에 별자리 큰곰자리로 박혀 있기는 하지만 칼리스토가 걸은 길은 험난한 가시밭길이었다.

아르테미스는 아버지 제우스에게도 효성스러운 딸이었던 것 같지는 않다. 어찌나 표독스러웠던지 제 성미에 맞지 않거나 화가 나면 아버지의 수염 가닥 뽑는 것도 마다하지 않았단다.

아르테미스는 시녀 요정 타위게테를 사슴으로 변신하게 했다. 암사슴이었을까, 수사슴이었을까? 타위게테는 여성이니까 수사슴으로 변신할 수는 없다. 당연히 암사슴이다. 아르테미스는 암사슴으로 변신시키는 것으로 마음을 놓을 수 없어 황금 뿔을 달고 청동 발굽을 달아 수사슴처럼 보이게 했다. 수사슴으로 변신하고 접근할지도 모르는 제우스를 경계했던 것일까?

**아르테미스로 변장한 제우스와 요정 칼리스토**
장 시몽 베르텔레미의 그림.

 아르테미스 덕분에 제우스는 체면에 크게 금이 갈 짓을 하지 않아서 좋았고, 타위게테는 저 지겨운 헤라의 복수를 당하지 않아서 좋았다. 아르테미스는, 자기 손으로 암사슴으로 몸을 바꾸게 한 타위게테를 총애하여 자기 수레 끄는 사슴으로 그 지위를 돋우어주었다.
 하지만 헤라 여신이 제우스의 사랑을 받을 뻔한 타위게테를 아주 잊고 있었던 것은 아닌 모양이다. 이 암사슴을 풀어놓고는 아르고스 왕을 쑤석거려 헤라클레스 손에 붙인 것을 보면.
 헤라클레스, 큰일 났다. 이런 암사슴을 잡아야 하게 생겼으니.

헤라클레스는 이 암사슴을 죽여서는 안 된다. 그랬다가는 아르테미스 여신의 분노를 살 것이기 때문이다. 다치게 해서도 안 된다. 자존심 강하고 콧대 높기로 유명한 아르테미스 여신이 가만히 있지 않을 터이기 때문이다. 헤라클레스는 조심스럽게 암사슴의 뒤를 쫓는다.

산속에서 암사슴의 발자국을 쫓던 헤라클레스 앞에 양 치는 처녀 하나가 나타났다. 헤라클레스는 긴장했다.

"이곳이 아르테미스 여신의 거룩한 산인 줄 알고 들어오셨나요?"

처녀가 먼저 물었다. 산속에서 건장한 남정네를 만난 처녀가 먼저 말을 건넨다? 헤라클레스는 짐작되는 바가 없지 않았던지 정중하게 대답했다.

"그대가 들어왔는데 헤라클레스가 못 들어올까요?"

"처녀신 아르테미스가 저같이 순결한 처녀와 남정네를 같이 놓고 볼까요?"

"같이 놓고 볼 리 없지요. 그대는 양을 치는 처녀요, 나는 아르테미스 여신의 암사슴을 잡으러 온 자이니까요."

"그대는 암사슴을 잡을 수 있다고 생각하니요?"

"그 암사슴이 네메아 사자의 목을 조른 이 손아귀를 빠져나갈 수 있을까요? 그 암사슴이 휘드라의 목을 자른 이 칼을 비켜 갈 수 있을까요?"

"헤라클레스라고 하셨지요? 그 암사슴을 보는 순간부터 사냥꾼은 걷잡을 수 없는 광기에 사로잡힙니다. 사로잡고 싶다는 광기에 사로잡힙니다. 어쩌면 이 광기가 그대를 죽일지도 모릅니다. 그대가 능히

**칼리스토를 벌하는 아르테미스**
아르테미스가, 제우스의 아기를 밴 칼리스토를 손가락질하고 있다. 티치아노의 그림.

이 광기를 감당할 수 있을는지요?"

"광기에 사로잡혀 지은 죄를 씻으려고 뮈케나이 왕을 섬기는 몸이오."

"사냥꾼의 눈에 띄는 순간 암사슴은 달아날 것입니다. 암사슴은 멀리멀리 달아납니다. 어쩌면 그대가 영영 되짚어올 수 없을 만큼 먼 곳으로 달아날지도 모릅니다. 그러나 그대는 도중에 그 사슴을 포기할 수 없습니다. 그대가 능히 이것을 감당할 수 있을는지요?"

**케뤼네이아의 암사슴을 사로잡는 헤라클레스**
헤라클레스가 암사슴의 황금 뿔을 꺾고 있다. 왼쪽에 칼을 들고 선 여신은 아테나, 앞에 활을 들고 선 여신은 아르테미스다. 아테나는 뒤에서 도와주고 아르테미스는 앞에서 가로막았음을 암시하는 듯하다. 기원전 6세기의 질항아리 그림. 런던 대영박물관.

"이제야 내가 그 암사슴을 붙들어야 하는 까닭을 알겠소."

헤라클레스는 어떤 일이든 순식간에 뚝딱 해치워버리는 것으로도 유명한 영웅이다. 그런데 이 암사슴을 뒤쫓고 있을 동안은 거의 365일 동안이나 티륀스에도 뮈케나이에도 나타나지 않았다. 죽자고 사슴만 쫓았던 것인데, 이만하면 아르테미스 여신의 기분을 상히지 않도록 헤라클레스로서는 최선을 다한 것 같다.

1년 동안이나 헤라클레스에게 쫓기던 암사슴은 '아르테미스의 산'으로 숨어들었다. 여느 인간은 발 들여놓을 수 없는 거룩한 산이다. 아르테미스의 산 기슭에는 아름답기로 이름 높은 '라돈강'이 흐르는데, 헤라클레스는 바로 이 라돈강 가에서 암사슴을 사로잡은 것으로 전해진다. 쫓는 헤라클레스도 힘들었겠지만 쫓기는 암사슴도 지켜

**5장 뿔 달린 암사슴이라니!**

웠을 것이다.

 활을 쏘았다는 주장이 우세하기는 하다. 화살이 뼈와 힘줄 사이를 지나도록 교묘하게 쏘아 암사슴이 피 한 방울 흘리지 않게 했다는 것이다. 순진하기는. 헤라클레스의 화살에는 휘드라의 쓸개즙이 묻어 있었다는 것을 기억해야 한다. 휘드라의 쓸개즙이 묻은 화살은 켄타우로스 케이론까지 한 방에 보낸 독화살이다. 헤라클레스가 아무리 배짱이 두둑했기로서니 그런 화살을 아르테미스의 암사슴에게 쏘았을 리 없다.

 너무나도 지친 나머지 라돈강 가에서 잠시 쉬고 있던 암사슴에게 헤라클레스가 그물을 던졌다는 주장이 있다. 헤라클레스는 뭘 적절하게 이용하는 버릇이 있다는 것을 감안하면 그물을 썼다는 주장이 더욱 설득력이 있어 보인다.

 헤라클레스가 암사슴을 어깨에 둘러메고 돌아서는데 한 사냥꾼 차림을 한 젊은 처녀와 청년이 앞을 가로막았다. 헤라클레스가 보기에 처녀와는 초면이 아닌 것 같았다. 하지만 언제 어디에서 만났는지 그것은 기억해낼 수 없었다.

 먼저 처녀가 헤라클레스에게 물었다.

 "이곳이 아르테미스 여신의 거룩한 산인 줄 알고 들어오셨나요?"

 1년 전에 한 번 받아본 적이 있는 질문이었다. 헤라클레스가 머뭇거리자 처녀가 두 번째 질문을 던졌다.

 "그 암사슴이 여신의 사슴이라는 것도 알고 있나요?"

 헤라클레스는 그답지 않게 사근사근한 말투로 응수했다.

**이런 가족사진 흔치 않지**
왼쪽부터 아버지 제우스, 어머니 레토, 쌍둥이 남매인 아폴론과 아르테미스. 아폴론과 아르테미스는 잘 붙어다니는 것으로 유명하다. 아르테미스 신전이 있는 그리스 브라브로나의 박물관.

"알지요. 이곳이 여신의 거룩한 땅이라는 것을 알기 때문에, 이 암사슴이 여신의 거룩한 임사슴이라는 것을 알기 때문에, 1년 동안이나 뒤쫓았던 겁니다. 보세요. 이렇게 산 채로 사로잡았습니다. 여신의 암사슴이라는 걸 몰랐다면 한 주먹에 때려 죽였을 겁니다. 그러니까 성미 급한 무지렁이의 부아를 돋우지 마시고 부디 길을 내어주셨으면 합니다."

헤라클레스는 처녀의 겉모습에서 말로 나타내기 어려운 품위 같은 것을 느꼈음 직하다.

옆에 있던 청년이 혼잣말로 중얼거렸다.

"이 녀석, 이거, 나의 신전에서 지킴이 무당에게 행패를 부릴 녀석 아냐?"

그러고는 이렇게 덧붙였다.

"사슴은 이 산의 사슴이니 주인에게 돌려주어라."

헤라클레스는 '나의 신전'이라는 말을 듣고서야 정신이 번쩍 들었다.

그때까지 헤라클레스는 어떤 신의 신전에서든 행패를 부린 적이 없다. 하지만 뒷날 행패를 부리게 되니, 청년은 미래의 일을 예언한 셈이다. 예언의 신 아폴론 아니고서야 누가 그런 예언을 할 수 있겠는가?

**자주 붙어다니는 남매**
로마 시대 아폴로(아폴론) 신전에 새겨져 있던 〈거룩한 기둥 양쪽의 아폴로(아폴론)와 디아나(아르테미스)〉.

청년이 아폴론 신이라면 그 옆에 서 있는 처녀는 아르테미스 여신일 가능성이 매우 높다. 남매는 잘 붙어 다니는 것으로 유명하니까.

헤라클레스는 그제야 처녀를 언제 어디에서 만났는지 기억해내었다. 1년 전 아르테미스의 거룩한 산에서 만났던 바로 그 처녀 아닌가?

헤라클레스의 말투가 단번에 부드러워졌다.

"저는 델포이에 있는 아폴론 신전의 신탁에 따라 아르고스 왕 밑에서 종살이를 하고 있는 헤라클레스입니다. 저는 왕의 명령을 거역할 수 없습니다. 아폴론 신의 뜻이 저의 운명이 되었습니다. 저는 아르고스 왕에게 이 사슴을 보여주어야 합니다. 보여주고 나서 저는 이 암사슴을 다시 아르테미스 여신께 바칠 것입니다. 아르테미스 여신께서도 아폴론 신의 뜻을 따르는 저를 너그러이 용서하실 것입니다."

"왜 하필이면 아르테미스의 암사슴인가?"

"저는 아르고스 왕의 명령에 따를 뿐입니다. 어떤 신이나 여신께서 아르고스 왕을 조종하고 있는지 저는 잘 알지 못합니다."

처녀와 청년은 가로막고 있던 길을 헤라클레스에게 내어주었다.

헤라클레스가 암사슴을 어깨에 메고 들어가자 아르고스 왕은 항아리 밖으로 나와 있었다. 암사슴은 그다지 위험한 짐승이 아니라고 판단했던 모양이다.

왕이 헤라클레스에게 물었다.

"거 참 미련한 사람이군. 어째서 산 채로 둘러메고 오느라고 생고생을 하는가?"

헤라클레스가 되받아쳤다.

"아르테미스 여신의 거룩한 짐승이오. 내가 암사슴을 죽이면 여신의 분노를 살 터인데, 그 여신의 분노, 왕께서 책임을 지시겠소?"

헤라클레스는 이 사슴을 아르테미시온산에다 풀어주었다.

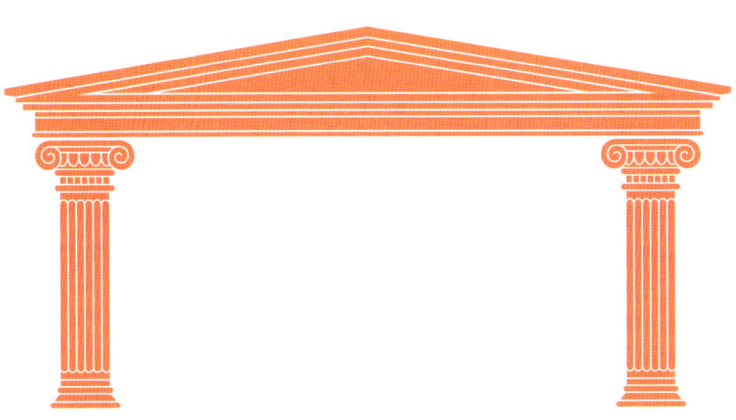

　헤라클레스가 티륀스에서 아르고스 왕의 다음 명을 기다리고 있을 즈음 농민들이 왕에게 멧돼지 한 마리 잡아줄 것을 청원했다. 이 멧돼지는 에뤼만토스산을 그 본거지로 삼고 사방에서 출몰하여 그 상아 같은 엄니로 곡식의 뿌리가 다 드러나게 논밭을 파헤치거나 덜 여문 곡식을 짓씹어 그 물만 빨아먹고 뱉어버리기 일쑤였다. 그래서 이 땅의 곡식은 허우대만 멀쩡할 뿐 익을 즈음이면 모두 허옇게 말라갔다.

　'에뤼만토스산의 멧돼지'라.

　울림이 예사롭지 않다. 에뤼만토스……. 가만히 소리 내어 불러보면 여러 신과 여신들 모습이 떠오른다.

　예언자 테이레시아스가 어쩌다 장님이 되었던가? 아테나 여신의 알몸을 훔쳐보았기 때문이다.

　테바이 청년 악타이온이 어쩌다 사슴으로 변신했다가 제 사냥개들에게 찢겨 죽었던가? 아르테미스의 알몸을 우연히 훔쳐보게 되었기 때문이다. 신화시대의 사냥꾼들은 산에 들면 조심해야 했겠다. 어떤 여신이 언제 어디에서 아래 윗도리 홀랑 벗고 목욕을 하고 있을지 모를 일이기 때문이다.

여기 또 하나의 희생자가 있다.

에뤼만토스다. 에뤼만토스는 우연히, 정말 우연히 목욕하는 아프로디테의 알몸을 보게 되었다. 여신들은 자신의 알몸을 본 인간에게 혹독하게 구경값을 물렸는데, 에뤼만토스는 어찌 되었을까?

아프로디테는 에뤼만토스를 장님으로 만들어버렸다. 하지만 그것은 아프로디테의 실수였다. 에뤼만토스가 아폴론의 아들이라는 것을 미처 몰랐던 것이다.

아폴론이 어떤 신이던가? 성미가 괄괄하기로 유명한 신이다. 올륌포스 천궁에서 성질부리다가 두 번이나 인간 세상으로 귀양 왔던 신이다.

아폴론은 아들의 원수를 갚기 위해 멧돼지로 둔갑했다. 차마 아프로디테 여신에게 엄니를 박을 수는 없는 일. 멧돼지는 아프로디테가 애지중지하던 애인 아도니스의 옆구리에다 엄니를 박았다. 아폴론의 계산대로 아프로디테는 아도니스를 잃은 슬픔에 눈물로 얼룩진 세월을 살아야 했다.

에뤼만토스산은 장님으로 한살이를 마친 에뤼만토스로부터 그 이름을 물려받았다. 헤라클레스가 아르고스 땅에 머물 당시 이 산은 아르테미스 여신에게 바쳐진 또 하나의 거룩한 산이었다.

에뤼만토스산 기슭에 살던 프소피스 주민들이 왕에게 멧돼지 잡아줄 것을 진정하자 왕은 코프레우스와 이 일을 의논했다.

"코프레우스야, 이 멧돼지가 어느 신의 비호를 받는 짐승이냐?"

"어떤 신의 비호도 받지 않는 여느 멧돼지입니다."

"그러면 엄니로 아도니스를 찔러 죽인 멧돼지도 아니고, 멜레아그로스를 괴롭힌 멧돼지도 아니라는 말이구나. 그렇다면 우리가 이 멧돼지 사냥에 굳이 헤라클레스를 보낼 까닭이 무엇이냐? 헤라클레스의 몫이 따로 있고 예사 사냥꾼의 몫이 따로 있는 것이 아니냐?"

코프레우스(똥), 이름이 지저분하지만 머리는 그리 나쁘지 않았던 모양이다. 헤라클레스가 암사슴을 산 채로 둘러메고 온 것에서 힌트를 얻어내는 것을 보면.

"그렇지 않습니다. 전하께서는 헤라클레스에게 이 멧돼지를 잡게 하시되 사로잡아 오라고 하시면 천하의 헤라클레스에게도 만만한 일은 아닐 것입니다."

"그놈, 머리 한번 좋구나."

"전하께서는 눈치 한번 빠르십니다."

"이름난 장수 밑에 빌빌기리는 졸병 없디지 않느냐?"

"더구나 폴로에숲은 켄타우로이(켄타우로스족)의 땅입니다."

"켄타우로이는 원래 술과 계집과 영웅을 좋아하는 족속이 아니냐?"

"켄타우로이 근처에는 라피타이(라피테스족)가 살고 있습니다. 원래 이 켄타우로스족과 라피테스족은 원수지간이 아닙니까? 헤라클레스가 켄타우로스족의 환대를 받으면 라피테스족이 그냥 있지 않을 것이요, 라피테스족의 환대를 받으면 켄타우로스족이 그냥 있지

**어린 아킬레우스에게 활쏘기를 가르치는 케이론**
이탈리아 화가 주세페 크레스피의 그림.

않을 것입니다. 더구나 이 켄타우로스들은 저 활의 신 아폴론도 혀를 찬 활의 명수들이 아닙니까."

 결국 아르고스 왕은 코프레우스의 말을 옳게 여기고, 헤라클레스에게 이 멧돼지 잡는 일을 맡겼다. 아르고스 왕이 헤라클레스에게 네 번째로 맡기는 과업이었다.

 코프레우스가 왕명을 전하자 헤라클레스는 곧 에뤼만토스산을 바라고 길을 떠나 사흘째 되는 날 해 끝에 폴로에숲에 이르렀다. 폴로에숲은 알페이오스강과 에뤼만토스산 한가운데 있는 고원지대다.

 헤라클레스는 바로 켄타우로스족이 모여 사는 폴로에숲으로 들어갔다. 켄타우로스 족장 폴로스는 헤라클레스를 정중하게 맞아들이고 헤라클레스에게는 익은 고기를 대접하면서도 저는 생고기를 먹었다.

**아킬레우스에게 수금을 가르치는 케이론**

왼쪽으로 여자를 납치하는 듯한 켄타우로스가 보인다. 켄타우로스의 어두운 측면을 암시하는 것일까. 18세기 이탈리아 화가 폼페오 바토니의 그림.

고대 그리스 사람들은 손님을 신이기라도 한 것처럼 떠받들었다. 문시방에 손님의 피가 묻으면 그 집은 두고두고 신들의 저주를 받아야 했다.

헤라클레스가 짐작은 하면서도 까닭을 물었다. 폴로스가 대답했다.

"저는 이 숲의 주인입니다. 손님과 같은 음식을 먹는다면 그것은 손님 대접이 아닙니다. 따라서 두고두고 욕을 먹을 것입니다."

폴로스는, 이미 사자와 물뱀을 죽였고 아르테미스의 암사슴까지 사로잡은 바 있는 이 귀한 손님에게 폴로에숲으로 온 연유를 물었다.

**도나토 크레티의 〈케이론의 아킬레우스 교육〉**
케이론은 많은 영웅들을 가르쳤는데, 유독 아킬레우스 교육 현장이 즐겨 그려졌다. 그 이유는 뭘까? 둘 다 화살에 의해 비극적으로 삶을 끝내었기 때문인지도 모른다.

"아르고스 왕은 내가 이 산에 있는 멧돼지를 생포하기를 원하오. 그러나 아르고스 왕의 뱃속에는 다른 생각이 들어앉아 있어요. 그대들이 나를 환대하면 라피테스족으로 하여 나를 방해하게 할 것이요, 라피테스족이 나를 환대하면 그대들로 하여금 나를 치게 할 속셈이오. 어떻소? 과연 아르고스 왕의 뜻대로 되겠소?"

"설사 우리가 그대를 환대한다고 해도 라피테스족이 그대를 해칠 수는 없습니다. 모르셨습니까? 현자 케이론께서 이 땅에 와 계십니다. 우리가 이 케이론을 섬기고 라피테스족 역시 이 케이론을 섬기고 있는데 무슨 일이 있을 수가 있습니까? 아르고스 왕이 교활한 자이나 나무만 보았지 숲을 헤아리지 못했습니다."

"케이론은 어디에 계시오?"

케이론은 켄타우로스족과 인간은 물론 신들로부터도 사랑을 받던 현자였다. 그는 원래 아폴론과 아르테미스의 제자이기도 하다. 이 쌍둥이 남매신의 제자였다는 말은 곧 사냥, 의술, 음악, 예언술에 도통해 있다는 말과 마찬가지다. 아폴론이 자기의 수제자인 케이론에게 자기 아들인 아스클레피오스를 맡겨 의술을 가르치게 한 것만 보아도 케이론이 얼마나 그의 총애를 받았는지 알 수 있다. 아스클레피오스는 뒤에 의술의 신이 되었다.

케이론은 아스클레피오스뿐만 아니라 뒷날 트로이아 전쟁의 영웅이 되는 아킬레우스, '아르고 원정대'의 대장이 되는 이아손, 제우스의 쌍둥이 아들, 즉 카스토르와 폴뤼데우케스까지 가르쳤다. 어린 시절 카스토르로부터 무술을 배운 헤라클레스는 케이론의 제자의 제자였던 셈이다.

제우스는 그 공을 기리어 이 케이론에게 비록 조건이 딸린 것이긴 하나 영생불사의 은혜까지 베풀었다. 그 조건이란 다름이 아니라 의술로 인간을 살리되 저승의 일에는 참견하지 않아야 한다는 것이었다. 헤라클레스가 그 이름을 듣고 놀랐던 것도 일찍이 이 현자 케이론의 명성을 익히 들어온 터였기 때문이다.

"현자 케이론께서는 말레아곶에 있는 케이론의 동굴에 계십니다. 케이론께서 이곳에 오신 연후로는 온 켄타우로스족이 평화롭습니

**헤라클레스와 폴로스**
헤라클레스가 포도주 항아리에서 포도주를 퍼내고 있다. 앞에 선 폴로스는 장대를 들고 있는데 장대에는 사냥한 짐승들이 매달려 있다. 폴로스는 헤라클레스와 함께 이 비장의 포도주를 마실 준비를 했던 듯하다.

다. 다만……."

"다만?"

"케이론이 오신 연후로 우리는 포도주를 입에 대지 못합니다."

"포도주가 없는 게지요?"

"있습니다. 우리에게는 디오뉘소스 신께서 내리신 포도주 항아리가 있습니다. 그러나 우리는 이 항아리를 열 수 없습니다."

디오뉘소스가, 헤라클레스가 폴로에숲으로 들어올 것을 미리 알고 특별히 마련해둔 술 항아리라는 의견도 있다. 오래 묵은 포도주 원액은 우리가 아는 포도주와는 달리 매우 독하다. 그리스인들은 이 포도주 원액에 물을 타서 마신다.

"없으면 모르거니와 있는데도 마시지 못하게 하는 까닭은 또 무엇이오?"

"페이리토스의 혼인 잔치에서 이 술 때문에 붙었던 라피테스족과의 패싸움을 아시지요? 케이론 현자께서는 행여 이 술이 우리의 광기에 불을 지를까 봐 그 뚜껑을 열지 못하게 하십니다."

"하면, 그 술을 없애버리면 되지 않소? 눈에서 멀어지면 마음에서도 멀어지는 법이 아닌가요?"

"케이론 현자께서는 눈앞에 두고도 마음에는 두지 말아야 한다고 하십니다. 패싸움에 대한 속죄는 마땅히 그렇게 치러야 한다는 것이지요."

"술 항아리 있는 곳으로 안내하오. 눈앞에 두고도 마음에는 두지 않는다? 뱃속에 부어 넣고 마음에 두지 않으면 그게 낫지 않겠소?"

**켄타우로스족과 라피테스족의 패싸움**
대리석 돋을새김. 피렌체 카사 부나로티 소장.

6장 에뤼만토스산의 멧돼지

호기심이 많고 귀가 얇은 족장 폴로스는 이 손님의 말에 못 이기는 척하고 술 항아리 있는 곳으로 헤라클레스를 안내했다. 그러고는 헤라클레스가 항아리 뚜껑을 열고 포도주를 퍼마시며 소뿔로 만든 우각잔으로 한 잔을 권하자 폴로스는 역시 못 이기는 척하고 받아 마셨다.

 술 냄새는 매일 술 마시는 술꾼보다는 오래 굶은 술꾼이 더 잘 맡는 법이다.

 술 냄새가 온 마을로 퍼져나가자 켄타우로스들이 모여들기 시작했다. 그들은 공용 피토스(항아리)의 뚜껑이 열린 것을 보고 자기네 몫의 권리를 주장했다. 헤라클레스와 폴로스는 이들에게 권리 대신 포도주를 나누어주었다.

 참으로 오래간만에 독한 포도주 원액을 마셨으니 어떻게 되었겠는가? 취기가 갑신 오르자 덩치 큰 켄타우로스들은 앞에 앉은 헤라클레스가 꼬마로 보였던지 저마다 제 자랑을 늘어놓았다.

 "우리의 조상은 익시온이 아니라 손이 1백 개나 되었다는 헤카톤케이레스였는지도 몰라. 보라, 우리에게는 두 팔과 네 다리가 있지 않으냐? 누가 우리를 대적하랴, 수족이 여섯인 켄타우로스족을……."

 "우리는 한 손에 방패, 한 손에 창을 들고 네 다리로 달린다. 말 타고 창과 방패를 든 어떤 장수가 우리를 당하랴. 우리는 말에서 떨어지고 싶어도 떨어질 수가 없다."

 "제우스가 우리를 활의 신으로 삼지 않은 것은 우리 조상 익시온

**결혼식 피로연에서 켄타우로스를 몽둥이로 때려 죽이는 헤라클레스**
16세기 이탈리아 화가 지롤라모 마키에티의 그림.

이 헤라를 욕보였기 때문인가, 아들들 중에 명궁이 따로 있기 때문인가?"

헤라클레스가 이 난장판이 된 술판을 내려다보고 있다가 활과 화살통을 집으며 호령했다. 취한 것은 켄타우로스들뿐만이 아니라 헤라클레스도 마찬가지였다.

"제우스 신의 이름을 망령되이 일컫지 말라. 나는 명궁은 아니로되 너희 가슴을 쏘아 항문으로 화살이 나오게 할 수도 있다. 그 화살 궁깃에 너희 창자가 묻어나게 할 수도 있다는 뜻이다. 누가 나서겠느냐?"

폴로스의 동굴 앞에는 이미 여러 켄타우로스가 술 한잔 얻어 마실 차례를 기다리며 웅성거리고 있었다. 그런데 바윗돌과 전나무 몽둥이를 들고 있는 것이 헤라클레스의 눈에 거슬렸다.

켄타우로스 중에서도 눈치가 빠른 앙키오스와 아그리오스는, 활로 태양을 겨냥했다는 헤라클레스가 활과 화살을 들고 일어서자 그 빠른 발로 바다 쪽으로 도망치기 시작했다. 옆에 있는 것은 폴로스와 술에 취하지 않은 켄타우로스들뿐이었다.

헤라클레스는 꼬리를 날리며 도망치는 켄타우로스들을 뒤쫓기 시작했다. 말레아는 그리스 남단에 있는 곳인데 거기까지 쫓아갔다.

쫓기던 켄타우로스의 우두머리 알레토스는 현자 케이론을 찾아가 도움을 청했다.

헤라클레스는 알레토스를 향하여 화살 한 대를 날렸다. 하지만 너무 세게 날린 것이 화근이었다. 화살은 알레토스의 팔을 꿰뚫고는 조금 더 날아갔다.

공교롭게도 조금 더 날아간 화살이 꽂힌 곳은 현자 케이론의 무릎

**달아나는 켄타우로스 무리에게 활을 겨누는 헤라클레스**
헤라클레스 뒤로 폴로스가 술잔을 들고 서 있다. 기원전 6세기 돋을새김.

**몽둥이로 켄타우로스를 갈기는 헤라클레스**
청동 등잔. 빈 예술사 박물관.

이었다. 조금 뒤에야 이 사실을 안 헤라클레스와 폴로스는 케이론의 동굴로 들어갔다. 폴로스는 현자 케이론이 화살을 맞았다는 사실을 알고도 별로 놀라지 않았다.

"케이론 현사께서는 제우스 대신으로부터 영생불사의 은혜를 받으신 분이자, 아폴론 신으로부터 의술을 배워 그 아드님 아스클레피오스를 의술의 신으로 기르신 분입니다. 마땅히 그분만이 아시는 처방이 있을 것입니다."

그러나 그것은 폴로스가 모르고 한 소리였다. 헤라클레스의 화살 끝에는 저 휘드라의 쓸개즙이 묻어 있지 않았던가. 휘드라의 쓸개즙이 묻은 독화살에 맞음으로써 케이론은 제우스 신으로부터 받은 조건부의 영생불사조차 누릴 수 없는 형편이었다. 그대로 두면 휘드라의 독 때문에 지옥의 고통을 겪어야 할 것이요, 비약을 써서 해독하면 저승의 일에 참견하는 셈이기 때문이었다.

 케이론은 영생불사의 권능을 제우스에게 돌려주고 동굴 안으로 들어가 조용히 숨을 모았다. 헤라클레스가 동굴로 들어가 사죄하자 케이론은 원망하는 기색 하나 보이지 않고 헤라클레스를 타일렀다.

 "제우스의 아들이여, 인류의 운명을 몸에 받아 홀로 고통과 슬픔을 대신하는 자여. 그대를 나무라지 않는다. 술 항아리의 뚜껑을 연 것은 그대의 손이 아니라 운명의 손이다. 나는 그것을 안다. 이 땅에 태어나는 것은 모두 살아가면서, 마침내 이 땅에서 그 몸을 태울 불씨를 키우고 있느니. 내 제자 아스클레피오스를 보라. 아스클레피오스가 어디에서 왔던가? 불에 탄 제 어머니 코로니스의 몸에서 오지 않았던가? 아스클레피오스가 어떻게 이 세상을 떠났던가? 제우스의 벼락을 맞아 불에 타 죽지 않았던가? 이와 같다.

 아스클레피오스가 어떻게 이 땅에서 이름을 떨치고 살았던가? 병든 자를 낫게 하고, 나은 자를 복되게 하며 그 이름을 스스로 영광되게 함으로써가 아니던가? 그런 아스클레피오스가 어쩌다 제우스의 벼락을 맞았던가? 죽은 자를 살리어 저승 왕 하데스와 제우스의 노여움을 샀기 때문이 아니던가?

 여기 있는 이 케이론이, 휘드라의 독화살이 주는 고통 때문에 제우스 신께 불사의 은혜와 영혼을 맡기는 이치도 이와 같다. 내 죽음이 그대에게는 언제 유익한 바가 있을 것이니 경계하라, 육신을 태우는 불씨는 그대 안에 있다. 그대를 쏘는 화살은 그대의 가슴에 있다."

케이론은 영생불사를 얻은 몸이라 견딜 수 없는 고통 속에서도 영원히 살아야 하지 죽을 수가 없었다. 프로메테우스가 나서서 제우스 신에게 탄원한 것은 뒷날의 일이다. 자신이 그 영생불사와 영원한 고통을 맡을 터이니 케이론을 죽을 수 있게 해달라고 탄원했던 것이다. 제우스가 그 탄원을 받아들였다.

귀가 얇고 호기심이 많은 폴로스가 케이론의 무릎에서 뽑아낸 화살을 들고 고개를 갸웃거리며 속삭였다.

**신의 반열에 오른 케이론**
〈건강의 신들〉이라는 제목의 이 그림에는 세 신이 그려져 있다. 오른쪽에는 의술의 신 아스클레피오스, 왼쪽에는 그의 딸인 위생의 신 휘게이아, 중앙에는 케이론이 서 있다. 이로써 케이론이 신의 반열에 들었음을 알 수 있다.

"이 조그마한 물건이 어떻게 불사신을 저렇듯이 괴롭힐 수 있습니까? 여기에 휘드라의 독이 묻어 있다고요? 휘드라가 대체 어떤 괴물인가요?"

"휘드라? 에키드나의 딸이며, 하데스의 지킴이 개 케르베로스의 누이가 되오."

헤라클레스의 이 말에 폴로스가 기겁을 한 나머지 그 화살을 떨어뜨렸다. 또 한 번 공교롭게도 화살은 폴로스의 발굽 짬에 꽂혔다. 폴로스는 그 자리에서 즉사했다.

"아, 헤라클레스여, 아내와 자식을 죽이더니 오늘은 천하가 두루 아는 현자 케이론을 저 지경으로 만들고, 익은 고기로 환대해준 폴로스까지 죽게 했구나. 내가 대체 멧돼지를 잡으러 온 것이냐, 무고한 켄타우로스들을 죽이러 온 것이냐."

헤라클레스의 화살에 맞은 케이론이 동굴 속에서 고통으로 나날을 보내며 죽을 날만 기다리고 있는 데다 폴로스마저 같은 화살에 목숨을 잃자 켄타우로스들은 뿔뿔이 흩어졌다. 가까이 있는 말레아 산으로 숨어든 자가 있는가 하면 머나먼 시켈리아(시칠리아)까지 도망친 켄타우로스도 있었다. 넷소스라는 켄타우로스는 에우에노스강으로 도망쳤다.

켄타우로스 넷소스? 에우에노스강?

그렇다. 헤라클레스의 화살에 정신적 지주인 케이론과 우두머리인 폴로스를 잃고 에우에노스강으로 도망친 넷소스다. 여기에서 헤라클레스에게 치명적이고도 결정적인 반격을 가하기 위해 넷소스는 기다리고 있다. '넷소스'라는 이름은 우리를 헤라클레스가 당긴 활시위처럼 팽팽하게 긴장시킨다.

뒷날 제우스는 케이론으로부터 영생불사의 권능을 거두어들이고 그 영혼을 하늘로 불러 별자리로 박아주었다. 우리가 '켄타우로스자리', '인마궁 자리', 혹은 '사지타리오스(활 쏘는 자, 즉 사수) 자리'라고 하는 별자리가 곧 큰 제자를 여럿 길러 영웅의 시대를 다채롭게 했던 케이론, 그 켄타우로스의 영혼이다.

영웅들의 스승이었던 케이론의 살을 에고 뼈를 깎는 고통, 연이어 터진 켄타우로스 족장 폴로스의 죽음 앞에서 헤라클레스는 경황이 없었을 것이다. 그러나 아무리 슬퍼도 멧돼지와는 싸워야 한다. 그것이 그의 운명이다.

문제의 멧돼지가 숨어 있다는 에뤼만토스산은 높이 2천 미터가 넘는 산이다. 겨울철에는 계곡에 눈이 많이 쌓이는 산이기도 하다. 마침 겨울이었던 모양이다.

헤라클레스는 이 산에서 고래고래 고함을 지르며 멧돼지를 뒤쫓았다. 전해지는 바에 따르면 헤라클레스의 목소리야말로 돼지 멱따는 소리 같았다고 한다.

**항아리 속에 숨은 아르고스 왕에게, 사로잡아 온 멧돼지를 보여주는 헤라클레스**
어찌나 인기 있는 주제인지 이 장면을 그린 항아리는 무수히 만들어졌다. 따라서 그만큼 흔하다. 런던 대영박물관.

**멧돼지를 산 채로 잡아온 헤라클레스와 항아리 속에 숨은 아르고스 왕**
기원전 6세기 돋을새김.

멧돼지는 그 소리에 놀라 숨어 있던 곳에서 튀어나왔을 것이다. 헤라클레스는 골짜기에 쌓인 눈 속으로 멧돼지를 몰아넣고 지치기를 기다렸다. 이번에도 골짜기에 쌓인 눈을 '이용'했던 것이다. 참 가관이었을 것이다. 눈 속에서 몸부림치는 멧돼지의 목소리와 돼지 멱따는 소리 같은 헤라클레스의 목소리가 어우러지던 에뤼만토스 산골짜기는.

헤라클레스가 멧돼지를 붙잡아 사슬로 칭칭 동인 다음 어깨에 둘러메고 아르고스로 돌아왔을 때도 왕은 항아리 속에서 헤라클레스를 맞았다.

헤라클레스가 이 멧돼지를 아르고스 왕 면전에서 때려 죽인 것으로 전해지고 있지만 분명하지는 않다. 분명한 것은 쿠마이의 아폴론 신전에 그 엄니가 있었다는 것이다.

**항아리 속의 겁쟁이**
이런 점토 인형은 그리스의 박물관에서 자주 볼 수 있다. 어린아이들의 장난감이었던 것 같다. 그리스 델포이 박물관.

# 7장
# 소똥이나 치우라고?

GREEK
AND
ROMAN
MYTHOLOGY

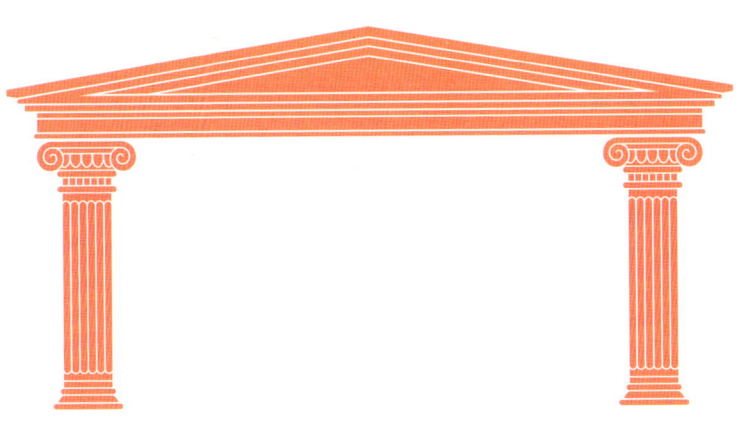

　아르고스 왕이 헤라클레스에게 다섯 번째로 맡긴 일은, 엘리스 왕 아우게이아스의 외양간을 치워주라는 것이었다. 헤라클레스가 귀를 의심하면서 이러한 왕의 뜻을 전갈한 코프레우스에게 물었다.

　"코프레우스가 별 '코프로스(똥)' 같은 소리를 다 한다. 그게 무슨 과업이냐? 엘리스 왕이 군사를 동원하면 될 일을 어째서 나에게 시킨다는 말이냐?"

　"과업이 아니라고요? 아우게이아스왕에게는 씨받는 황소만 2백 마리, 제사 때만 잡는, 다리만 하얗고 온몸이 새까만 수소만 2백 마리에 이릅니다. 마소의 숫자는 이루 셀 수도 없고요. 양과 염소가 수천 마리인데, 이 역시 수를 셀 수 없답니다. 아우게이아스왕의 가축들은 병에 걸리는 법도 없고 밴 새끼를 유산하는 법도 없다고 합니다. 한번 상상해보세요. 2백 마리의 씨받는 황소가 똥밭에서 무수한 암소들 등을 기어오르는 광경을요. 게다가 그 외양간은 여태껏 치워본 적이 없는 외양간이고요. 외양간에서 흘러나간 배설물 때문에 그

골짜기 농부들은 땅을 갈 수가 없어서 고향을 떠난다고 합니다."

"그대가 엘리스 사정을 어떻게 그렇게 잘 알아?"

"제가 바로 엘리스 사람입니다. 이피토스라는 자를 죽인 죄로 아르고스 왕에게 몸 붙이고 죄를 닦고 있는 것이지요."

"그렇다면 그대도 나처럼 지은 죄를 닦는 처지가 아니냐? 그런 자가 아르고스 왕과 공모하고 나에게 감히 소똥을 치우라고 할 수가 있느냐?"

"아폴론 신과 포세이돈 신께서도 죄 닦는 기간 중에는 라오메돈의 소똥, 말똥을 긁었습니다."

"이제 이 아르고스 인근에는 내게 맡길 일이 없어진 게로구나. 아르고스 왕은 시킬 일이 없으면 제 마누라 속옷 빠는 일도 능히 시킬 위인이다. 대체 이 일을 시키자고 한 자가 누구냐, 아르고스 왕이냐, 아니면 그대 코프레우스냐?"

"엘리스 사람들은 더러운 것을 보면 '아우게이아스의 외양간'이라는 말을 무슨 속담처럼 입에 올립니다. 우리 전하께서는 장군께 이 외양간 똥 치우는 일을 맡겨 한차례 욕을 보이시려는 것이겠지요."

"'아우게이아스(빛나는 자)'가 이름값을 못 하는구나."

"그렇지가 않습니다. 가보시면, 왕은 이름값을 못 해도 나라는 이름값을 해도 단단히 하고 있다는 걸 아실 겝니다."

독자들은 이 엘리스라는 나라를 기억하고 있을 것이다. 프테렐라오스의 아들들이 뮈케나이에서 훔친 소 떼를 맡겼던 나라, 이 나라가 바로 엘리스다. 헤라클레스의 양부 암피트뤼온이 소 떼를 찾으러 갔다가 거절당하자 어쩔 수 없이 소를 사 와야 했던 나라, 이 나라가 바로 엘리스다.

이 엘리스 왕국은 반도의 서해안에 있어서, 이 나라 사람 저 나라 사람 할 것 없이 모두 엘리스 왕국을 '해가 지는 왕국'이라고 불렀다. 왕의 이름이 '아우게이아스(빛나는 자)'였던 것도 어쩌면 이 나라가 해 지는 곳에 있었기 때문인지도 모르겠다.

헤라클레스는 엘리스 땅으로 넘어가 아우게이아스를 만났다. 그러고는 아르고스 왕이 과업의 하나로 맡겼다는 말은 않고 왕의 외양간을 깨끗이 치워주겠노라고 했다. 아우게이아스왕은 헤라클레스의 말을 듣고는 물색없이 좋아했다.

그도 그럴 것이, 쉰 줄에 접어든 아우게이아스왕에게도 치운 기억이 없을 정도로 외양간은 묵어 있었다.

물론 엘리스의 군사를 모두 붙이면 치우지 못할 법도 없었다. 그러나 외양간 치우느라고 국경의 군사까지 뽑아 왕국의 바탕을 위태롭게 할 일도 아니었다.

"그 대신 조건이 있습니다"

하고 헤라클레스가 덧붙였다. 헤라클레스는, 포세이돈 신과 아폴론 신이 인간 세상으로 죄를 닦으러 왔을 때도, 그들이 섬긴 왕에게 품삯을 요구한 적이 있다는 것을 잘 알고 있었다. 그래서 헤라클레스 역시 품삯을 조건으로 앞세웠다.

"있을 테지. 말해보아라."

"외양간을 치우겠습니다. 대신 소 떼를 열 몫으로 나누어 그 한 몫

**아테나 여신으로부터 영감을 받고 외양간 담장 벽을 허무는 헤라클레스 돋을새김과 복원도**
올륌피아에 있던 제우스 신전의 벽면 돋을새김.

을 저에게 주십시오."

"값이 헐하지 않구나. 나에게도 조건이 있다."

"듣겠습니다."

"이 외양간을 치우되 하루해를 넘기면 안 된다. 해전에 치우면 열 몫 중 한 몫을 주겠거니와 해전에 치우지 못하면 그대 평생을 내가 맡아 종으로 부리겠다. 어떠냐? 이 일을 능히 해내면 그대는 하루 사이에 소 부자, 말 부자가 되고, 해내지 못하면 나는 뱃심은 좋아 보이나 필경은 머리가 비었을 터인 그대를 내 종으로 부리게 된다. 해볼 만한 거래가 아니냐?"

"좋습니다. 말의 아귀가 딱 맞은 것으로 알겠습니다. 하지만 증인이 있어야 하지 않겠습니까?"

"그대 뱃심이 역시 가상하다. 누구를 증인으로 세우랴? 스튁스를 증인으로 세우랴? 제우스 대신을 증인으로 모시랴?"

"증인들 찾는 데 저승 땅까지 내려갈 필요도 없고 올륌포스 천성까지 올라갈 일도 없습니다. 마침 대왕 옆에는 퓔레우스 왕자가 계시니 이분을 증인으로 삼으셔도 되지 않겠습니까?"

"퓔레우스는 나의 아들이다. 이 증인이 그대에게 불리하지 않겠는가?"

"퓔레우스 왕자는 젊습니다. 따라서 그의 양심도 젊을 것입니다. 젊은 양심은 무서운 증인일 수밖에 없는 법이지요."

부왕 아우게이아스와 헤라클레스의 요청을 받아들여 퓔레우스 왕자는 두 사람의 증인이 될 것을 수락했다.

이튿날 아침 해가 뜨자 헤라클레스는 외양간 청소를 시작했다.

헤라클레스는 엘리스 사람들이 감히 상상도 못 해본 엄청나게 기발하면서도 엄청나게 규모가 큰 역사를 시작했다. 외양간 벽을 허물고는 알페이오스강과 페네이오스강을 그 외양간으로 끌어들인 것이다.

헤라클레스가 이 누 상술기를 끌어들이자 깅물은 순식간에 외양간을 쓸고 지나갔다. 물론 해 지기 전이었다. 헤라클레스는 그날 밤에 아우게이아스에게, 약속했던 품삯을 요구했다.

그러나 아르고스 왕에게 '코프레우스(똥)'라고 하는 이름이 요상한 간신이 있듯이, 아우게이아스왕에게도 '레프레우스(똥치기)'라고 하는, 이름이 요상한 간신이 있었다. 레프레우스라는 이름이 원래 이 요사스러운 신하의 이름이었는지 아니면 후대 사람들이 이자를 레프레우스라고 불렸는지 그것은 확실하지 않다. 하지만 어느 부모가 자식 이름을 '똥치기'라고 지을까. 따라서 이 레프레우스라는 이름은, 그 소행이 괘씸해서 후대 사람들이 다시 지어 붙인 이름이 아닐까 싶다.

그날 한낮에 있었던 일이다.

레프레우스가 헤라클레스의 일하는 모습을 가만히 보고 있다가 아우게이아스왕을 꼬드겼다.

"큰일이 났습니다. 저자가 하는 짓을 보십시오. 두 줄기 강물을 외양간으로 끌어들였습니다. 해 지기 전에 외양간을 치우면 전하께서는 약속대로 소의 열 몫 중 한 몫을 품삯으로 주셔야 합니다. 저자가 돼지 왼발톱 같은 짓을 하는 것으로 보아 외양간은 해전에 핥아놓은 개밥접시처럼 멀끔해질 가능성이 적지 않습니다. 무슨 대책을 강구하셔야 하지 않겠습니까?"

"외양간 치운 값이 소 2백 마리라면 너무 과하지 않은가? 좋은 생각이 있거든 말해보아라."

아우게이아스왕의 말에 레프레우스가 꾀주머니를 열었다.

"상책, 중책, 하책이 있습니다. 헤라클레스가 해전에 저 역사를 끝마치지 못하게 하는 것입니다. 그러면 일을 한 만큼의 품삯을 주지 않고도 저자를 종으로 부릴 수 있으니 이것이 상책입니다."

"헤라클레스가 두 강의 신들을 협박하여 내 외양간으로 끌어들였는데 우리가 무슨 수로 이를 방해한다는 말이냐. 바다의 신이자 강의 신이신 포세이돈이 이 두 강의 신을 꾸짖어 제자리로 되돌아가게

**복원한 제우스 신전 모형**
올림피아에는 실제로 제우스 신전 터가 남아 있다.

하지 않는 한, 제우스 대신이 태양신 헬리오스의 태양 마차 끄는 말을 채찍질하시어 일찍 해가 지게 하지 않는 한 이는 하릴없는 짓이다. 그래, 중책은 무엇이냐?"

"이 약속의 증인이 되신 퓔레우스 왕자를 부르시어 거짓 증언을 하게 하시는 일입니다. 증인이 증인 선 것을 부인하면 헤라클레스가 어디에 기대어 품삯으로 소를 내어놓으라고 우기겠습니까?"

아우게이아스왕이 이 중책을 좇아 퓔레우스 왕자를 불러 의향을 먼저 한번 두드려보았다.

"말할 것이 없는 자는 행복하다. 말할 것이 있는데도 말하지 않는 자 역시 행복하다. 무슨 뜻인지 알겠느냐?"

퓔레우스 왕자가 대답했다.

"저 헤라클레스는, 젊다는 이유로 저를 증인으로 세웠습니다. 제 양심 또한 젊을 것이라는 이유로 저를 증인으로 삼았습니다. 이로써 헤라클레스는 제 양심을 올륌포스 천궁의 기둥에다 매달아버렸습니다. 이제 저는 아는 것을 모른다고 할 수 없습니다."

"퓔레우스, 내 아들아. 너는 젊다. 나는 네가 네 양심으로 별에 닿을 만큼 사다리를 지을 수 있다는 걸 안다. 그러나 나이가 들면 너 역시 그 사다리 지을 것으로 외양간을 짓게 될 것이다."

"아버님, 비록 외양간에 사는 소가 될지언정, 별에 오를 사다리 지을 나무로 도둑질한 소를 가둘 외양간을 짓지는 않겠습니다."

퓔레우스가 이 음모에 가담할 것을 거절하고 물러나자 레프레우스가 다시 왕을 꼬드겼다.

"헤라클레스는 처자식을 죽인 죄를 닦기 위해 아르고스 왕의 종살이를 한다고 들었습니다. 아르고스 왕이 이 헤라클레스를 욕보이려고 어려운 상대와 누차 싸움을 붙였다는 소식도 바람결에 들리더이다. 혹 이 일도 아르고스 왕이 시킨 것은 아닐는지요. 그렇다면 헤라클레스에게는 품삯을 줄 필요가 없습니다. 헤라클레스를 부르시어 그 속을 한번 떠보시고, 만일에 아르고스 왕이 시킨 일이라면 혼찌검을 내어 쫓아버릴 일이지 품삯까지 줄 일은 아닌 줄 압니다. 비록 하책으로 올린 계책이나, 아르고스 왕이 시킨 일이라면 상책에 못지않을 것입니다. 전하께서 몸소 하시기 뭣하면 제가 이자를 물리쳐보겠습니다."

**오른손에 승리의 여신 니케를 올린 올림피아의 제우스 신상**
올림피아의 제우스 신전에는 엄청나게 큰 제우스 좌상이 있었다고 한다. 사진 속 좌상은 올림피아의 좌상을 꽤 충실히 재현한 듯하다. 상트페테르부르크 에르미타주 박물관.

그날 해 지기 전에 외양간을 말끔히 치운 헤라클레스는 소 떼를 다시 몰아넣고 나서 아우게이아스왕을 만나러 들어왔다. 물론 강의 신 알페이오스와 페네이오스는 원래 흐르던 자리로 돌려보낸 뒤였다.

"자, 이제 퓔레우스 왕사를 부르시지요. 제 몫의 소는 제가 고르리까, 전하께서 골라주시겠습니까?"

레프레우스가 나서서 마른기침으로 목청을 가다듬고는 따져 물었다.

"장군께서는 참으로 큰일을 하셨습니다. 그러나 우리는 소를 드리겠다는 약속을 지킬 수가 없습니다. 장군께서 이 약속을 하기 전에 먼저 우리를 속이셨기 때문입니다."

"내가 왕과 그대를 속인 것이 무엇이냐?"

"장군께서는 아르고스 왕에게 몸 붙이고 사시는 분인 줄 압니다. 마땅히 아르고스 왕이 장사께 품삯을 주실 테지요."

"나는 아르고스 왕에게 몸 붙이고 살고 있으나 품삯은 받은 바가 없다."

"저는 장군께서 네메아의 사자를 죽이셨고, 휘드라의 목을 자르셨으며, 암사슴을 사로잡으셨다고 들었습니다. 장군께서는 이로써 아르고스 땅의 근심거리를 없이했습니다. 그런데도 품삯을 받지 못하셨다고요?"

**제우스 신상에 놓여 있던 니케**
복원된 모습. 올림피아 박물관.

"그것은 다 아르고스 땅을 위해 아르고스 왕이 시킨 일이다. 내가 아르고스 왕에게 몸을 붙이고 있는 바에 어떻게 그 왕에게 품삯을 조를 수 있겠느냐."

헤라클레스는 레프레우스의 말장난에 말려들어 그 말덫에 걸리는 줄도 모르고 곧이곧대로 대답했다.

"장군께서는 아르카디아 땅에서도 큰일을 하신 것으로 들었습니다. 에뤼만토스의 멧돼지를 사로잡으셨다고 들었습니다. 아르고스 왕은 장군께 무엇을 품삯으로 내립디까?"

"받은 바가 없다."

"그러면 아르고스 왕이 왜 장군께 우리 엘리스 땅 외양간을 치우라고 했을까요?"

"그야 날 욕보이려고 그랬을 테지."

"그렇다면 장군께서 품삯을 요구하는 것은 사리에 맞지 않는 일이 아닙니까?"

"……"

"장군께서는 아르고스 왕이 보냈다는 말씀은 않은 채 조건을 내걸고 외양간을 치우겠다고 했습니다."

"……"

"이로써 장군께서는 우리를 속이신 것입니다. 그래서 비록 퓔레우스 왕자님이 증인을 서신 일이긴 하나 우리로서는 품삯을 드릴 수 없다고 한 것입니다."

"이제야 알겠구나."

7장 소똥이나 치우라고?

"이제야 아셨습니까?"

"더러운 것은 엘리스 왕의 외양간뿐만이 아니었다는 것을 알았다, 이 말이다. 이제 너의 말을 들었으니 퓔레우스 왕자의 말을 들어보겠다."

어전으로 불려 나와 레프레우스로부터 그때까지 오고 간 이야기를 들은 퓔레우스 왕자는 부왕의 면전인데도 불구하고 레프레우스를 꾸짖기부터 했다.

"왜 논점을 교묘하게 흐려놓느냐? 헤라클레스 장군이, 아르고스 왕이 보내어서 왔다고 하지 않은 것은 잘못이다. 그러나 이것은 아르고스 왕의 외양간이 아니다. 헤라클레스 장군의 수고로 득을 보는 것은 우리 엘리스 땅이지 아르고스 땅이 아니다. 헤라클레스 장군은, 이 외양간을 치우면 소 열 몫 중 한 몫을 주겠느냐고 했다. 부왕께서는, 치우되 하루해 전에 치우면 한 몫을 줄 것이나, 하루해를 넘기면 헤라클레스 장사를 종으로 부리겠다고 하셨다. 비록 헤라클레스 장군에게 부왕을 속인 바가 없지는 않으나, 부왕도 조건을 내걸었으므로 헤라클레스 장군의 잘못과 맞비김이 된다. 남은 것은 해전에 치우느냐 못 치우느냐, 소 열 몫 중 한 몫을 얻느냐 평생을 종살이해야 하느냐, 이것이 논점이다. 이 논점을 왜 자꾸 흐리느냐? 레프레우스, 헤라클레스 장사가 해전에 외양간을 치웠느냐, 못 치웠느냐?"

"치웠습니다."

"레프레우스, 부왕을 바르게 보필하여야 할 나라의 기둥인 자여, 헤라클레스 장군이 두 줄기 강을 이 궁전으로도 끌어들일 수 있다는

**올림피아에 남아 있는 올림픽 경기장의 출입구**

걸 왜 모르는가!"

필레우스가 이렇듯이 이치를 따져 편을 들어주었는데도 불구하고 헤라클레스는 끝내 품삯을 받지 못했다. 아우게이아스왕은, 정죄 기간이면 성쇠 기산답게 몸과 마음을 삼가야 하는데도 재물을 탐한다면서 헤라클레스를 잔뜩 비웃고 나라 밖으로 쫓아내었다. 헤라클레스뿐만이 아니었다. 필레우스 역시 아비 편을 드는 대신 떠돌이 헤라클레스를 이롭게 하려 했다는 죄목으로 왕위 계승권과 상속권을 빼앗기고 둘리키온섬으로 쫓겨났다.

헤라클레스는 엘리스를 떠나 아르고스로 가다 말고 쫓겨난 땅을 바라보며 이렇게 노래했다.

미련하여라, 헤라클레스.

수모를 당하고 나서야 제가 아폴론도 포세이돈도 아닌 것을 알았으니.

가엾어라, 레프레우스.

참혹한 지경에 이르러야 제가 바람을 향해 겨를 날린 줄 알게 될 터이니.

현명하여라, 필레우스.

자식은 아비의 어리석음에서 현명함을 얻는데,

어리석어라, 아우게이아스.

아비는 눈이 어두워 이를 알아보지 못하는구나.

**올륌피아에 있는 헤라 신전 유적**
올림픽 성화를 채화하는 곳이 바로 이곳이다.

헤라클레스는 뒷날 열두 과업을 모두 끝낸 뒤 군사들을 몰고 엘리스 왕국을 쳤다. 아우게이아스왕이 죽임을 당한 것은 물론이다. 맏아들 퓔레우스를 제외한 나머지 아들들도 모두 죽임을 당했다.

헤라클레스는 둘리키온섬으로 쫓겨가 있던 퓔레우스를 불러들여 왕좌에 앉혔다. 퓔레우스는 참 착잡했겠다. 왕좌를 차지하기는 했지만 아버지와 아우들을 모두 잃고 말았으니.

헤라클레스는 엘리스 땅 올륌피아에 경기장을 만들고 올림픽 경기를 창설했다. 1988년 서울에서, 2004년에는 아테네에서 개최된 바로 그 올림픽 경기는 이렇게 해서 시작되었다. 올륌피아에는 헤라 여신의 신전 유적도 있는데, 올림픽 경기의 성화는 바로 이 신전 터에서 채화된다.

# 8장
# 스튐팔로스의 새들

GREEK
AND
ROMAN
MYTHOLOGY

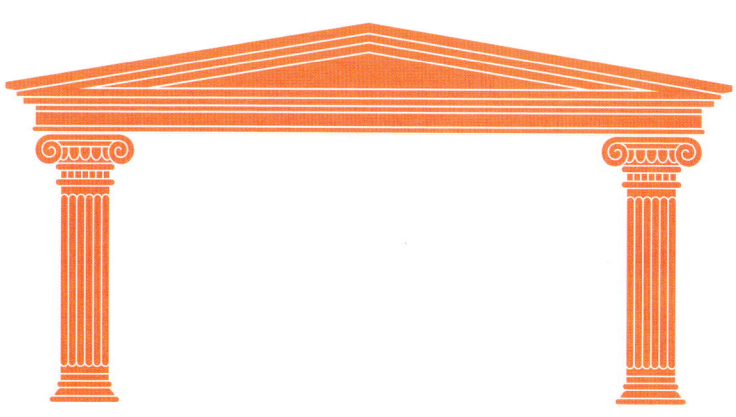

아르고스 왕은 헤라클레스에게 여섯 번째 과업을 맡겼다. 스튐팔로스의 요사스러운 새 떼를 죽이든 쫓든 마음대로 해서 다시 스튐팔로스 근처에 얼씬도 하지 못하게 하라는 것이었다.

스튐팔로스는 아르카디아 동북쪽, 울창한 숲으로 둘러싸인 늪이다. 이 늪에 사는 새가 스튐팔로스의 새다.

상상해보라. 울창한 숲으로 둘러싸인 늪에서 새들이 무엇에 놀란 듯 어지러이 날아오르며 태양을 가리는 광경을……. 금방이라도 숨이 넘어가는 듯이 창끝으로 방패 긁는 소리를 내며 바쁘게 우는 그 소리 또한 요사스럽기 짝이 없었다. 혹 나그네가 모르고 이 스튐팔로스늪에 이르렀다가 이 새들이 우는 소리를 들으면 그만 귀를 싸쥐고 늪바닥을 뒹굴었다고 한다.

이 새를 길러 스튐팔로스늪으로 보낸 신은 다른 이가 아니라 전쟁신 아레스다. 그래서 전쟁신의 동아리답게 이 새는 전쟁터의 주검을 그 양식으로 삼는다. 이따금씩은, 그 울음소리를 듣고 있을 수가 없

**스팀팔로스 늪에서 새들과 싸우는 헤라클레스**
기원전 6세기의 항아리.

어서 귀를 싸쥐고 땅바닥을 뒹구는 나그네도 잡아먹는다. 그 수 또한 앞에서 말했다시피 엄청나게 많다. 놀라서 한꺼번에 날아오르면 태양이 가려 늪이 어두워졌다니까.

  따라서 역시 이 새는 여느 새가 아니다. 이 새의 수효는 저승 땅의 강 아케론 가에서 방황하는 영혼의 수효와 같다. 이 새 떼가 그 창날 같은 깃(이 새의 깃은 날카롭기가 창날 같았다)으로 나그네 하나를 죽여 나누어 먹으면 무리에 새가 한 마리 늘어난다. 다시 말해서 전쟁신 아레스가 저승 땅에 죽은 사람의 영혼을 넉넉하게 공급하는 하데스의 하수자라면, 이 새들은 아레스의 하수자인 것이다. 따라서 산속의 죽음인 네메아의 사자와 바다 없는 샘 안의 죽음인 휘드라를 죽인 헤라클레스는 이제 하늘의 죽음인 이 스팀팔로스의 새 떼와 싸워야 하게 된 것이다.

　헤라클레스는 활과 화살을 넉넉하게 준비한 다음 이 숲으로 들어갔다. 하지만 새는 한 마리도 보이지 않았다. 날이 어두워진 뒤 햇불을 들고 들어가보았지만 역시 한 마리도 보이지 않았다.

　새들은 헤라클레스의 정체를 알고 있었던 것일까? 그럴 가능성이 있다. 서기 1500년에 그려진 한 그림은 이 새의 머리를 인간, 그중에서도 여성의 머리로 그리고 있다. 인간의 머리를 하고 있었다면 헤라클레스가 다섯 가지 과업을 이루고 스팀팔로스로 들어서고 있다

**스팀팔로스의 새를 쏘는 헤라클레스**
16세기 독일 화가 알브레히트 뒤러의 그림.

는 소문쯤은 들었을 터이다.

"눈에 보여야 활을 쏠 것이 아닌가? 이럴 때 아테나 여신이라면 어떻게 했을 것인가?"

헤라클레스는 아테나 여신의 지혜를 묵상했다.

전쟁신 아레스가 보낸 새들이라면? 정의의 여신 아테나의 도움이 필요하다. 전쟁은 정의가 끝내는 것이니까.

아테나 여신은 화급하게 헤파이스토스에게 부탁해서, 큼지막한 캐스터네츠 비슷한 악기를 하나 만들어다 주었다. 아무래도 청동 꽹과리 비슷한 악기였던 모양이다.

소년 시절에 음악 선생 리노스를 때려 죽였던 헤라클레스가 아닌가? 아무래도 음악에는 영 취미도 소질도 없었던 모양이다.

헤라클레스는 청동 꽹과리를 두드리며 큰 소리로 노래를 부르기 시작했다. 그가 무슨 노래를 불렀는지는 우리도 모른다. 그러나 헤라클레스가 명창은 못 되었다는 기록은 있다. 고대 그리스의 한 시인이 이렇게 노래했던 것을 보면.

> 황야의 저쪽,
> 파도 사나운 바다 저쪽까지 들릴,
> 아무리 찬양해도
> 곱다고는 하기 어려운 노래······.

이 엄청나게 큰 소리에 새들이 일제히 늪 위로 날아올랐다. 청동 꽹과리를 내려놓은 헤라클레스는 노래를 계속하면서 새 떼를 향해 활질을 시작했다. 한 마리가 떨어지고, 두 마리가 떨어지고, 세 마리가 떨어졌다. 늪은 새들의, 창끝으로 청동 방패 긁는 듯한 울음소리와 질항아리 터지는 듯한 헤라클레스의 노랫소리로 낭자했다. 결국 새들은 그의 노랫소리와 화살을 더 견디지 못하고 흑해에 있는 아레스섬으로 날아가버렸다.

이로써 헤라클레스는, 아르고스 왕이 도저히 불가능하다고 여기면서도 부러 욕보이기 위해 부과한 여섯 가지 과업을 이루어내었다.

독자들은 땅 이름, 작은 나라 이름에 별로 관심을 기울이지 않아, 이 여섯 가지 과업이 이루어진 무대가 다 펠로폰네소스 반도 안쪽이라는 것을 짐작하지 못했을 것이다. 여섯 가지 과업이 이루어진 곳은

 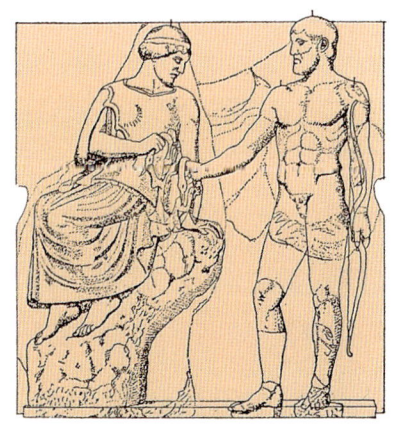

**아테나 여신에게 스팀팔로스 새를 바치는 헤라클레스 돋을새김과 복원도**
올륌피아 제우스 신전 벽면의 돋을새김. 복원도를 보면 헤라클레스가 손에 죽은 새를 들고 있다는 걸 알 수 있다.

아르고스 왕이 터 잡고 있는 뮈케나이에서 그리 멀지 않은 곳이다.

그러나 일곱 번째 과업이 시작되면서 이 무대는 일전한다. 다시 말해서 헤라클레스는 아득히 먼 곳까지 가야 하는 것이다.

아르고스 왕이 여섯 번째 과업이 끝나기까지 헤라클레스를 멀리 보내지 않았던 까닭을 두고 아르고스 왕의 상상력을 말하는 이가 더러 있다. 즉 진작 아득히 먼 나라로 보내어 혼을 낼 바에 처음부터 단단히 혼을 내지 못한 것은 그의 상상력이 미처 거기에까지 미치지 못했기 때문이 아니냐는 것이다. 글쎄, 그게 그런 것 같지는 않다. 곧 그 까닭을 짐작할 수 있게 될 것이다.

이제부터 헤라클레스는 아르고스 왕이 맡긴 과업을 이루기 위해 먼 곳을 여행해야 한다. 때로는 크레타섬, 트라키아 지방은 물론이고 저 아프리카 땅을 지나 헤스페리스(금성)가 뜨는 피안의 땅, 때로는 하데스가 버티고 있는 저승까지도 내려가야 한다.

오가면서 있었던 일로 이야기가 길어질 것 같다.

# 9장
# 크레타의 황소

GREEK
AND
ROMAN
MYTHOLOGY

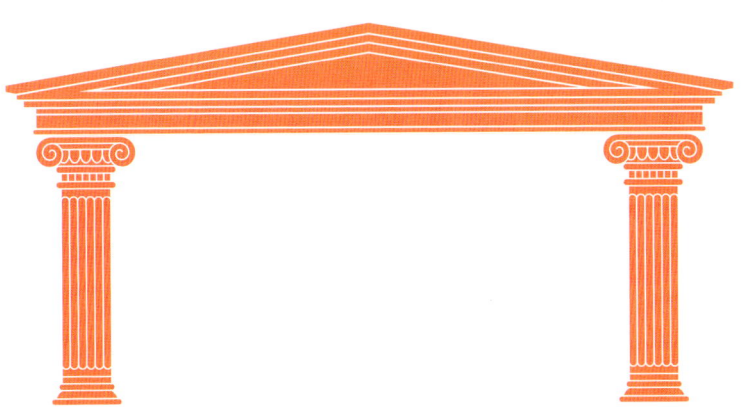

　아르고스 왕으로부터 일곱 번째 원정 명령이 코프레우스 편에 날아왔다.
　"크레타섬으로 가서 황소 한 마리를 잡아 오라십니다."
　"황소를 잡아? 황소 잡도리야 농사꾼들이 잘하지 않나?"
　"짐작하시겠지만 예사 황소가 아닙니다. 미쳐 날뛰면서 크레타섬을 쑥대밭으로 만들고 있다고 합니다."
　크레타 왕국의 미노스왕은 대체 어떤 자이며, 그 왕국을 쑥대밭으로 만든다는 황소는 대체 이떤 황소인지 그 내력을 잠깐 살펴보자.
　당시의 크레타 왕국은 이웃 나라에 견주어 크게 융성해 있었고 그 수도 크노쏘스는 문명 세계의 살림을 주도하는 호화스럽고 우아한 도시였다. 크레타의 배는 지중해의 섬이라는 섬, 항구라는 항구는 고루 누볐고 크레타 토기는 바빌로니아와 아이귑토스(이집트)에서도 귀한 물건으로 대접받았다.
　제우스 신이 에우로페라는 여자에 반해 슬쩍 황소로 둔갑해가지

**크레타 황소의 무릎을 꿇리는 헤라클레스**
기원전 4세기의 항아리 그림.

고 이 여자를 납치했던 일을 기억하시는지.

　에우로페는 포에니키아의 공주였다.

　어느 하늘 맑고 바다 잔잔한 날 에우로페는 시녀들과 해변에서 놀고 있었다. 털빛이 희고 잘생긴 황소 한 마리가 처녀들 사이로 어슬렁어슬렁 걸어 들어왔다. 황소는 에우로페 앞에 앉더니, 등에 타라는 시늉을 했다. 에우로페는 장난삼아 황소 등에 탔는데, 그 점잖던 황소는 잰걸음으로 시녀들을 따돌리고 바다로 뛰어들었다.

　비명을 질러봐야 소용이 없었다. 황소는 물살을 가르면서 포에니키아 해변에서 점점 멀어져갔다.

　이 황소가 당도한 곳이 바로 크레타섬이다. 황소는? 황소로 잠시 몸을 바꾼 제우스였다. 크레타는 제우스 신의 고향이기도 하다. 그는 이 섬의 동굴에서 자라났다.

황소는 그 동굴로 에우로페를 데려갔다. 황소로 변장한 제우스의 사랑을 누린 뒤에 에우로페는 아들을 낳았는데, 이 아들이 바로 크레타의 미노스왕이다. 그러니까 미노스왕은 제우스 신의 아들인 것이다.

'에우로페$_{Europe}$', 이 이름을 기억해두면 좋겠다. '유럽$_{Europe}$'이라는 말은 바로 이 에우로페의 이름에서 유래하니까.

미노스는 장성한 뒤 크레타섬에서 의붓형제들과 왕위를 겨루게 되자 해신 포세이돈에게 이렇게 빌었다.

"아버지 제우스가 황소로 몸을 바꾸시고 어머니 에우로페를 업고 헤라 여신의 눈을 피할 때, 바다를 갈라 이 두 분을 숨겨주신 포세이돈 신이시여. 이 크레타섬이, 하늘이 미노스에게 내린 땅이거든 이 섬을 보호하시는 신께서 징표를 내리소서. 파도를 가르시고 황소 한 마리를 크레타 땅으로 오르게 하소서. 미노스 왕국이 서는 날 포세이돈 신을 섬기는 제물로 이 소를 바치겠습니다."

사방이 바다로 둘러싸인 크레타섬은 포세이돈 신의 도움 없이는 존재할 수 없다. 포세이돈은 파도를 가르고 황소 한 마리를 보내주면서도 찜찜했던지 이런 말을 했다.

"내가 너를 편드는 것은 어렵지 않으나 네가 교만해질 것이 마음에 걸린다. 제우스라는 이름 작작 좀 팔아먹으려무나."

미노스는 이 황소 덕분에 왕위에 올랐고, 앞에서 말했듯이 왕국이 나날이 융성했다. 그러나 미노스왕은 이 황소를 제물로 삼을 생각을 하지 않았다. 그러다 주위에서, 포세이돈 신에게 소를 제물로 바치겠다고 약속한 것을 상기시키자 미노스는 왕가의 재산인 소 떼 중에서 가장 크고 잘생긴 황소 한 마리를 골라 제물로 바쳤다.

포세이돈이 이를 괘씸하게 여기고는 자신이 보낸 이 황소를 발광하게 한 뒤 온 크레타섬의 논밭을 짓밟고, 당한 백성의 원망이 미노스왕에게 쏠리게 했다. 미노스가 아르고스 왕에게, 성미 거친 짐승 잘 사로잡기로 이름이 널리 난 '스타' 해결사 헤라클레스의 파견을 요청한 것이 바로 이즈음이다.

크레타섬으로 건너간 헤라클레스는 이다산 기슭에서 이 황소를 따라 잡고 한참을 드잡이했다. 그러나 승부가 쉽지 않았다. 힘이 다한 헤라클레스와 미노스의 황소는 서로 멀찍이 물러서서 숨결을 가다듬었다.

싸움을 구경하던 미노스왕이 헤라클레스에게 물었다.

"헤라클레스, 그대는 황소를 잡으러 온 사람 같지 않고 어르러 온 사람 같네그려."

헤라클레스는, 거룩한 짐승을 가로채어 왕위에 오르고도 전혀 부끄러워하거나 반성할 줄 모르는 미노스왕을 놀려먹고 싶었던 모양이다.

"내가 황소의 말을 들었고, 황소가 내 말을 들었소이다."

"저 황소가 말을 해?"

"웃기까지 하더이다."

"그래, 뭐라고 하던가?"

**크레타 황소를 제압하는, 혹은 황소로 몸을 바꾼 아켈로오스의 뿔을 뽑는 헤라클레스**
비엔나 구 궁전.

"왕은 황소 덕분에 왕위에 올랐으나 포세이돈 신에 대한 의무에는 충실하지 못했소. 따라서 장차 황소 때문에 욕을 좀 보실 거라고 합디다."

미노스가 낯빛이 하얗게 질렸을 법하다. 그렇지 않아도 앙비 파시파에가 황소를 지나치게 사랑함으로써 미노스가 창피해서 얼굴을 못 들고 다니던 참이었다.

"그래? 그러면 저 황소의 숨통을 끊어주게. 저 황소를 죽여 해신께 제사 드리지 않은 것이 후회막급이네."

"해신이 보내신 거룩한 황소를 죽이고도 본토로 돌아가는 내 뱃길이 성할까요? 강을 다 건너기까지 악어를 욕보일 수는 없소이다."

**크레타 황소를 제압하는 헤라클레스**
올림피아의 제우스 신전 벽면 돋을새김.

헤라클레스는 황소를 사슬로 묶어 배에 싣고는 본토로 돌아왔다.

아르고스 왕은 무슨 꿍꿍이속이 있었던지 크레타 원정 기념이라면서 그 황소를 헤라클레스에게 주었다. 헤라클레스는, 포세이돈이 보낸 짐승이라는 게 마음에 걸렸던지 이 황소를 풀어주었다.

아닌 게 아니라 황소는 온 헬라스 땅을 다 돌아다니며 크레타섬에서 그랬던 것처럼 행패를 부렸다. 그러다 뒷날 영웅 테세우스 손에 목숨을 잃었다.

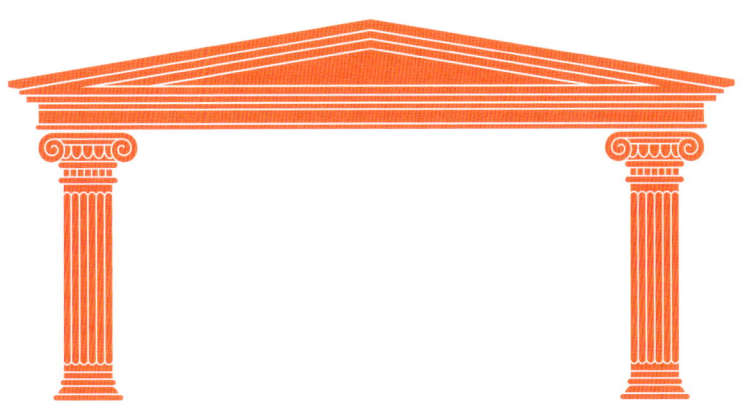

일곱 번째 과업이 이루어지면서 아르고스 왕의 꿈 무대는 갑자기 넓어진다. 아르고스 왕이 여덟 번째로 맡긴 일은, 트라키아로 가서 디오메데스의 암말을 붙잡아 오는 것이었다.

트라키아는 아득히 먼 북쪽 나라이고, 말 주인이라는 디오메데스는 전쟁신 아레스의 아들이다. 디오메데스의 암말은 물론 이 디오메데스가 총애하는 암말이다.

아레스가 길러 보냈다는 스튐팔로스의 새들이 그렇듯이, 이 디오메데스의 암말 역시 예사 암말이 아니다. 이 암말은 제 등에 딘 기수를 떨어뜨려 짓밟고는 그 고기를 먹는다는 말이다. 그래서 이 암말의 구유에는 마초 대신 밟히고 찢긴 인간의 육신이 놓인다.

스튐팔로스의 새를 길러 보낸 전쟁신 아레스는 저승신 하데스의 하수자다. 그 아레스의 아들인 디오메데스와 암말 역시 하데스의 충실한 하수자다. '악몽'을 뜻하는 영어 단어 '나이트메어 nightmare'는 '밤 night'과 '암말 mare'로 이루어져 있다. 어쩐지 꿈자리가 뒤숭숭해지는 것 같다.

 더 뒤숭숭해지기 전에 아름답고도 아름다운 이야기 한 토막 하고 트라키아로 헤라클레스를 따라가자.
 헤라클레스는 트라키아로 가는 길에 테살리아 땅을 지나다 페라이라고 하는 조그만 나라에 이르렀다. 페라이의 왕은 아드메토스였다.
 헤라클레스가 이 페라이성 안으로 사람을 들여보내 며칠 머물다 갈 수 있느냐고 물었다. 그런데 뜻밖에도 아드메토스왕이 몸소 나와 이 영웅을 안으로 맞아들였다.
 "아폴론 신을 8년이나 종으로 부린 아드메토스왕께서 저를 환대해주시니 감사합니다."
 헤라클레스의 인사에 아드메토스도 듣기 좋게 응수했다.
 "아폴론 신의 이름이 기왕에 저의 하잘것없는 이름을 빛내었다면, 헤라클레스의 이름 또한 장차 저를 영광되게 할 것입니다."
 그런데 아드메토스의 표정이 이상했다. 몇 날 며칠을 먹지도, 자지도 못한 것 같았다. 얼굴은 푸석푸석하다 못 해 손을 대면 바스러질 것 같았다.
 이상하게 여긴 헤라클레스가 물었다.
 "슬픔에 잠기어 있는 분의 신세를 지는 것은 도리가 아니지요. 대체 집안의 어느 분을 잃으셨습니까?"
 "영웅께서 마음 쓰실 일이 아닙니다. 친도 아니고 척도 아닌, 집안의 한 여자가 신들의 부름을 받았습니다. 죽음이라는 것, 썩 좋은 법은 아닙니다만 귀한 손님 대접을 제쳐놓고 슬퍼해야 할 만큼 그른 법 또한 아니지요."

"그렇기는 합니다만, 이 성안 다른 데서 묵겠습니다. 떠날 때 뵈옵고 인사나 올리고 가지요."

"헤라클레스를 다른 지붕 밑에서 머물게 할 수는 없습니다. 오늘 헤라클레스가 아드메토스를 찾아오셨으니 테바이 땅이 이 페라이에 온 것이나 마찬가지입니다. 영웅께서 아드메토스의 지붕 밑에서 묵지 않으신다면, 이 아드메토스는 물론이고 페라이성이 두고두고 웃음거리가 될 것입니다."

아드메토스의 간곡하다 못해 얼마간의 과장까지 섞인 청에 못 이겨 헤라클레스는 아드메토스의 왕궁에 묵기로 했다. 아드메토스는 신하들에게 헤라클레스가 묵을 곳을 마련해주되 되도록이면 왕의 침실에서 먼 데 있는 방을 비우게 했다.

헤라클레스는 아드메토스에게 무슨 변고가 있는 모양이라고 짐작은 했으나 따져 묻는 게 손님의 도리가 아닌 것 같아 객사로 돌아가 혼자 저녁을 들었다. 하인들이 헤라클레스를 위해 술과 고기를 내왔다. 헤라클레스의 엄청난 식량과 주량은 하인들을 놀라게 하기에 충분했다.

술 항아리가 여러 차례 비자 헤라클레스는 빈 술 항아리를 두드리며 노래를 부르기 시작했다. 그 목소리는 앞에서 말했다시피, '황야의 저쪽, 파도 사나운 바다 저쪽까지 들릴, 아무리 찬양해도 곱다고는 하기 어려운 소리'였다. 나중에는 음탕한 노래 부르는 것도 마다

하지 않았다.

하인들은 너무나 민망했던 나머지 몸 둘 바를 모르고 저희끼리 웅성거렸다. 하인들 중에는 큰 죄인이라도 된 듯한 얼굴로 술상 옆에 어정쩡하게 서 있는 자도 있었고, 객사와 주방을 오가며 수군거리는 자들도 있었고, 술독을 날라다 놓고는 머리만 긁고 서 있는 자도 있었다.

헤라클레스가 머리 긁고 있는 자의 덜미를 잡아 옆에다 앉히며 호령했다.

"이놈아, 어째서 소금 먹은 소 깊은 샘물 들여다보듯이 멀거니 바라만 보고 있느냐, 너도 술을 마셔라."

덜미를 잡힌 자가 기어들어가는 소리로 말했다.

"죄송합니다. 저희들은 지금 민망한 가운데 있습니다."

"민망하다니?"

"보시다시피, 아드메토스왕께서는 곡소리가 미치지 않도록 장사 어른께 되도록 멀리 떨어진 곳에 방을 보아드리라고 하셨습니다. 그런데 어른의 노랫소리가 내전까지 들린다면 이렇게 민망한 일이 어디에 있겠습니까?"

"곡소리가 내전에서 들린다니, 그게 무슨 소리냐? 왕의 친도 아니고 척도 아닌, 집안의 한 여자라고 하던데……."

"하기야 알케스티스 왕비가 왕의 친이나 척일 리 없지요."

"그럼 내가 아드메토스왕의 거짓말에 속은 게로구나."

"왕께서는 바르게 말씀하시었는데 장사 어른께서 그르게 알아들으셨지요. 전하께서는, 장사 어른께 절대로 염려를 끼쳐드리지 못하게 했는데 이놈이 입놀림을 크게 잘못했습니다."

"그럼 아드메토스왕의 아내가 돌아가셨다는 말이냐?"

"그렇습니다."

"아뿔싸."

헤라클레스는 덜미를 잡고 있던 하인을 놓으면서 두 손 사이에 얼굴을 파묻고 흐느꼈다. 영웅은 울기를 잘하고 미인에게는 눈물이 많다는 말은 빈말이 아닌 모양이다. 헤라클레스는 제 손으로 아내 메가라와 아들들을 죽인 직후를 비롯해서, 참 울어도 많이 운 영웅이다.

헤라클레스는 술잔을 던지고, 술상을 깨뜨리고는 통절하게 자탄했다.

"아, 아드메토스왕이여, 어찌하여 나를 또 한 번 이렇듯 비참한 인간으로 만드시오."

헤라클레스는 한동안 말처럼 울다가, 맞아죽을 각오를 하고 서 있는 하인에게 물었다.

"시신은 매상했느냐?"

"장사는 내일입니다. 하데스의 사자가 알케스티스 왕비님의 혼백을 수습해서 지금쯤 저승의 문으로 달려가고 있을 것입니다."

하인이 본 듯이 말했다.


아드메토스는 어쩌다 아내를 잃게 되었을까? 신화의 여주인공이니 틀림없이 아름다운 아내였을 것이다.

죽은 자를 살려내는 것은 저승 왕 하데스의 법도에 어긋나는 일이다. 그런데 죽은 자를 살려낸 이가 있다. 바로 지금은 의술의 신으로 떠받들어지는 아스클레피오스다. 아스클레피오스는 아폴론의 아들이기도 하다.

 아스클레피오스가 죽은 사람을 살려내자 하데스가 제우스에게 거칠게 항의했다. 제우스는 하데스의 항의를 받아들여 벼락을 던져 아스클레피오스를 저승으로 보냈다. 아들이 벼락을 맞고 저승으로 갔으니 아버지의 마음이 오죽했으랴? 그렇다고 해서 아버지 제우스에

**인간 세상으로 귀양 와서 목동들에게 이야기를 들려주는 아폴론**
19세기 독일 화가 고틀리프 시크의 그림.

게 대들 수도 없는 일이다. 성미가 괄괄하기로 유명한 아폴론은 분을 삭이지 못하고 신들의 대장간에서 일하는 대장장이 퀴클롭스 삼형제를 죽여버렸다.

제우스는 아들인 아폴론마저 벼락으로 쳐 죽일 일이 아니어서 페라이 땅으로 내려보내어 인간의 종살이를 시킨 뒤에 그 죄를 닦아주려고 했다. 이때 아폴론이 인간 세상의 주인으로 섬긴 이가 바로 아드메토스다.

아드메토스는 싸움터에 나서면 불요불굴의 용장이요, 정사를 알음하면 안 되는 일이 없는 현군이었다. 그런데 이 아드메토스에게는 용장으로서도 현군으로서도 하지 못하는 일이 하나 있었다. 즉 펠리아스의 딸 알케스티스를 사랑하는데도 불구하고 그 마음을 얻지 못하는 일이 그것이었다. 아니, 알케스티스의 마음을 얻기는커녕 그 아버지가 내건 신랑의 조건에도 범접할 수 없었다.

알케스티스에게는 구혼자가 하도 많아서, 아버지인 펠리아스는 사위 자격을 까다롭게 따졌다. 그가 내건 사위의 조건은 이랬다.

"사자와 멧돼지가 끄는 이륜마차를 디고 오는 자가 있으면 그 신분을 묻지 않고 딸을 주겠다."

더러 좀 모자라는 자들이 애써 사로잡은 사자와 멧돼지를 함께 이륜 마차에다 비끄러매어본 적도 있긴 했다. 그러나 번번이 그 멧돼지는 사자의 먹이가 되고, 비끄러맨 자는 세간의 웃음거리가 되었을 뿐이다.

아드메토스는, 페라이 왕궁에서 종살이하는 자 가운데 손가락을 한 번 통겨 온 페라이 땅 들쥐의 씨를 말리고, 발 한 번 굴러 날개 달린 해충은 모두 땅에 떨어져 죽게 하는 자가 있다는 소식을 들었다. 물론 인간 세상에서 죄를 닦고 있던 아폴론이었다.

아드메토스는 은밀히 아폴론을 찾아가 알케스티스를 아내로 맞을 묘방을 물었다.

아폴론은 조모 되는 레아 여신으로부터는 사자 형상을 빌리고, 아레스로부터는 잠시 멧돼지의 빈 형상을 빌려 이륜마차에다 매달아 주었다. 이로써 아드메토스는 알케스티스도 얻고, '사자와 멧돼지가 끄는 이륜마차 위의 용장'이라는 이름도 얻어 한동안 제우스 대신이 부럽지 않게 잘 살았다.

마음먹은 대로 안 되는 일이 없는 날이 사흘 이상 계속되면 발밑을 살펴보고 주위를 둘러보라는 말이 있다. 그런 날이 사흘이 아니라 석 달이 넘게 계속되고 있었지만 아드메토스는 발밑을 살피지도 주위를 둘러보지도 않았다.

오래지 않아 아드메토스는 원인 모를 병을 얻더니 도무지 일어날 기미를 보이지 않았다. 아폴론이 비록 의술에 밝았다고 하나, 신들의 세계에서나 손을 쓰는 것이지 인간 세상에서는 쓸 수가 없었다.

아폴론이 운명의 여신들을 찾아가 아드메토스가 몸져누운 까닭을 묻고, 탄원했다.

"신들이 대신을 섬기는 것은 하늘의 법이요, 종이 주인을 섬기는 것은 땅의 법입니다. 나는 이미 아드메토스왕 밑에서 종살이를 하고 있는 데 어떻게 주인이 까닭 모르게 죽어가는 것을 보고만 있을 수 있겠습니까?"

운명의 여신 중에서 사람의 운명이라는 이름의 베를 짜는 클로토 여신이 웃으면서 대답했다.

"아폴론 신께서 이륜마차에 멧돼지를 비끄러매셨다는데 그 멧돼지가 누구의 것입니까? 아레스 신의 것이 아니었습니까? 아레스 신이 그런 일의 품삯을 얼마나 호되게 물립니까? 아드메토스가 아내를 맞고도 적절한 예를 갖추지 않으니까 아레스가 목숨을 품값으로 물리고 있는 거지요."

라케시스 여신도 웃으면서 말했다.

"아드메토스를 살리려면 누가 하나 대신 죽어야겠군요."

이어 여신은 목소리를 가다듬고, 제우스 대신조차 한마디도 더하고 뺄 수 없는 판결을 지어주었다.

"아폴론 신이여, 아스클레피오스 일은 참 안됐습니다. 누가 저 저승 신 하데스의 탄원을 못 들은 척할 수 있겠습니까? 아폴론 신께서 이 고생을 겪는 것도 다 하데스의 탄원 때문이 아닙니까? 아드메토스라는 자가 아폴론 신께서 주인으로 섬기시는 왕이라니까 유예는 해드리지요만, 우리는 아레스의 탄원에도 유념해야 합니다. 내려가셔서 아드메토스왕에게, 왕을 대신해서 죽을 자를 찾아놓으라고 하세요. 대신 죽을 자가 나서지 않으면 이 유예는 곧 거두어들이도록 하겠습니다."

아폴론이 아드메토스왕에게 돌아가, 왕을 대신해서 죽을 자가 있겠느냐고 물었다.

왕은 선선히 대답했다.

"그리 어려운 일은 아닐 것이오. 나는 태어나면서부터 '목숨을 걸고' 충성을 맹세하는 자들에게 둘러싸여 있었으니."

그러나 아드메토스왕이 장담했던 것과는 달리, 신하들이나 장병들은 하나같이,

"왕을 위해서 목숨을 바치겠다고 했지, 왕을 대신해서 죽겠다고는 맹세한 바 없다"

라고 잘라 말했다.

나이 든 중신들의 말도, 여느 때 왕 앞에서 하던 말과는 그 어조부터가 달랐다.

"상왕 내외분이 계시지를 않습니까? 여생이 얼마 남지 않으셨으니, 그분들이라면 두 분 중 한 분이 목숨을 던져 아드님을 살리시려 할 것 입니다. 말이 나온 김에 하는 말입니다만 아드님의 목숨을 구해야 한다는 사명감을 그 두 분만큼 절실히 느껴야 할 사람들이 달리 세상에 어디에 있겠습니까? 자식을 앞세우는 슬픔이 나 죽는 설움보다 더하다는 옛말도 있지 않습니까?"

그러나 아드메토스왕의 부모인 상왕 내외도 그런 '사명감'은 별로 느끼지 않는 것 같았다. 바야흐로 아드메토스가 죽어야 할 판국이었다.

아름다운 왕비 알케스티스가 나섰다.

"전하의 죽음이 안길 슬픔을 나는 견딜 수 없어요. 내가 전하를 대

**사랑하는 남편을 대신해 죽어가는 알케스티스**
비탄에 잠긴 아드메토스가 아내 곁에 앉아 있다. 피에르 페이론의 그림. 파리 루브르 박물관.

신해서 죽겠어요. 전하도 나의 죽음이 안길 슬픔을 견딜 수 없을 것입니다. 하지만 전하는 페라이의 왕이자 두 아이의 아버지입니다."

"어떻게 그렇게 가볍게 말할 수 있소?"

왕의 물음에 대한 왕비의 대답은 아주 간단했다.

"사랑이 가볍게 한 것입니다."

알케스티스는, 자의든 타의에 의해서든 혹 마음을 바꾸어 먹게 될까 봐 신들을 흉내 내어 스틱스강에 걸고 맹세함으로써 신들 앞에 공증까지 했다. 과연 이 공증이 운명의 여신들에게 받아들여졌던지 아드메토스가 기사회생하는 것과 때를 같이해서 알케스티스가 병석에 누워 한 치 앞을 짐작하지 못하게 됐다.

헤라클레스가 온 것은, 그러니까 아드메토스가 알케스티스의 죽음을 슬퍼하고 있을 때, 온 페라이 땅 분위기가 무겁게 가라앉아 있을 때다. 헤라클레스는 그런 사정도 모르고 객사에서 술 마시고 노래를 부른 미련한 자신을 책하며 홀로 이런 생각을 했다.

'오냐, 그래. 내가 이 무안을 닦고 아드메토스에게 미안풀이를 하는 길은 세상을 떠난 알케스티스를 되살려내는 길밖에 없다. 필경 하데스의 졸개 타나토스(죽음)는 알케스티스의 묫자리를 어정거리고

**알케스티스 이야기를 다룬 석관 돋을새김**
오른쪽에 몽둥이를 든 헤라클레스가 접근하여 슬픔에 잠긴 아드메토스의 손을 잡고 있다.

있을 것이다. 이놈이 알케스티스를 돌려주지 않는다면…… 그럼 저승까지라도 따라가자. 아드메토스에게 지은 허물을 갚을 수 있다면 하데스의 목인들 못 조르랴.'

헤라클레스는 그 길로 알케스티스의 묘지로 달려가, 그곳에 진 치고 있는 타나토스(죽음)와 싸워 이겨 알케스티스의 혼백을 돌려받았다. 이 일을 두고 달리 말하는 사람도 있다. 즉 하데스는 스스로 저승 땅으로 내려온 알케스티스의 용기에 경탄하여 타나토스에게 그 혼백을 돌려주라고 했다는 주장을 펴는 비극 시인 아가톤 같은 이가 그런 사람이다. 이 주장을 곧이들어도 헤라클레스가 타나토스를 상대로 싸운 것만은 분명하다. 모르긴 하나 하데스는 타나토스에게 이렇게 말했을지도 모른다.

"그만두고 돌아오너라. 내가 거두려는 혼백은 살아남겠다고 대신 죽을 자를 찾는 아드메토스이지, 사랑하는 지아비 대신 죽겠다고 나서는 용기 있는 알케스티스가 아니다. 용기야말로 사내든 계집이든 아름답게 보이게 하는 것이다. 그런데 나는 아름다운 것을 좋아하지 않는다."

어쨌든, 아스클레피오스가 죽은 사람을 살려내었을 때는 그렇게 펄펄 뛰던 하데스가 이 일에 대해서는 일언반구도 없다. 헤라클레스를 벌하라고 제우스에게 탄원한 적도 없다. 하데스는 이렇게 생각했던 것일까?

'헤라클레스가 되살려낸 것이 아니다. 모든 것을 정복하는 사랑이 되살려낸 것이다.'

**죽음의 신과 드잡이하는 헤라클레스**
헤라클레스가 페라이에 당도했을 때는 알케스티스가 죽은 뒤인가, 죽기 전인가? 이 화가는 죽기 전이라는 주장을 지지하는 것 같다. 프레더릭 레이턴의 그림.

 헤라클레스는 혼백을 시신에 돌려주어 알케스티스를 소생시킨 뒤 아드메토스의 대전으로 데리고 들어갔다. 아드메토스는 슬픔에 잠긴 채 제 수염을 끌어다 씹고 있었다.
 "아드메토스왕이여, 헤라클레스 옆에 서 있는 분을 알아보시겠소?"
 헤라클레스가 물었다. 아드메토스는 알케스티스에게 얼른 다가서지 못하고 고개를 가로저으면서, 시인 에우뤼피데스의 말을 빌리면 이렇게 중얼거렸다.
 "유령이오, 아니면 그대가 신들의 힘을 빌려 나를 희롱하는 것이오? 하기야 슬픔에 잠긴 나를 희롱으로 잠깐 유쾌하게 하는 것 또한 나무랄 일은 아니오만……."

**저승에서 알케스티스의 영혼을 데리고 오는 헤라클레스와 헤르메스**
기원전 6세기. 이 항아리를 만든 사람은 헤라클레스가 이미 저승에 가 있는 알케스티스를 데려왔다는 주장을 지지하는 모양이다.

 헤라클레스는 아드메토스와 알케스티스의 사랑 이야기 끝을 아름답게 맺어주고 북으로 북으로 행보를 계속하여 이윽고 트라키아에 이르렀다.

 앞에서 썼거니와, 이 트라키아 왕 디오메데스는 올륌포스의 불한당인 아레스와 요정 퀴레네 사이에서 난 아들이다. 따라서 전쟁신이 지니는 여러 얼굴 중 한몫을 단단히 보이려 할 것은 분명하다.
 아레스가 그렇듯이, 이 디오메데스는 게으른 자, 비겁한 자, 반항자, 포로 되는 자를 싫어했으나 이 암말은 게으르지 않았고, 비겁하지 않았고, 반항하지 않았고, 남에게 사로잡힌 바가 없었다. 그래서 디오메데스는 게으른 자, 비겁한 자, 반항자, 사로잡힌 자를 이 암말의 먹이로 던져주었다. 이 암말은 디오메데스가 거두는 승리의 부산물을 그 먹이로 받아먹는 터라, 굶지 않으려면 트라키아에 전쟁이 그칠 날이 없어야 했다. 실제로 디오메데스가 다스리는 비스토네스족은 더할 나위 없이 호전적인 족속이었다.

비스토네스족의 도성에 이른 헤라클레스는, 이 족속의 우두머리인 디오메데스로부터 암말 빼앗을 궁리를 시작했다. 아레스의 아들이 제 암말을 순순히 내어놓지 않을 것임은 불문가지였다. 비열하면서도 간교한 아르고스 왕이 꿰어 보고 헤라클레스를 보낸 속셈도 거기에 있었다. 즉 헤라클레스가 싸워야 할 상대는 암말이 아니라 바로 그 임자인 아레스의 아들 디오메데스였던 것이다.

헤라클레스의 눈에 비친 비스토네스족은, 호전적인 족속이기는 해도 하나같이 모두가 지쳐 있는 것 같았다. 어느 날 헤라클레스가 그 까닭을 묻자 도성 밖에 사는 어느 노인은 이렇게 말했다.

"나그네 귀가 간짓대 귀라니, 아마 그대도 들어서 알 것이오. 우리는 싸우기를 좋아하고, 좋아하는 만큼 우리에게는 싸우는 재주도 있답니다. 그러나 너무 힘이 좋은 말을 자주 매어놓다 보면 마구간 기둥이 상하는 이치를 아시는지요. 우리 비스토네스의 군마가 지금 마구간 기둥을 흔들고 있습니다. 연전연승하는 우리 비스토네스족에게, 승리는 이제 아무 재미도 베풀지 못한답니다. 전쟁에 오래 시달리면서 깨우친 것이오만, 자주 싸우니 백성이 지치고, 자주 이기니 임금이 분수를 알지 못합디다. 우리 비스토네스의 형편이 이와 같습니다."

"나는 멀리서 디오메데스왕이 명마 한 필을 소중하게 기르고 있다는 소식을 듣고 이렇게 왔습니다. 노인께서는 디오메데스왕의 그 명마를 보신 적이 있는지요?"

"명마라고 하시었소? 명마는 힘으로 되는 것이 아니고 그 격을 지님으로써 되는 것이오. 왕이 그 말을 타고 전장에 나가지 않는 바에 어찌 그 말의 격을 말할 수 있으며, 그것을 명마라고 부를 수 있겠습니까?"

"그 말을 타고 전장에 나가지 않으면요?"

"굵은 쇠줄로 무거운 청동 구유에 묶어두고는, 전쟁터에서 끌어온 포로나 도망자나 반역자를 먹이로 던져준답니다."

"풀을 먹는 것이 아니고요?"

"먹을 리가 없지요. 풀은 져본 적도, 사로잡힌 적도, 도망한 적도 없을 테니까요. 이 말이 있는 한 이 땅에는 창과 방패의 불화, 사람과 사람과의 불화가 가실 날이 없을 것입니다. 그래서 우리는 이 암말을 불화의 여신 '에리스의 시녀'라고 부른답니다."

"이 말에게 능한 것이 무엇이오?"

"불화의 시녀에게 능한 것이 무엇이겠소. 저승의 문을 여는 것이겠지요."

"디오메데스왕에게 능한 것이 무엇이오?"

"트라키아 제일의 씨름꾼이지요. 전쟁이 없을 때도 말은 먹어야 삽니다. 디오메데스왕은 씨름꾼들을 모아놓고 몸소 이들과 겨루는 것을 낙으로 삼는답니다. 그렇지요, 왕의 낙은 씨름꾼과 겨루는 것이오. 암말의 낙은 왕에게 패한 씨름꾼을 먹는 것이지요."

헤라클레스는 노인의 말을 마음에 담고 성안으로 들어가 왕의 알현을 청했다. 시종이 왕을 친견하려 하는 까닭을 묻자 헤라클레스는 이렇게 대답했다.

"저는 먼 남쪽 아르고스에서 온 '알케이데스'라고 하는 씨름꾼입니다. 어릴 적 씨름하다가 사람을 죽인 벌로 씨름의 신이신 헤르메스의 저주를 받아 이렇듯 씨름꾼으로 천하를 두루 다니며 씨름을 그만두게 될 날을 기다린답니다. 씨름판에서 목숨을 잃으면 그날이 씨름을 그만두는 날이겠지요."

시종이 디오메데스에게 나는 듯이 달려가 이 헤라클레스의 뜻을 전했다. 디오메데스가 퍽 좋아했다.

"그놈 죽을 날이 오늘인 게다. 재주는 그 가진 자를 죽이는 칼끝이거니. 오늘 그 씨름꾼이 씨름으로 인하여 죽게 되리라. 말 안 타고 낙마하는 놈을 보았느냐?"

디오메데스는 씨름판에서 늘 승리를 독차지해온 것만 믿고 시종에게 씨름판을 꾸미라고 명했다.

하지만 헤라클레스가 누구던가?

트라키아는 아르고스에서 아득히 먼 북쪽 나라다. 따라서 헤라클레스 소문이 아직은 거기에 미치지 못했을 법하다. 헤라클레스가 헤

**자신이 키우던 말에게 먹히는 디오메데스**
귀스타브 모로의 그림.

르메스의 아들 아우톨뤼코스로부터 씨름을 배웠다는 사실을 알았던들 디오메데스는 그 씨름판에 나오지 않았을 것이다. 네메아의 사자를 목 졸라 죽였다는 소문은 못 들었다고 하더라도.

헤라클레스는 디오메데스가 손속을 부려보기도 전에 그 목뼈를 부러뜨리고는, 경호병들이 칼을 뽑기도 전에 그 목 부러진 디오메데스를 암말의 청동 구유 안으로 집어 던졌다. 암말은 주인의 고기를 맛나게 먹은 뒤 헤라클레스 손에 끌려 아르고스 땅을 바라고 긴 여행길에 올랐다.

디오메데스의 암말을 인계받은 아르고스 왕은 아르고스 들판에다 이 말을 풀어주었다. 암말은 뒷날 헬라스 땅 북부의 올륌포스산에서 행패를 부리다가 그 산의 산짐승들에게 죽임을 당했다.

# 11장
# 아마존 여왕의 허리띠

GREEK
AND
ROMAN
MYTHOLOGY

# 히폴뤼테의 황금 허리띠

 어느 날 아르고스 왕의 딸 아드메테가 아버지에게 청이 하나 있다고 했다. 이럴 때 신화는, 아버지로 하여금 반드시 들어주겠다는 맹세를 시킨 연후에 딸의 입을 열게 하기 마련이다.
 "네가 아비에게 바라는 것이 무엇이냐? 헤라클레스에게 시집가겠다는 것만 빼면 무엇이든 들어주마."
 "왜 헤라클레스에게 시집가는 건 안 되지요?"
 "헤라클레스가 네 서방이 되면 내 나라가 위태하다. 나는 사자를 집안에 용납하여 장차 그 사자의 밥이 될 만큼 어리석은 자가 아니다."
 "저도 그렇게 어리석지 않습니다. 전들 아버지의 왕좌를 제 서방 되는 자에게 주지 않으렵니다."
 "하면, 네가 바라는 건 헤라클레스가 아니라 권력이라는 말이겠다?"
 "작은 그릇은 큰 그릇에 들어가는 법이지요."
 "그것은 무슨 말이냐?"
 "아마존족의 여왕 히폴뤼테에게는 전쟁신 아레스가 내린 허리띠가 있다고 들었습니다. 헤라클레스를 보내어 그 허리띠를 빼앗아 오게 하세요. 전쟁신은 그 허리띠를 맨 자에게 용맹과 전승과 절대의 권력을 누리게 한다고 합니다. 뮈케나이성 안에 그 허리띠가 있으면 아버님도 헤라클레스 때문에 청동 항아리에 들어가시지 않아도 될 터이기에 드리는 말씀입니다."

"내가 명이 다하면?"

"제가 그 허리띠를 매게 될 테지요."

아마존 여왕의 허리띠를 빼앗아 오라는 명이 이윽고 코프레우스를 통하여 헤라클레스에게 전해졌다. 헤라클레스는 따라서 머나먼 흑해 연안까지 대원정을 준비하지 않으면 안 되었다.

독자들은 저 아름다운 여신 '아프로디테 포르네(음탕한 아프로디테)'에게 '케스토스 히마스'라는 허리띠가 있다는 사실을 기억할 것이다. 이 허리띠는 사랑하는 자의 이성을 잠재우고 육욕의 불을 지르게 하는 '마법의 띠'다. 자존심 강하기로 소문난 헤라 여신도 제우스의 사랑을 얻기 위해 이 케스토스 히마스를 잠깐 빌려야 했을 정도다.

그런데 아마존 여왕에게도 이와 비슷한 마법의 띠가 있었던 모양이다. 케스토스 히마스가 욕정에 불을 지르는 허리띠인 반면에 아마존의 띠는 용기와 전승과 절대 권력을 보증하는 띠라는 것만 다르다.

그러면 아마존족이 어떤 족속이며 어디에 모여 사는 족속인가?

아마존족은 세상을 두루 돌아다니는 나그네들의 입을 통해서 알려진, 세상의 끄트머리에 사는 종족이다. 그러나 정말 세상 끄트머리

헤라클레스에게 황금 허리띠를
건네는 히폴뤼테 여왕
맨체스터 박물관.

였던 것은 아니고, 지금은 튀르키예 땅이 된 흑해 연안의 키질리르 마크강 가 어디였던 듯하다. 이 강이 신화시대에는 테르모돈강이라고 불리었다.

이렇듯 멀리 떨어진 나라가 아르고스 땅에까지 이름이 알려진 것은 이 나라 여자들의 기이한 풍습 때문이다. 뭇 헬라스 사내들이,
"하루를 살아도 아마존 땅에서 살다 죽고 싶다"
라고 우스갯소리를 한 까닭이 이 아마존 나라의 기이한 풍습을 잘 설명하고 있다.

'아마존'이라는 말은 '젖(마모스)이 없는(아) 여자'라는 뜻이다. 여자들만 사는 이 나라는 따라서 여자만의 여인 왕국이다. '젖이 없다'

고 해서 아주 없는 것은 아니고 활 쏘고 창 던지는 데 거치적거린다고 해서 어린 시절부터 오른쪽 젖가슴을 꽁꽁 동여매어 자라지 못하게 했다는 주장도 있고, 아주 도려내어 버렸다는 주장도 있다.

 이 아마존은 여자들끼리 모여 왕국을 만들어놓고는 창던지기, 활 쏘기는 물론 사냥과 전쟁을 일삼는 족속이다. 뿐인가, 사내를 원수 보듯 해서 만나는 족족 찢어 죽여버린다. 하면, 여자들만 있는데 이 족속의 머릿수가 온전할까? 더구나 전쟁까지 일삼으면서.

 아마존족은 한 해에 한 번씩 인근 지방의 사내들을 납치해 와서 씨를 받는다. 씨받기에 끌려온 사내들은 며칠 동안 아마존의 환대를

**아마존과의 전투**
아마존은 말 젖으로 술을 빚어 먹었다고 하는데, 그렇다면 호전적인 유목민들이었던 것일까? 페테르 파울 루벤스의 그림.

받으며 떼 지어 몰려드는 아마존 여인들에게 씨주머니를 털린다. 고향에 돌아간다면 노루 때린 몽둥이 자랑하듯 두고두고 이 길고도 짧은 경험을 말하겠지만, 불행히도 여기에 들어온 사내는 살아 돌아가지 못하고 곡식 비운 자루처럼 까부라지고 만다. 한 해를 벼른 아마존 여인들이 농사꾼들 벼락 맞은 소 뜯어 먹듯 사내를 탐하기 때문이다.

한 해가 지나면 아마존 여인들은 씨 뿌려준 자들의 은혜로 자식을 지어 낳는다. 물론 아들도 있고 딸도 있을 터이다. 그러나 이들은 아들은 죽여버리고 딸만 길러 그 족속의 머릿수가 모자라지 않게 한다.

아마존의 허리띠는 이 왕국의 여왕인 히폴뤼테가 매고 다니는 허리띠다. 이 허리띠는 원래 아마존의 조상인 전쟁신 아레스가 내려준 것으로, 용맹과 전승과 절대의 권력을 보증하는 징표와 같은 것이다. 저승신 하데스의 하수자인 전쟁신 아레스가 아마존에게 이런 허리띠를 내려준 까닭은 간단하다. 용맹과 전승과 절대 권력이 있는 자라면, 저승신 하데스에게 산 자를 넉넉하게 죽여 보낼 수 있을 것이 아니겠는가.

마침내 헤라클레스의 원정대가 상륙한 항구는 테르모돈 하구였다. 전하는 이에 따라서, 아마존 여왕 히폴뤼테가 몸소 나와 이 일행을 영접하고, 헤라클레스가 먼 뱃길을 온 까닭을 말하자 선선히 허리띠를 벗어 주었다고 하는 이가 있다. 그럴 수도 있었겠다. 여왕이 헤라클레스의 무쇠 같은 근육과 부리부리한 눈매를 보는 순간 이런 생각을 했을 수도 있다.

'아, 테스피오스왕이 딸 50자매로 하여금 헤라클레스의 밤 시중을 들게 했다더니 헛소문이 아니었구나. 내가 이런 영웅과 혼인해서 딸이라도 몇 낳는다면? 그 아이들에게 나라를 맡긴다면? 우리 아마존 왕국이 반석 위에 서는 것은 따놓은 당상이 아니겠는가?'

하지만 전쟁신 아레스의 피붙이들이, 그것도 활 쏘는 데 거치적거린다고 한쪽 젖을 도려낸다는 아마존의 독종들이 이 금남의 땅에 상륙한 헤라클레스 일행을 그냥 두었을 리 있겠는가?

헤라클레스 일행이 상륙했을 때는 마침 아마존이 인근 왕국의 사내들을 사로잡아 와 씨를 받을 때였다. 그러나 아마존 왕국의 영토는 그때 이미 넓어질 대로 넓어져 있는 데다 아마존의 숫자 또한 엄청나게 불어나 있어서 씨받이의 희생자들을 넉넉하게 구할 수가 없었다. 히폴뤼테 여왕이, 상륙하는 헤라클레스 일행을 보고 고리삭은 사타구니 물 반기듯 한 것도 무리가 아니었겠다.

히폴뤼테 여왕은 헤라클레스가 그 용맹과 전승과 절대 권력의 상징인 허리띠를 빌리러 왔다는 말을 듣고는, 속으로 가늠하는 바가 없지 않으면서도 이렇게 말했다.

"장군께서 부디 이 허리띠를 두르시고 용맹과 전승과 절대 권력의 본을 보이소서. 아르고스에서 이 머나먼 테르모돈강 어귀까지 오신 분이여, 며칠 편안하게 묵으시면서 아마존 왕국의 결혼식이나 구경하소서."

히폴뤼테의 속셈이 무엇이었을까? 허리띠는 넘겨주어봐야 오래지 않아 다시 자기 허리로 넘어올 것이라는 가늠이었다. 아마존 땅에

**아마존 여왕을 죽이는 헤라클레스**
시칠리에 있는 헤라 신전의 벽면 돋을새김. 헤라클레스가 왼발로 여왕의 오른발을 밟고 있다.

클라뮈스(남자 겉옷)를 걸치고 들어온 사내치고 온전히 걸어 나간 사내가 없었기 때문이다.

악마구리 같다던 아마존과 일전을 각오해도 단단히 각오하고 상륙한 헤라클레스 일행은 아마존의 환대를 받고 보니 아닌 게 아니라 도끼실 하는 네 사러다가 떡 치는 데 간 형국이었다.

원래 이런 꼴을 눈 뜨고 못 보는 헤라 여신이 이 꼴을 보았으니 그냥 있었을 리 없다. 헤라 여신은, 비록 그게 아레스의 족속들이 하는 짓이라고는 하나, 가정과 혼약의 수호 여신인지라 그냥 보고 있을 수 없었다. 더구나 아마존과의 싸움에서 피투성이가 되어 있어야 할 헤라클레스가 히폴뤼테와 땀투성이가 되어 놀아나고 있었으니. 헤라 여신은 살그머니 아마존 왕국으로 내려와 아마존으로 둔갑하고는 유언비어를 뿌리고 다녔다.

"우리네가 지금 씨를 받느라고 해 뜨고 해 지는 줄 모르는데, 이러고 있을 때가 아니다. 이번에 상륙한 자들은 여왕의 허리띠를 빌리러 온 게 아니라 우리네 씨를 말리려고 온 자들이다. 그 두목 헤라클레스가 누군지 아느냐? 우리 아마존의 선조이신 아레스 신이 얼마나 그자를 벼르고 있는지 아느냐? 아레스 신이 보내신 스팀팔로스늪의 거룩한 새 떼를 죽이고 쫓고 한 자다. 아레스 신의 아드님이신 디오메데스를 죽여 암말에게 먹인 자다."

아마존이 하나둘씩 칼을 들고 나왔다. 처음에는 사내를 차지하지 못한 아마존만 나왔으나 오래지 않아 신방에 들었던 아마존들도 칼이나 창을 들고, 사랑의 피로에서 미처 깨어나지 못한 원정대원들을 찍어 죽였다.

아마존과 원정대원 사이에 싸움이 시작되었다. 원정대원들은 테미스퀴라 항구 쪽으로 몸을 피하며 싸웠고, 아마존은 항구를 봉쇄하고 멀리서 이들을 포위한 뒤 하늘이 거뭇하게 보일 정도로 활질을 했다. 숨을 잘못 쉬었다가는 화살이 하나쯤 목구멍 속으로 빨려들 것 같은 형국이 었다. 농담하기 좋아하는 사람들은 "원정대원들은 화살 그늘에서 싸워야 했다"라고 했을 법하다.

헤라클레스는 히폴뤼테에게 속은 줄만 알고 생나무를 뿌리째 뽑아 신전 기둥 같은 몽둥이를 만들며 이를 갈았다.

"선한 신의 전당인 줄 알았더니 악마의 사당이었구나. 내가 어쩌다 히폴뤼테에게 귀를 빌려주고 악마의 꼬리를 잡았을꼬? 오냐, 너

**부상당한 아마존**
고대 그리스 조각가 페이디아스의 작품을 모방한 로마 시대 대리석상.

를 믿을 때 내게는 악마를 믿어보자는 심사 또한 없지 않았다."

 히폴뤼테 여왕 역시 헤라클레스에게 속은 줄만 알고 입으로는 활을 쏘아대는 아마존을 독려하면서도 눈으로는 눈물을 뿌렸다.

 "나는 헤라클레스의 마음 너비기 어깨너비는 되는 줄 알았다. 내가 어쩌다 저들의 칼을 믿고 내 칼을 칼집에 꽂았던고."

 그러나 헤라클레스는 이미 저 아레스의 허리띠를 매고 있었다. 이제 히폴뤼테의 아마존은 헤라클레스 일행을 이길 수 없었다.

 헤라클레스는 생나무 몽둥이로 히폴뤼테와 무수한 아마존을 때려죽이고는 다시 트로이아 쪽으로 배를 돌리고 닻을 올렸다. 그는 헤

**아마존 여왕 펜테실레이아를 죽이는 아킬레우스**
아킬레우스는 여왕을 죽인 뒤 눈물로 며칠을 보냈다고 한다.

라 여신의 농간으로 일이 그 지경에 이른 줄도 모르고, 제 손으로 죽인 아내 메가라와, 며칠간이나마 정분을 나누다 역시 제 손으로 때려 죽인 히폴뤼테 여왕을 생각하느라고 사흘간 먹는 것 마시는 것을 입에 대지 않았다.

참으로 묘한 일이다. 여인들만 산다는 '여인국' 전설은 그리스 신화에만 나오는 것이 아니다. 중국 소설 『서유기』에도 여인국 전설이 등장한다. 그 시절을 그리워하고 있는 것일까?

여인국 아마존과 싸운 영웅은 헤라클레스뿐만이 아니다. 트로이아의 전쟁 영웅 아킬레우스도 아마존 여왕을 죽이고는 헤라클레스처럼 사흘간 먹는 것 마시는 것을 입에 대지 않았다. 테세우스는 아마존 여왕을 사로잡아 아내로 삼기까지 했다.

  여성이 사회의 중심 세력이던 모계사회에서, 뱃속에서 자라는 아기의 아버지가 누구인지 확실하게 아는 사람은 그 아기의 어머니뿐이었다. 남성들은 이것을 복수하고 싶었던 것일까?

# 트로이아의 먹구름

 헤라클레스는, 트라키아 땅으로 원정할 때와는 달리 이 아마존 원정 때에는 배를 여섯 척이나 마련하고 원정대원도 여러 명 뽑았다. 이 원정 중에 헤라클레스가 맨 먼저 들른 도시는 일리온, 즉 트로이아였다.

 트로이아. '트로이아의 목마'로 유명한 이 나라 이름, 들을 때마다 피비린내와 연기 냄새가 풍긴다. 헤라클레스 시절에도 그랬다. 까닭? 간단하다. 헬라스 본토 사람들이 나날이 강성해지는 이 나라를 좋게 보지 않았기 때문이다.

 헤라클레스가 트로이아에서 품삯 때문에 한차례 곤욕을 치른 것은 아마존의 나라에 도착하기 전의 일이다. 다시 트로이아로 들이닥쳐 이 나라를 분탕질한 것은 아마존 여왕을 죽인 뒤의 일이다. 하지만 독자들이 헷갈릴까 봐 한 줄거리로 묶었다.

 헤라클레스가 이 트로이아 인근의 소아시아 지방에서 처녀 아우게를 만난 것도 아마존의 나라에 도착하기 전의 일이다. 그는 아우게와 오래 함께 사랑할 수는 없었다. 아마존의 나라로 떠나야 했기 때문이다.

 헤라클레스가 떠난 뒤에야 처녀의 아버지는 딸이 헤라클레스의 아기를 가진 것을 알았던 모양이다. 딸의 몸에서 아들이 태어나자 아버지는 아기를 산에다 버리게 했다. 수많은 영웅이 그랬듯이, 헤라클레스 자신이 그랬듯이, 아들 역시 갓난아기 때 버려진 것이다. 아기는 산속에서 굶어 죽고 말 것인가?

 아기는 죽지 않았다. 갓 새끼를 낳은 암사슴이 아기에게 젖을 나누어 준 것이다. 산에서 양을 치던 목동들은 암사슴의 젖을 먹는 이 아

**아들 텔레포스를 안고 있는 헤라클레스**
사슴이 아기를 바라보고 있다. 파리 루브르 박물관.

기를 '텔레포스'라고 불렀다. '암사슴 젖'이라는 뜻이란다.

헤라클레스가 상륙했을 당시 트로이아의 백성들은 전염병과 바다 괴물의 횡포로 엄청난 고통을 겪고 있었다.

헤라클레스가 만난 트로이아의 한 충신은, 백성들이 전염병과 바다 괴물에 시달리는 까닭이 왕에게 있다면서 헤라클레스에게 물었다.

"아폴론 신과 포세이돈 신께서 우리 트로이아에 귀양 오신 적이 있다는 이야기, 장군께서는 혹시 들어보셨는지요?"

"나는 반평생을 괴물이나 사로잡거나 죽이는 데 보내었어요. 신들 소식에 밝을 리 없지요."

"그러면 제가 들려드리지요. 제우스 신께서는 인간 세상의 아름다

**아르카디아의 헤라클레스와 텔레포스**
기원전 2세기의 벽화. 왼쪽 아래로 암사슴의 젖을 빠는 아기 텔레포스가 보인다. 이 그림을 그린 화가는 헤라클레스가 아르카디아 지방의 테게이아에서 처녀 아우게를 만났다는 아폴로도로스의 주장을 지지하는 모양이다.

운 여성을 몹시 밝히신다는 것은 아시겠지요?"

 헤라클레스가 모를 리 있겠는가? 인간 세상의 아름다운 여성의 몸에서 태어난 제우스의 핏줄 헤라클레스가 모를 리 있겠는가? 하지만 헤라클레스는 아는 척도 하지 않고 그 충신의 말에 귀를 기울였다.

 "제우스 신께서 자꾸 이러시니까 어느 해 헤라 여신이 가죽끈으로 제우스 신을 꽁꽁 동여매신 적이 있습니다. 헤라 여신 혼자서 제우스 신을 묶었던 것은 아닙니다. 아폴론 신과 포세이돈 신의 힘을 빌렸다고 하지요. 신들의 세상에서 일어난 일이라 내막을 자세히는 알지 못합니다만, 제우스 신도 이치의 여신 테미스의 도움을 받고서야 가죽끈에서 풀려났다고 하지요. 제우스 신, 성미가 불같은 분 아닙니까? 분노가 하늘 끝, 땅끝까지 이르도록 오른 제우스 신께서는 아폴론 신과 포세이돈 신을 인간 세상으로 귀양 보내게 됩니다. 두 분이 오신 곳이 바로 이 트로이아랍니다. 아, 물론 인간의 모습을 하고 오셨지요.

 우리 라오메돈왕께서는 이 두 분을 여느 인간인 줄로 아시고, 아폴론 신께는 이나산에서 양을 치게 하시고 포세이돈 신께는 트로이아 성을 쌓게 하셨지요. 이때 두 분 신께서는 귀양 온 신들이라는 신분을 감추신 채 라오메돈왕께 품삯을 요구했더랍니다."

 아우게이아스왕의 외양간에 '위장 취업'했던 경험이 있는 헤라클레스가 사정이 어떻게 돌아갔는지 모를 리 있겠는가?

 "그 말씀은 더 하지 마시오. 나 역시 두 분 신의 흉내를 내느라고 신분을 감추고 일한 뒤 품삯 달라고 손을 벌렸다가 욕을 본 적이 있소. 라오메돈왕 역시 그 품삯을 주지 않았을 테지요."

"품삯이 다 무엇입니까? 두 분 신들의 손발을 묶고는, 다른 나라로 팔아버리겠다, 종살이한 표적으로 귀를 잘라버리겠다, 한 분더러는 화살받이가 되게 하겠다, 또 한 분더러는 고기밥이 되게 하겠다는 등 별별 위협을 다 하셨지요. 궁술의 신이신 아폴론 신을 화살받이로 세우겠다느니, 해신이신 포세이돈 신께 고기밥이 되게 하겠다고 했으니 이게 어디 당한 일입니까?"

"두 분 신은, 헤라클레스가 외양간 치운 품삯을 떼어먹은 아우게이아스왕을 벼르듯 했겠군요."

"결국 일이 벌어지고 말았습니다. 얼마 전부터 땅에서는 정체 모를 전염병이 창궐하고, 바닷가에서는 본 적도 들은 적도 없는 거대한 바다 괴물이 나타나 군함과 어선을 가리지 않고 뒤엎어버리는 지경에 이르렀습니다."

"헤라클레스가 아우게이아스를 베어 죽이고 간신 레프레우스를 때려 죽였듯이, 이 두 분 신 역시 품삯 못 받은 심사를 주먹질로 달래시는 것이군요."

"그렇습니다. 그런데 일전에 델포이에서 왔다는 한 아폴론 신전의 신관이 다녀가면서 이러시더이다.

'라오메돈왕이 닭 잡아 겪을 손을 소 잡아 겪게 될 모양이구나. 전염병을 보내신 이는 아폴론이고, 바다의 괴물 보내신 이는 포세이돈이다. 전염병과 바다 괴물의 고삐를 잡을 수 있는 길은 헤시오네 공주를 산 제물로 제사를 드리는 길뿐이다.'

이 일을 어찌해야 좋을는지요? 내일이 바로 그 신관이 택일한 날인데 이를 어찌해야 좋을지, 나라 안에는 아는 이가 없습니다."

"라오메돈왕을 만나게 하시오. 바다의 괴물로부터 안드로메다를 구한 페르세우스처럼, 포세이돈의 바다 괴물로부터 헤시오네 공주를 구할 자가 트로이아에 와 있다고 전하시오."

라오메돈왕은 폭군에 가까웠지만, 폭군이든 선군이든 직심으로 섬기는 것을 신하 된 도리로 아는 이 충신이 라오메돈왕에게 이 말을 전했다. 라오메돈왕으로서는 폭풍우 휘몰아치는 판에 피선할 항구를 고를 계제가 아니었다. 바로 헤라클레스를 불러 괴어를 무찌르고 역질을 가라앉힐 계교를 물었다.

라오메돈왕을 보고 있자니 자꾸 아우게이아스왕이 생각났던 헤라클레스는 약을 올려주고 싶었다.

"나는 책략을 쓰는 사람이 아니오만, 신관에게 맡긴 아폴론 신의 뜻을 듣건대, 두 분 신이 노리는 것은 헤시오네 공주인 듯합니다. 헤시오네 공주를 희생시켜 왕국을 지키시지요?"

라오메돈왕이 버럭 화를 낸 것은 물론이다.

"책략을 쓰는 사람이 아니라더니 빈말이 아니었구나. 내가 그대를 부른 것은 내 딸 헤시오네와 내 왕국의 백성을 함께 살리기 위함이지 내 딸 헤시오네를 던져 내 왕국의 백성을 구하자는 뜻에서가 아니지 않은가?"

"그러면 헤시오네 공주도 살게 하고 백성도 살게 하기 위해 무엇을 던지시겠습니까?"

"품삯 때문에 망조가 든 내 집구석에서 또 품삯 타령이로구나. 그래, 그대가 이 역병과 괴어를 잡으면 트로이아의 보물인 신마를 그대에게 넘기겠다. 그만한 일을 할 수 있는 자라면 신마 탈 자격이 있다고 할 것이다."

신마. 거룩한 말, 신령스러운 말이다.

이 신령스러운 암말이 트로이아로 오게 된 내력은 이렇다.

여신이나 요정이나 인간 세상의 여성을 상대로 난봉질하는 데 싫증이 나던 판에 제우스는 트로이아 평원에서 '절세의 미소년'을 하나 찾아내었다. 바로 트로이아 왕의 아들 가뉘메데스였다.

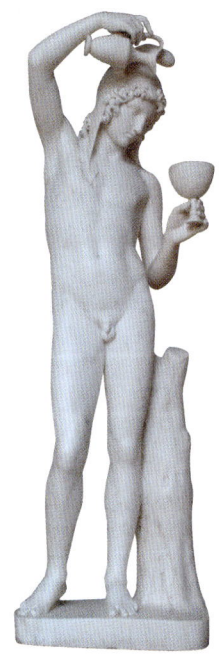

**신들이 마실 술을 따르는 가뉘메데스**
상트페테르부르크 에르미타주 박물관.

제우스 신은 독수리로 둔갑한 뒤 트로이아로 내려와, 바위틈에서 달빛을 받으며 잠을 자는 가뉘메데스를 올륌포스로 데려갔다. 멀쩡한 왕자를 납치한 게 미안했던지 제우스 신은 왕에게 헤르메스를 보내어 황금 포도나무 한 그루와 신령스러운 암말 한 마리(혹은 여러 마리)를 주어 위로하게 했다.

뒷날 제우스는 신들에게 술 따르는 소임을 청춘의 여신 헤베로부터 거두어 가뉘메데스에게 내렸다. 그러고는 다소곳이 신성한 술을

**트로이아의 왕자 가뉘메데스를 납치하는 제우스**
제우스가 독수리로 몸을 바꾸고 미소년 가뉘메데스를 채어 하늘로 올라가고 있다. 페테르 파울 루벤스의 그림.

따르는 가뉘메데스의 모습을 본떠 별자리를 하나 박으니 이 별이 바로 '아쿠아리오스(따르는 자)', 우리가 오늘날 '물병자리' 혹은 '보병궁'이라고 부르는 바로 그 별자리다.

그러니까 라오메돈이 품삯으로 주겠다는 신령스러운 암말은 바로 제우스 신이 내려준 신령스러운 암말이다. 그러나 이 신령스러운 암말은 이미 트로이아를 떠난 지 오래였다. 라오메돈왕이 아폴론과 포세이돈을 속일 당시 이미 그 땅을 떠나 천상의 외양간으로 돌아갔다는 것을 헤라클레스는 알지 못했다.

헤라클레스는 델포이 신관이 택일한 날, 헤시오네 공주와 함께 해변으로 갔다. 그가 헤시오네를 기둥에다 묶어두었다는 주장도 있고, 그냥 세워두었다는 주장도 있다. 옛 그림을 보면 헤시오네가 바다 괴물을 향해 돌을 던지는 것으로 보아 기둥에 묶이지는 않았던 모양이다.

포세이돈이 보낸 바다 괴물이었다고는 하나 휘드라의 독이 묻은 헤라클레스의 화살은 견디지 못했다. 헤라클레스의 화살을 맞은 괴물은 바다를 온통 피거품으로 끓게 하고는 시체가 되어 물 위로 떠올랐다.

그러나 라오메돈에게는 헤라클레스에게, 약속했던 신령스러운 암말을 줄 마음이 없었다. 물론 줄 신령스러운 암말도 없었다.

헤라클레스는 원정대를 이끌고 아마존 왕국을 바라고 트로이아를 떠나면서 이제는 이름조차 회멸되고만 그 충직한 라오메돈의 신하에게 이런 말을 남겼다.

"나는 버르장머리 없는 왕들에 대해 조금 알고 있소. 내가 라오메돈왕과 품삯을 정할 때 증인을 세우지 않은 것은, 증인을 세워봐야 달라질 것이 없다는 것을 경험으로 알았기 때문이오. 내가 신령스러운 암말을 요구하지 않는 것은, 아폴론 신이나 포세이돈이 못 고친 라오메돈의 버르장머리를 내가 고칠 수 없다는 것을 잘 알았기 때문이오. 트로이아는 오늘 아폴론과 포세이돈의 저주에서 벗어났소. 이는 마침 트로이아에 헤라클레스가 있었기 때문이오. 그러나 트로이아는 곧 이 헤라클레스의 몽둥이에 폐허가 될 것이오.

 그러니 그대는 이 왕국을 떠나세요. 악법을 따르는 시민은 선한 시민이 아니고, 폭군을 따르는 신하는 충신이 아니오. 폭군과 성군에게 두루 꼬리를 흔드는 것은 개밖에 없어요. 라오메돈을 섬기다 내 몽둥이에 피를 묻히는 일은 그대같이 분별 있는 자가 취할 바가 아니오. 내가 그대라면, 헤라클레스가 다시 오기 전에 의로운 자를 하나라도 더 데리고 이 트로이아를 빠져나갈 것이오."

 아마존 왕국으로 떠나면서 이렇게 말했던 헤라클레스가 다시 트로이아에 나타났다. 떠날 때 직언하는 충신에게 약속했던 대로 그는 트로이아성을 깨뜨렸다. 그러나 성을 깨뜨리고 먼저 라오메돈의 왕궁을 점령한 장수는 헤라클레스가 아니라 원정대의 일원인 텔라몬이었다.

 체면을 몹시 상한 헤라클레스는 그 성미를 누르지 못하고 부하들을 보내어 텔라몬을 잡아오게 했다. 얼마 후 부하 하나가 달려와서 말했다.

"텔라몬 장군께서는 왕궁 앞에다 돌단을 쌓으면서 오히려 장군을 뵙고 싶어 합니다."

텔라몬은 용맹스러운 장수이나 능히 '지장'으로 불릴 만했고, 약고 꾀가 많되 능히 지혜롭다는 말도 들을 수 있는 사람이었다. 그는 자기가 헤라클레스를 앞질러 왕궁 앞까지 왔다는 것을 알고는 헤라클레스와 맞닥뜨리는 시간을 늦추고 있었던 것이다.

헤라클레스가 칼을 뽑아 든 채로 달려가, 만나자고 한 까닭을 물었다.

텔라몬이 한 얼굴 가득하게 웃으면서 대답했다.

"장군께서 오늘 깨뜨린 이 성은 포세이돈 신이 라오메돈에게 쌓아 준 성이요, 제가 지금 쌓는 돌단은 그 성을 깨뜨린 장군의 영광을 찬양하는 돌단입니다."

"'헤라클레스(헤라의 영광)'가 있을 뿐, '헤라클레스의 영광' 같은 것은 빛나지 않을 것이네."

헤라클레스가 부끄러워서 잔뜩 붉어진 얼굴을 돌리며 퉁명스럽게 내뱉었다.

트로이아가 함락되고 논공행상을 시작하자, 헤라클레스는 자기 손으로 바다 괴물로부터 구해낸, 따라서 자기 차지가 되어야 마땅할 헤시오네를 텔라몬과 짝지어주었다. 텔라몬에게 먹었던 어리석은 마음에 대한 미안풀이를 그렇게라도 하고 싶었던 것이다. 이어서 헤라클레스가 헤시오네에게 물었다.

"나는 연전에 아우게이아스왕의 외양간을 치워주고도 그 품삯을 받지 못하였다. 그래서 나는 그 목숨을 받았다. 신들은 이 성을 쌓아 주고도 라오메돈으로부터 품삯을 받지 못했다. 그래서 신들은 전염병과 바다 괴물로 수많은 트로이아 백성의 목숨을 받았으나 아직도 품삯 셈은 끝나지 않았다. 나는 라오메돈을 위해 그대를 구하고도 왕이 약속한 품삯을 받지 못했다. 그래서 이제 왕의 목숨을 받으려 한다. 신들을 대신해서 라오메돈 피붙이 목숨은 하나도 남김없이 받으려 한다.

그러나 내가 이미 그대를 텔라몬의 손에 붙인 이상, 그대 목숨을 받을 권리가 이제 나에게는 없다. 그대에게는 이제 내게서 왕가의 목숨을 살 권리가 있다. 많이는 팔 수 없다. 한 사람의 목숨만은 그대와 텔라몬을 위해 팔기로 하겠다. 그대가 머리에 쓰고 있는, 그 금실로 짠 너울로 누구의 목숨을 사겠느냐?"

바다 괴물을 향해 활을 쏘는 헤라클레스와 그 곁에서 돌을 던지는 헤시오네
기원전 6세기 항아리 그림. 보스턴 미술관.

헤라클레스의 물음에 헤시오네는 대답하지 못했다. 텔라몬이 살며시 헤시오네의 머리에서 너울을 벗기면서 턱으로 라오메돈의 막내 왕자 포다르케스를 가리켰다.

헤라클레스가 이 남매만을 남겨놓고 라오메돈 일가는 하나 남김없이 박살하니 헤시오네가 흐느끼면서 포다르케스에게 속삭였다.

"프리아마이(내가 너를 샀구나)."

이 막내는 이때부터 '프리아모스'라고 불린다. 노년에 또 한 번 트로이아가 잿더미가 되는 꼴을 보는 박복한 왕 프리아모스가 바로 이 사람이다. 트로이아가 또 한 번 잿더미가 되는 날, 헤라클레스의 활이 결정적인 역할을 하게 된다는 것은 헤라클레스 자신도, 프리아모스 왕자도 알지 못했을 것이다.

## 제 갈고리에 코 꿰인 자들

아르고스 왕이 헤라클레스에게 열 번째로 지운 과업은, 오케아노스 서쪽 끄트머리에 있다는 섬 에뤼테이아로 건너가 게뤼오네스의 붉은 소 떼를 몰고 오는 일이었다.

에뤼테이아……. 이름을 입에 올리기는 간단하다. 천성 올륌포스나 저승 하데스의 땅을 입에 올리기는 간단하다. 그러나 당시 이 섬이 어디에 있는지 아는 이는 오직 신들뿐이었다.

헤라클레스는 에뤼테이아섬을 찾아 북아프리카까지 내려갔다. 아마손의 땅으로 갈 때와는 달리 단신으로 리뷔아까지 내려간 헤라클레스는 이라스라는 작은 도성 앞에서 한 떼의 나그네들을 만났다. 나그네들은 기진맥진해 있는데도 이라스 도성에 들어가 빈 양피 부대에 물 채울 생각을 않고 도성 앞에서 웅성거리는 참이었다.

헤라클레스가 이를 이상하게 여겨 그 까닭을 물었다. 나그네들의 우두머리인 듯한 자가 대답했다.

"이 이라스의 왕 안타이오스는 거인이자 씨름의 명수로 인근 사막지대에 소문이 널리 나 있는 자입니다. 누구든 이자에게 걸리면 씨름 상대가 되어야 합니다."

"하면, 겨루어볼 일이지 어째서 도성 앞에서 이렇게 웅성거리고 있는 것이오? 갈라 터진 입술로 사막을 지나다 보면 죽는 수가 있으나, 씨름 재간이 모자라 죽었다는 사람 이야기는 내가 들어본 적이 없소."

"장사님도 나그네이신 모양이군요. 까닭을 아시면 장사님도 도성 앞을 그냥 지나칠 것입니다. 안타이오스는 나그네에게 씨름을 걸되, 이기면 물을 주어 보내거니와 지면 그 자리에서 죽여버리는 흉악한 자입니다. 하지만 물을 얻은 자가 아직 없으니 우리가 두려워할 수밖에요."

안타이오스를 들어올리는 헤라클레스

"듣고 보니 일리가 있군요."

헤라클레스는 고개를 끄덕였다.

그렇다. '안타이오스'라는 이름은 예사 이름이 아니다. 망령을 조종하는 무서운 저승의 여신이자 나그네의 항해를 돌보아주는 헤카테(빛을 멀리 던지는 여신)의 별명이 바로 '안타이오스'가 아니던가.

헤라클레스가 웃으며 손가락뼈를 우두둑 소리가 나게 꺾어 보이자 나그네가 말을 이었다.

"장사님이 누구신지 저희는 알지 못합니다만 물값을 너무 비싸게 물지는 마십시오. 목 타는 놈이 바가지 근심하겠느냐고 하실지 모르겠습니다만, 여태껏 안타이오스와 씨름 재간을 겨루어 이긴 장사가 없습니다. 멀리 던져버리는데도 살아나는 재간이 어디 씨름 재간만으로야 되는 일입니까? 따라서 안타이오스를 만나 살아남은 장사는 하나도 없는 것이지요."

헤라클레스가 나그네와 이런 수작을 하고 있는데 도성 안에서 안타이오스의 부하들이 우르르 몰려나왔다. 나그네들은 혼비백산하여 도망가고 헤라클레스만 그 도성 안으로 붙들려 들어갔다. 안타이오스는, 네메아 사자 가죽을 뒤집어쓰고 다니는 이 기묘한 헤라클레스의 차림새를 보고 물었다.

"너는 어디에서 온 자이며 그 사자 가죽은 어디에서 도적질하였느냐?"

헤라클레스가, 실장정 키의 갑절은 되어 보이는 안타이오스를 올려다보며 대답했다.

"나는 펠로폰네소스 반도 아르고스에서 온 자이며 이 사자 가죽은 네메아산에서 내 손으로 때려잡고 내 손으로 벗긴 가죽이다."

"이놈이 까치 뱃바닥 같은 흰소리를 일쑤 하는구나. 그 반도에 사자 있다는 소리를 나는 아직 듣지 못했다."

"내 손으로 두 마리나 잡아버렸으니 없는 게 당연하지 않겠느냐?"

"네가 사자를 이겼다면 나를 이길 수 있겠구나."

"안타이오스여, 비로소 오늘 네가 임자를 만났다."

이윽고 씨름 겨루기가 시작되었다.

**안타이오스와 씨름하는 헤라클레스**
기원전 6세기의 항아리와 15세기 이탈리아 화가 안토니오 델 폴라이올로의 그림. 신화 속 이미지가 예술가에 의해 재창조되는 것을 보라. 신화의 비밀이기도 하고 예술의 승리이기도 하다.

그런데 참으로 이상한 일이 벌어지기 시작했다.

안타이오스는 헤라클레스를 멀리 집어던지려고 어깨 위로 들어올리려다 말고 그대로 엉덩이로 대지를 찧으며 쓰러졌다.

"네가 어째서 이렇게 무거우냐? 산을 드는 것 같다."

헤라클레스가 응수했다.

"네가 나를 들지 못하는 까닭을 일러주마. 네가 혹은 집어던지고 혹은 패대기쳐 죽인 저 필멸의 인간들이 지는 기쁨과 슬픔과 고통과 분노가 다 내 한 몸에 실려 있다. 어찌 산의 무게와 견주겠느냐?"

이상한 일은 그것뿐만이 아니었다. 안타이오스는 헤라클레스를 들지 못했지만 헤라클레스는 여러 차례 이 안타이오스를 집어던질 수가 있었다. 그러나 안타이오스는 대지에 널브러질 때마다 새로운 힘으로 일어났다. 이러니 씨름의 승부가 가려질 리 없었다.

비록 헤라클레스를 들지 못한 채 무수히 대지에 던져졌다고는 하나 안타이오스의 힘은 대지에 던져질 때마다 늘어가고 있었다. 따라서 겨루는 동안이 길어질수록 헤라클레스에게 불리하게 되는 셈이었다.

해가 지자 안타이오스는 승부를 다음 날로 미루자면서 헤라클레스에게 잘 곳을 마련해주고 심부름하는 청년까지 하나 붙여주었다.

그런데 이 심부름하는 청년이 마침 안타이오스와 씨름 재간에 걸려 목숨을 잃은 씨름꾼의 아들이었다. 청년이 헤라클레스에게 한밤중에 이런 말을 했다.

"장군님께서는 사람이 지는 기쁨과 슬픔과 고통과 분노를 대신 지고 다니신다니 말씀드리지요. 안타이오스가 장군님을 머리 위로 들어 올리지 못하는 걸 보았으니 말씀드리지요. 저는 안타이오스 손에 목숨을 잃은 씨름꾼의 아들입니다. 저 역시 지금 이곳에서 씨름을 배우고 있습니다. 여기에는 씨름을 배우는 청년이 많습니다. 오래지 않아 안타이오스 왕의 손에 죽임을 당할 목숨들이지요. 제가 안타이오스를 꺾을 비결을 일러드릴 터인즉, 부디 저 손에 죽은 자들의 눈을 감게 하소서.

안타이오스는 대지의 여신 가이아의 아들입니다. 대지에 발을 붙이고 있는 한 아무도 저자를 이길 수 없습니다. 저자는 엉덩이를 땅에 붙일 때마다 가이아의 기운을 얻습니다. 그러나 씨름으로 겨루시되 그 발을 대지에서 떨어지게 한 연후에 기술을 쓰시면 능히 제압할 수 있습니다. 저희는 씨름을 배우고 있습니다만, 저자의 발을 대지에서 떨어지게 할 장사가 저희 안에는 없습니다."

이 청년의 말을 좇아 헤라클레스는 다음 날 안타이오스를 들어 어깨 위에 올려놓은 채 허리를 꺾어 죽였다.

이라스를 떠난 헤라클레스는 아이귑토스(이집트)로 내려갔다. 이 아이귑토스에서 그는 안타이오스 못지않게 흉악한 자를 또 하나 만났다. 부시리스왕이 바로 그자다.

당시 부시리스왕은 네일로스(나일강) 삼각주의 부시리스 왕국을 지

**부시리스를 잡도리하는 헤라클레스**
부시리스와 그 신하들의 복장이 그리스 본토의 것과는 확연히 다르다. 기원전 5세기 항아리 그림.

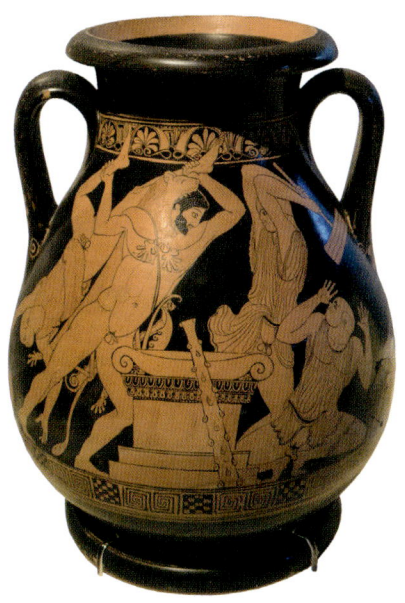

배하고 있었다. 부시리스는 원래 해신 포세이돈과 요정 아니페의 아들이다. 이자가 아이귑토스로 건너가 멤피스 부근에다 부시리스라는 나라를 세웠는데 어찌 된 영문인지 나라에 가뭄이 들어 9년이나 계속되었다.

부시리스는 퀴프로스섬에서 용한 점쟁이 프라시오스를 불러다 비를 내리게 할 묘방을 물었다. 퀴프로스 점쟁이는 다음과 같이 점괘를 말했다.

"바다의 신, 물의 신의 아드님이 비를 얻지 못하는 데는 까닭이 있습니다. 전하께서 '바르바로스'이기 때문이지요."

"그렇다고 내가 이 나라를 떠날 수야 있느냐. 어떻게 하면 이 9년 가뭄을 다스릴 수 있겠느냐?"

"산 사람을 제우스 신께 제물로 바치셨군요. 이제부터는 '바르바로스'를 죽음의 신 오시리스께 바치십시오. 아이귑토스 땅에서는 아이귑토스 신께 제물을 드리셔야 합니다."

'바르바로스'라는 말은 '군지렁군지렁거린다'는 뜻이다. 원래 그리스 사람들이 '이방인'을 지칭하면서 쓰던 말이다. 영어의 '바베리언(이방인)'도 여기에서 나온 말이다.

아이귑토스 땅에서도 아이귑토스 사람이 알아듣지 못할 말로 군지렁거리는 사람은 '이방인'이었다. 점쟁이 프라시오스는 따라서 '이방인'인 부시리스왕에게, '이방인'을 제물로 바치되 산 제물로 바치라고 한 것이다.

그 말을 들은 부시리스가 호령했다.

"이 점쟁이를 묶어 제사 드릴 차비를 하라."

점쟁이가 대경실색하고 까닭을 물었다.

"네가 바로 퀴프로스에서 온 '바르바로스'가 아니냐? 네가 비를 빌어 주러 여기까지 왔으니 이제 네 소원은 이루어지는 것이다."

이로부터 부시리스는 해마다 죄 없는 바르바로스 한 사람씩을 오시리스의 제단 앞에서 죽여 그 피로 제사를 드렸다.

이라스에서 아이귑토스로 흘러들었던 헤라클레스 역시 이방인 제물로 붙잡혀 이 부시리스왕 앞에 서는 신세가 되었다. 헤라클레스는 영문을 모르는 채 쇠사슬에 묶여 왔다가 그 까닭을 알고는 사슬을 터뜨린 뒤 꾸짖었다.

"새가 제 깃털로 궁깃을 만든 화살에 죽는 줄을 모르느냐? 네가 오늘 네 갈고리에 네 코를 꿰였다."

헤라클레스는 터뜨린 쇠사슬로 되려 이방인인 부시리스와 그 자식 여러 놈을 묶어 오시리스 신에게 제물로 바쳤다. 산 제물 여럿에 오시리스 신이 기뻐했음인가? 아이귑토스 땅에 비가 어찌나 많이 왔던지 물이 불어 네일로스(나일강)가 다 범람했다.

## 게뤼오네스, 임자 만나다

 헤라클레스는 에뤼테이아섬을 찾아 방랑을 계속하여 지금 스페인의 타르테소스와 모로코의 탕헤르 사이에다 산 하나를 둘로 쪼개어, 헬라스 땅 사람으로는 일찍이 다녀간 적이 없는 이곳에다 기념비를 세우니, 지금 '헤라클레스의 기둥'이라고 불리는 지브롤터해협 양쪽의 칼페산과 아빌라산이 바로 이것이다.
 헤라클레스는 지금의 스페인에 해당하는 그곳을 땅끝이라고 믿었던 모양이다. 옛날 헬라스 사람들은 이 헤라클레스의 기둥이 '사람 살 수 있는 땅'과 '사람 살 수 없는 땅'의 경계에 있다고 믿었다. 그러니까 헤라클레스의 기둥 저쪽의 땅은 사람이 살 수 없으니 땅도 아니었던 셈이다. 헤라클레스는 소싯적에 이미 따갑게 내리쪼이는 햇볕에 역정을 내며 태양 마차에 화살을 겨눈 바 있는 자다. 산을 쪼개어 해협 양편에다 기념비를 세우자니 얼마나 햇볕이 짜증스러웠겠는가?
 헤라클레스는 이번에는 정말 헬리오스의 태양 마차를 겨누고 연

달아 화살 두 대를 날렸다. 이 화살 두 대가 헬리오스의 왼쪽 가슴에 명중했다고 하는 순진한 이가 있지만 그럴 리가 없다. 조금만 고도를 떨어뜨려도 리뷔아를 사막으로 만들 수 있는 그 태양 마차 앞에서 화살이 타지 않았을 리 없다. 뿐인가? 헤라클레스의 화살에는 저 불사신 케이론까지 죽인 휘드라의 독이 묻어 있다. 헬리오스인들 맞았다면 무사할 리 없다.

 헬리오스가 앙심을 품었더라면, 그래서 헤라클레스를 태워 죽이려고 했더라면 태양 마차의 고도를 조금 떨어뜨리는 것으로 넉넉했으리라. 그러나 헬리오스는 이 우직한 영웅이 제우스의 아들임을 알고 있었다. 제우스 대신의 아들이라 차마 벌할 수 없어서 그랬던지, 아니면 이 우직한 영웅의 가당찮은 짓이 우스워서 그랬던지 잠깐 마차를 세우고는 헤라클레스에게 물었다.

 "인간의 몸에서 태어난 제우스의 아들이여, 너에게 무슨 일이 있어서 이 먼 땅에서 내가 너를 만나느냐?"

 "오케아노스 저쪽 에뤼테이아섬에 있다는 붉은 소를 잡으러 가는 길이오."

 "에뤼테이아섬으로 간다면서 왜 여기에서 헤매느냐?"

 "에뤼테이아섬이 어디에 있는지 아는 자가 없소."

 "그럴 줄 알았다. 내가 일러주겠다. 이 태양 마차가 어디로 떨어지느냐?"

 "오케아노스 저쪽으로 떨어지겠지요?"

 "태양 마차가 떨어질 때 섬이 어떻게 보이더냐?"

**헬리오스의 사발 배를 빌려 타고 대양을 건너는 헤라클레스**
저 조그만 배에 태양 마차와 천마 네 마리가 모두 들어간다니! 로마 바티칸 박물관.

"붉게 보이지요."

"그런데도 에뤼테이아(붉은 섬)가 어디에 있는지 모른다고 하느냐? 붉은 소가 어디에 있는지 모른다고 하느냐?"

"짐작은 했습니다만 소 주인 이름이 게뤼오네스이고, 소몰이 이름이 에우뤼티온인 이치는 아직 헤아리지 못하고 있습니다."

"이 헬리오스의 수레가 지는 곳, 그래서 섬이 핏빛으로 붉게 물드는 땅은 전쟁신 아레스의 영토다. 아레스가 화살에 맞자 1만 전사의 함성을 다 합친 것보다 큰 소리로 고함을 질렀다는 말도 못 들었느냐. 게뤼오네스나 에우뤼티온이나 아레스의 아들이기는 마찬가지다."

"태양신이여, 활 겨눈 것과 활 쏜 것을 용서하시고 길을 일러주십시오."

"인간의 다리 사이에서 태어난 자 중 나에게 화살을 겨눌 수 있는 자는 너 말고는 아직까지 없었고 앞으로도 없을 것이다. 나는 네가 헤라의 시험을 만날 때부터 하도 네가 능히 그 시험을 이길 수 있을 줄 알았다. 내가 너에게 황금 사발 배를 빌려줄 것인즉, 타고 오케아노스(대양)를 건너도록 하여라."

황금 사발 배는 또 무엇인가?

태양신 헬리오스는 매일 아침 태양 수레를 몰고 동쪽에서 하늘로 올라 황도를 달려, 저녁 무렵에는 오케아노스 저쪽에 내린다. 헬리오스가 대양에 잠기면 곧 그 누이 되는 셀레네가 동쪽에서 떠오른다.

다음 날 헬리오스는 다시 동쪽에서 떠올라야 한다. 그러자면 헬리오스는 밤사이에 오케아노스 저쪽에서 동쪽으로 와 있어야 한다. 헬리오스를 서쪽에서 동쪽으로 실어다 주는 배가 바로 황금 사발 배다. 서쪽에서 동쪽으로 헬리오스를 실어다 놓은 사발 배는 다시 서쪽으로 가서 저녁 무렵 헬리오스를 기다린다.

헤라클레스가 이 사발 배에 타자 이번에는 저 티탄족 대양신 오케아노스가 거친 파도를 보내어 그를 시험했다.

"내가 누구인 줄 알면서도 이러시오? 티탄의 시대가 가고 올림포스의 시대가 오래전에 온 것을 알고도 이러시오?"

헤라클레스가 휘드라의 독이 묻은 화살을 시위에 걸며 호령하자 오케아노스가 잠잠해졌다.

이윽고 에뤼테이아에 이른 헤라클레스는 사발 배를 키잡이 신녀에게 돌려주고 아바스산으로 들어가 산중에다 오두막을 얽어 짓고는 여장을 풀었다. 하늘에는 셀레네가 떠올라 대양을 건너가는 헬리오스의 사발 배를 비추고 있었다.

헤라클레스가 사발 배를 타고 오케아노스 동쪽으로 가는 헬리오스를 내려다보고 있는데 그 섬에서 붉은 소 떼를 돌보는 지킴이 개 오르트로스가 살아 있는 사람 냄새를 맡고 산을 올라왔다.

오르트로스는 뱀의 여신이자 화산의 여신 에키드나가 튀폰의 씨를 받아 지어낸 아들이다. 이 에키드나의 자식들은 하나같이 괴악하다. 이미 헤라클레스 손에 죽임을 당한 바 있는 네메아의 사자, 레르네의 휘드라가 그렇고, 이 지킴이 개 오르트로스와 장차 헤라클레스 손에 욕을 단단히 볼 저승의 문지기 케르베로스가 그러하며, 후일 벨레로폰 손에 죽는 키마이라, 오이디푸스로 인하여 목숨을 잃는 스핑크스 역시 마찬가지다.

머리가 둘인 오르트로스는 형제들의 원수를 갚고 싶었겠지만, 머리가 아홉이었던 휘드라도 당하는 판에 오래 견딜 재간이 없었다.

**쫓고 쫓기는 헤라클레스와 에우뤼티온**
헤라클레스가 이 먼 섬까지 말을 타고 갔을 것 같지는 않다. 기원전 6세기의 항아리.

오르토로스의 두 대가리가 헤라클레스의 목을 물자커니, 옆구리를 물자커니, 의논을 채 끝내기도 전에 헤라클레스가 달려들어 올리브 나무 몽둥이로 이를 박살했다.

이어서 목동 중 하나인 에우뤼티온이 달려왔다. 헤라클레스는 휘드라의 독이 묻은 독화살을 쏘아 이 에우뤼티온의 숨통마저 끊어놓았다.

헤라클레스는 밤을 도와, 산에서 풀을 뜯고 있는 붉은 소 떼를 몰고 안테모스강 쪽으로 도망쳤다. 또 하나의 목동 메노이테스가 이 사실을 소 주인 게뤼오네스에게 고했다.

이 게뤼오네스는 사람은 사람이되 두 다리에 몸뚱아리가 셋이나 되는 괴물이다. 몸뚱아리가 셋이니까 머리는 셋이요, 팔은 여섯이다. 다리가 여섯이었다고 전해지기도 한다. 이 여섯 개의 손에다 게뤼오네스는 두 자루의 칼, 두 개의 방패, 두 자루의 창을 들고 싸운다.

게뤼오네스는 전쟁신 아레스의 피붙이인 만큼 당연히 싸움에 능하다. 그러나 정작 그보다 능한 것은 이름 그대로 '고함을 지르는' 일이다. 아레스는 혹 부상을 당하면 군사 1만 명이 지르는 것과 맞먹는 소리로 고함을 지르지만, 이 게뤼오네스는 부상을 당하지 않고도 소리만 지르면 1만 명의 고함이 그 소리에 묻힌다.

헤카톤케이레스 이래로 자취를 감춘 듯하던 다지 괴인, 팔다리가 여러 개인 괴상한 인간인 게뤼오네스가 그 붉은 섬, 헬리오스가 지는 바다의 섬에서 칼춤, 창춤을 추고 있는 한, 이 땅에서는 창칼 부딪치는 소리가 멎지 않는다.

**12장 게뤼오네스의 소 떼를 찾아서**

**괴물 게뤼오네스와 싸우는 헤라클레스**
기원전 6세기 그리스 항아리. 뉴욕 메트로폴리탄 미술관.

 헤라클레스는 이 '고함을 지르는 자'를 상대로 맞고함을 지르다 휘드라의 독화살 세 대를 쏘았다. 게뤼오네스가 방패를 잇대어 살을 막았으나 그것은 여느 싸움꾼이 쏜 화살이 아니었다. 헤라클레스가 쏜 화살이 방패와 이 괴인의 목을 동시에 꿰뚫자 '붉은 섬'도 세상이 비롯되던 시절의 고요를 되찾았다.

 헤라클레스는 소 떼를 몰고 다시 바닷가로 내려왔다. 헬리오스의 사발 배는 어느새 다시 와 있었다. 그러나 배는 헤라클레스와 키잡이 신녀가 타기에도 비좁아 보였다. 헤라클레스가 망설이자 신녀가 나직이 일러주었다.

"씨름의 명수인 안타이오스가 그대를 머리 위로 들어 올리지 못했다는 이야기를 나는 들었습니다. 이는 그대의 육신이 무겁기 때문이 아니요, 그대가 진 짐이 무겁기 때문입니다. 이 사발 배도 이와 같습니다. 이 사발 배는 비록 작게 보이나 작지 않습니다. 이는 이 사발 배가 그대가 헤아릴 수 있는 것만 싣는 배가 아니기 때문입니다."

헤라클레스는 신녀 말대로 사발 배에다 소 떼를 몰아넣었다. 과연 수백 마리를 몰아넣었는데도 술 항아리만 한 사발 배는 오케아노스

**헤라클레스와 카쿠스**
이탈리아의 조각가이자 화가인 바키오 반디넬리의 작품.

에 뜬 채 미동도 하지 않았다.

 헤라클레스는 지중해 연안, 후일 로마 제국이 서는 곳인 티베리스 강변에 이르자 이 사발 배에서 내렸다. 헤라클레스가 상륙한 곳은 아벤티누스 땅이었다. 당시 이 땅의 지배자는 헤파이스토스의 아들이라는 카쿠스였다. 그러나 그 땅 사람들은 헤파이스토스를 '불카누스(화산)'라고 부르면서 카쿠스를 '불카누스의 아들'이라고 했다.

**헤라클레스와 카쿠스가 있는 풍경**
그림 오른쪽의 바위산에 몽둥이를 든 헤라클레스와 쓰러진 카쿠스가 보인다. 거의 평생을 신화와 성경만을 소재로 그림을 그린 프랑스 화가 니콜라 푸생의 작품.

카쿠스는 헤라클레스가 소 떼를 몰고 가다가 산 중턱 길을 지나 산기슭에서 노숙하고 있는 때를 틈타 소 네 마리를 훔쳐 산 중턱에 있는 동굴로 도망쳤다. 헤라클레스가 아침에 일어나 소의 머리 수를 세어보았다. 당연히 네 마리가 빌 수밖에 없었다.

그러나 아무리 찾아보아도 소의 발자국은 보이지 않았다. 산 중턱에서 내려오는 발자국만 있을 뿐이었다. 그럴 수밖에 없었다. 교활한 카쿠스는 소의 꼬리를 잡고 뒤로 끌어 산을 올랐던 것이다.

헤라클레스는 없어진 소가 황소라는 걸 알고는 발정하는 암소를 한 마리 끌고 온 길을 되짚어 산을 올랐다.

**카쿠스를 죽이는 헤라클레스**
16세기 네덜란드 작가 디릭 코른헤르트의 판화.

과연 암소가 울자 큰 바위로 입구가 막혀 있는 동굴에서 황소 울음소리가 들렸다. 헤라클레스가 입구의 바위를 깨뜨리자 카쿠스가 불을 뿜으며 동굴에서 나왔다. 헤라클레스는 저 유명한 '헤라클레스 조르기'로 카쿠스의 목뼈를 부숴버리고 소를 되찾았다.

## 헤라, 마음을 열기 시작하다

 헤라클레스가 가죽 장화같이 생긴 반도 남단에 이르렀을 때의 일이다. 수송아지 한 마리가 갑자기 무리를 벗어나 혼자 해협을 헤엄쳐 시켈리아(시칠리아) 쪽으로 갔다. 이 땅의 말로 수송아지는 '이탈로스(일설에는 비툴루스)'라고 하는데, 이렇게 해서 '이탈리아'라고 하는 땅 이름이 생겨났단다. 그러니까 '이탈리아'라고 하는 오늘날의 이름은 이 붉은 수송아지 때문에 생겨난 이름이라고 한다. 이탈리아인들이 이 '이탈리아'를 나라 이름으로 쓴 것은 겨우 19세기, 이탈리아가 통일되고부터다. 그전에는 뿔뿔이 흩어져 살았다.

 헤라클레스가 먼 길을 돌아 코린토스에 이르렀을 때 이곳에서는 올륌포스 신들과 거인 기간테스와의 전쟁이 한창이었다.

 기간테스가 비록 거인들이라고는 하나 상대는 올륌포스의 신들이었다. 힘을 견주어보아서는 싸움이 오래가야 할 까닭이 없었다. 그러나 실제로는 그렇지 못했다. 헤라 여신이 오른쪽 젖가슴에 화살을 세 개나 맞았고, 전쟁신 아레스가 세 번이나 창에 찔리었으며, 저승

**베를린 페르가몬 박물관의 〈페르가몬 제단〉**
올륌포스 신들과 기간테스 간의 전쟁을 새긴 돋을새김이 무려 140미터나 펼쳐져 있다.

신 하데스가 어깨를 다쳐 의신 파이에온으로부터 치료를 받은 것이 이즈음이다.

기간테스들 중에서도 올륌포스 신들이 가장 상대하기가 까다로운 기간테스는 알퀴오네우스라는 자와 포르퀴리온이라는 자였다. 특히 이 알퀴오네우스라는 자는 어찌나 강한지 제우스 신도 함부로 할 수 없었다고 한다.

이때가 마침 헤라클레스가 코린토스에 와 있을 때였다.

그러나 헤라클레스 역시 알퀴오네우스와 몇 합을 싸워보고는 제우스처럼 질리고 말았던지,

"아틀라스 대신 하늘 들고 있기가 쉽겠다"
하고 고개를 절레절레 흔들었다.

제우스 신이 이치의 여신 테미스를 찾아가 까닭을 물었다. 테미스 여신의 대답은 이러했다.

"힘으로 알퀴오네우스와 겨룬다는 것은 아폴론과 수금 타는 재간을 겨루는 것과 같습니다. 하나, 영생불사하는 신들과 달라서 인간 축에 드는 기간테스에게는 빈 곳이 있습니다. 그 빈 곳을 찾아내어야 합니다.

알퀴오네우스는 팔레네 땅에서 대지의 여신 가이아의 사랑을 받던 자입니다. 이자가 팔레네 땅에 발을 붙이고 있는 한 누구도 힘으

**알퀴오네우스에게 고전하는 아테나 여신**
알퀴오네우스는 결국 헤라클레스의 화살에 목숨을 잃는다.

12장 게뤼오네스의 소 떼를 찾아서

로는 도모할 수 없습니다. 고향 땅에 뿌리박고 있는 자를 누가 당할 수 있겠습니까? 이를 헤라클레스에게 귀띔하세요. 헤라클레스는 땅에 발을 딛고 있는 영웅인 만큼 능히 이길 수 있을 것입니다."

제우스는 제퓌로스(서풍) 편에 이를 헤라클레스에게 전했다.

헤라클레스는 이 알퀴오네우스를 들어 그 고향 땅인 팔레네 밖으로 집어던졌다. 그러고는 한 살에 꿰어 죽이고 소 떼를 몰고 아르고스로 개선했다. 아르고스 왕이 이 소 떼를 헤라 여신에게 바치니, 헤라 여신은 기간테스와의 전쟁이 끝나서 기분이 좋았던지 헤라클레스의 전리품인 줄 알면서도 이를 처음으로 기꺼이 받아들였다.

**전쟁에 참전한 제우스와 헤라클레스**
맨 왼쪽이 헤라클레스, 두 번째가 제우스다.

# 13장
# 머나먼 황금 사과나무

GREEK
AND
ROMAN
MYTHOLOGY

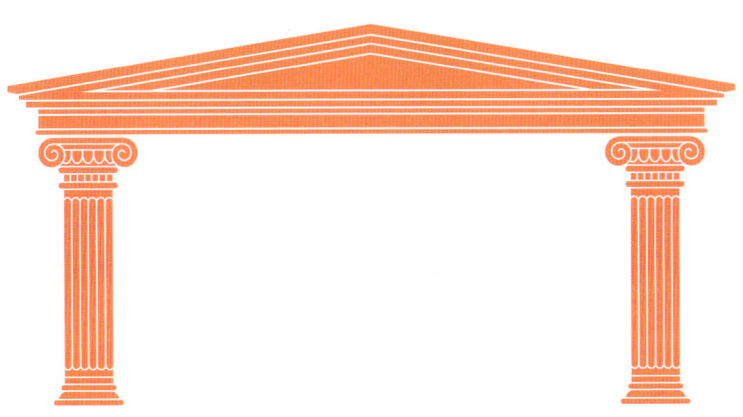

## 강의 요정은 네레우스에게 떠넘기고

아르고스 왕의 마음을 읽어보기는 어렵지 않다.

과업을 수행하다 죽어도 열 번을 거듭 죽어야 했을 헤라클레스가 두 눈을 화등잔같이 뜨고 살아 있다……. 헤라클레스의 꼴을 못 보던 헤라가 드디어 헤라클레스의 전리품을 제물로 흠향했다…….

아르고스 땅을 통틀어 근심거리가 뿌리 뽑혔는데도 왕의 마음은 편하지 않았다. 곽란으로 죽은 말 상(相)을 하고는 요신 코프레우스와 함께 헤라클레스 욕보일 궁리를 하던 아르고스 왕이 드디어 비장의 보도를 뽑았다. 헤라클레스와 헤라 여신을 정면으로 붙여놓는 것이었다.

아르고스 왕이 열한 번째로 헤라클레스에게 맡긴 과업은, "헤스페리데스의 동산을 찾아가 황금 사과를 따오면 이를 헤라 여신께 바치겠다"는 것이었다.

이 황금 사과나무는 헤라 여신이 대지의 여신 가이아로부터 결혼

선물로 받은 것이다. 따라서 헤라 여신의 것이다. 아르고스 왕은 헤라클레스를 시켜 이 황금 사과를 훔치게 하고는, 만에 하나 훔쳐오면 헤라 여신에게 바치겠다는 것이다.

그러나 그 동산은 헤라클레스가 가고 싶다고 해서 함부로 갈 수 있는 땅이 아니다.

뿐인가? 헤라가 앞을 가로막고 있는데 어느 신이 나서서 헤라클레스에게 헤스페리데스의 동산으로 가는 길을 안내할 수 있으랴.

헤스페리데스 자매가 바로 아틀라스의 친족이라는 것만 알고 있

**황금 사과나무를 지키는 헤스페리데스**
뱀이 사과나무를 휘감고 있다. 아마도 세계의 중심을 상징하는 듯하다. 에드워드 번 존스의 그림.

었더라도 헤라클레스는 그렇게 먼 길을 돌아가지 않아도 좋았으리라. 그러나 때로는 먼 길을 돌아가는 영웅이 인간을 지혜롭게 하기도 한다. 보물 창고의 열쇠를 찾으러 수십 년을 방황한 끝에 보물 창고의 상인방에 나 있는 쥐구멍에서 그 열쇠를 찾아내는 영웅처럼. 아니면 문을 열어보고는 창고가 비었음을 알고 오랜 세월의 고생 끝에 그 창고가 곧 보물로 만들어졌음을 아는 영웅처럼.

헤라클레스는 혹 헬리오스의 사발 배를 빌려 타면 헤스페리데스의 동산으로 갈 수 있지 않을까 싶어 그 사발 배에서 내렸던 곳까지 갔다. 말하자면 이탈리아반도의 에리다노스강, 지금은 '포'강이라고 불리는 곳까지 간 것이다.

헤라클레스가 에리다노스강 가에 이르렀을 때 마침 헬리오스가 바다 저쪽으로 떨어진 직후여서 강은 석양에 붉게 물들어 있었고, 밤의 요정들은 그 석양의 강물에 몸을 씻고 더러는 둑으로 오르고, 더러는 헤스페로스(샛별)가 막 나타난 하늘로 오르고 있었다. 헤라클레스는 둑으로 오르는 아름다운 요정 하나를 겨누고 다가가 앞을 막고 물었다.

"헤스페로스(샛별) 아래서 더욱 아름다운 처녀여! 아……."

헤라클레스는 말을 잇지 못했다. 처녀를 찬양하는 수사修辭를 앞세우다 문득 자신이 헤스페리데스(석양의 처녀들, 헤스페로스의 처녀들)의 이름을 부른 줄 알았기 때문이다.

그래서 시인은 이렇게 노래했겠거니.

저 헤스페로스의 아름다운 뜰에서
황금 사과나무를 노래한다.
세 딸과 더불어.


"……혹 헤라 여신의 황금 사과나무를 지키는 신녀가 아닌가요? 나는 헤라클레스(헤라의 영광)……. 헤라 여신이 영광을 크게 드러내시려고 나를 모루에다 얹어놓고 이렇듯 고통을 주신답니다. 나는 헤스페리데스의 동산으로 가야 합니다. 나는 그 동산에 다녀온 적이 있는 것 같습니다만 꿈결에 다녀온 것 같아 그곳이 어느 쪽인지 알지 못합니다. 헤스페로스의 요정이여, 나를 알고 있지요? 그 동산에서 암사슴을 잡아 메고 나오는 헤라클레스를 본 적이 있지요?"

헤스페로스 요정은 헤라클레스를 알고 있었다.

그러나 그 입으로는 동산이 있는 곳을 일러줄 수 없었다.

"헤라클레스 님, 신들과 인간을 통틀어 동산으로 가는 길을 가르쳐주실 수 있는 분은 바다의 노인 네레우스뿐이랍니다. 저희는 가르쳐드릴 수 없습니다. 이것이 저희의 운명이고 네레우스의 운명이랍니다."

"네레우스는 어디에서 만날 수 있습니까?"

"타르테소스강 하구로 가보세요. 황금 사과나무를 심을 때 옆에서 보신 분은 이분뿐입니다. 이분은 그 나무 심는 것을 본 죄로 그 나무를 찾는 자로부터 영원히 도망쳐야 한답니다. 저희는 지키는 요정들이지 범하는 분을 돕는 요정이 아닙니다."

"네레우스라면, 바다의 신 프로테우스처럼 둔갑 장신에 능한 그 바다의 버금 신이 아닌가요?"

"네레우스 신이 동산 있는 곳을 가르쳐주지 않을 방법은 도망치는 길뿐입니다. 헤라클레스 님은 어떻게 하든지 그분을 붙잡되, 그분이 숨기는 것보다 드러내는 쪽이 수월하다고 생각할 때까지 붙잡고 있어야 합니다. 진리를 아는 것도 이와 같고, 영광에 이르는 길도 이와 같습니다."

"나는 진리를 찾는 것이 아니고 헤스페리데스의 동산을 찾고 있어요. 내가 그대를 붙잡되, 숨기는 것보다 드러내는 쪽이 수월하다고 느낄 때까지 붙잡으면 어떻게 하겠어요?"

"헤라클레스 님, 그대는 영생불사하는 신의 아들입니다. 저희 힘으로는 그대를 막을 수 없습니다. 그러나 저희 입으로 그 길을 가르쳐드릴 수도 없습니다. 하늘에는, 비록 아무것도 없는 듯하나 저희가 입 밖에 낸 말 한마디 새어 나갈 데가 없습니다."

### 네레우스는 프로메테우스에게 떠넘기고

헤라클레스는 요정을 놓아주고 타르테소스강 하구에서 바다로 들어갔다.

동산에 황금 사과나무가 심기는 것을 본 영광을 입은 대신, 그 사과나무 있는 곳을 묻는 사람들로부터 영원히 도망쳐야 하는 운명을 부여받은 바다의 버금 신이다? 헤라클레스는 이 말을 몇 차례나 되뇌었다.

헤라클레스가 온 지중해 바닥을 뒤져 찾아낸 뒤 손목을 틀어잡았는데도 네레우스는 해표로도 둔갑하고 돌고래로도 둔갑했다. 헤라클레스는 손목을 놓지 않았다. 네레우스는 물뱀으로 둔갑했다가 상대가 헤라클레스인 줄 알고는(난 지 여덟 달 만에 팔뚝만 한 뱀 두 마리를 목 졸라 죽인 헤라클레스가 아니던가) 기겁을 하고는 본모습으로 되돌아와 입을 열었다.

"나는 비록 폰토스(바다)와 가이아(대지)의 아들이나 보다시피 이렇게 늙은 몸이오. 여러 신이 비록 나를 해신의 말석에나마 있다고 말하나, 아니오, 나는 영생불사를 얻은 몸이 아니오. 비록 프로메테우스에는 미치지 못하나 나 역시 가까운 앞일을 조금 짐작하기는 하오. 그러니 내가 시키는 대로 하시오. 그대는 헤라클레스이니, 그 황

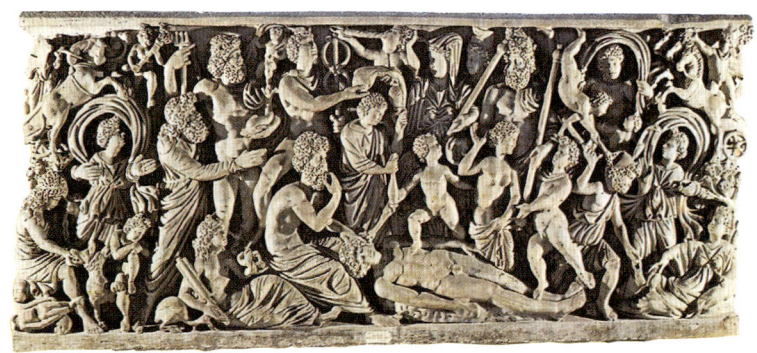

**최초의 인간을 빚는 프로메테우스**
누워 있는 인간의 왼쪽이 프로메테우스. 앞에는 이 인간에게 영혼을 불어넣어줄 프쉬케가 서 있다. 자세히 관찰해보면 제우스, 헤라, 포세이돈, 헤르메스, 심지어 하데스까지 곁에서 구경하고 있다는 것을 알 수 있다. 3세기경의 석관 돋을새김.

**자신이 빚어낸 인간을 관찰하는 프로메테우스**

프로메테우스가 흙을 빚은 인간을 일으켜 세운 다음 관찰하고 있다. 상트페테르부르크 에르미타주 미술관.

**불을 훔치는 프로메테우스**

프로메테우스는 천상의 불을 훔쳐 인간에게 전해준 영웅으로 유명하다. 제우스의 벼락에서 훔쳤다는 설도 있고, 헤파이스토스의 대장간에서 훔쳤다는 설도 있다. 천상을 돌아다보는 그의 눈길을 보라. 제우스에게 반항하기로 작심한 듯한 반골의 눈빛이다. 프로메테우스는 이로 인해 훗날 헤라클레스가 구해줄 때까지 모진 벌을 받는다. 17세기 화가 얀 코시에르의 그림.

13장 미나먼 황금 사과나무

**사슬에 묶인 채 독수리에게 간을 파먹히는 프로메테우스**
같은 장면을 그린 야콥 요르단스(왼쪽)와 페테르 파울 루벤스(오른쪽)의 그림. 독수리는 제우스를 상징하는 새다. 따라서 프로메테우스는 제우스로부터 벌을 받고 있는 것이다. 요르단스의 그림에는 뒤쪽에 헤르메스가 보인다. 헤르메스는 제우스와 프로메테우스 사이를 중재하느라 꽤 애썼는데, 프로메테우스를 구해줘도 좋다는 제우스의 말을 헤라클레스에게 전한 것도 헤르메스다.

금 사과나무의 동산에 들어갈 수는 있을 것이오. 그러나 지금은 그대나 나나 헤라 여신의 눈총을 받을 때가 아니오.

그대가 알퀴오네우스를 죽인 직후에 기간테스와의 전쟁이 끝났소. 뭍으로 오르면 제우스 대신이 그대에게 시키는 일이 있을 것이오. 가서 프로메테우스를 구하고 그분에게서 선견의 지혜를 빌리면 이 또한 아름다운 일이 아니겠소."

네레우스의 말 그대로였다.

헤라클레스가 뭍으로 오르자 제우스는 전령신 헤르메스를 보내어 헤라클레스에게 프로메테우스를 살려내게 했다. 프로메테우스는 그즈음 저 북방의 카우카소스(코카소스)산에서, 뒤통수에서 항문까지 말뚝에 꽂힌 채 독수리에게 간을 뜯기는 형벌을 받고 있었다. 헤르메스는 헤라클레스에게 제우스의 명을 전했다. "이제 가서 프로메테우스의 간을 쪼아 먹는 독수리를 쏘아 죽여도 좋다. 아무래도 제우스께서는 프로메테우스와 화해하신 것 같다."

## 프로메테우스는 아틀라스에게 떠넘기고

카우카소스 땅이 속하는 스퀴티아는 먼 북방의 나라다. 당시 헬라스 사람들은 스퀴티아를 '말 젖을 짜서 술로 빚어 먹는 사람들의 나라'라고 불렀다. 유목민들이 사는 나라였던 모양인가?

헤라클레스가 스퀴티아의 카우카소스로 달려갔을 때는 마침 아침이었다. 독수리가 밤새 돋아난 프로메테우스의 간을 파먹으러 내려오고 있었다. 헤라클레스는 화살 단 하나로 독수리를 공중에서 납덩어리처럼 떨어지게 했다. 사수가 헤라클레스가 아니었던들 보는 사람은 독수리가 프로메테우스를 겨누고 내려꽂힌다고 여겼을 터였다.

독수리와 사슬과 말뚝에서 벗어나자 프로메테우스가 선견자답게 말문을 열었다.

"나는, 헤르메스가 전한 제우스의 명을 받들어 그대가 나를 구하러 올 것을 알고 있었다. 비록 제우스의 명에 의한 것이어도 내가 그대에게 은혜를 입은 것은 분명하다. 무슨 까닭이냐? 그대 아니고는 나를 구할 자가 없기 때문이다. 나는 그대가 오리라는 것을 오래전부터 알고 있었다. 그대가, 한 신이나 한 인간, 한 시대나 한곳에, 시작에서 끝까지를 통틀어 단 한 번만 오는 순간으로 올 줄을 알고 있었다. 한 번만 오는 순간이라는 말을 유념하라. 그대는 이 길로 하늘을 어깨로 받치고 있는 아틀라스를 찾아가거라. 아틀라스는 내 형제다. 올륌포스 신이 아니고서도 헤스페리데스의 동산에 갈 수 있는 자는 아틀라스뿐이다. 아틀라스가 바로 헤스페리데스의 친족이기 때문이다. 올륌포스 신이 아니고서도 아틀라스를 동산으로 보낼 수 있는 자는 그대뿐이다. 아틀라스 대신 하늘을 떠받치고 있을 수 있

**하늘 축을 떠받치고 있는 아틀라스**
유심히 보면 하늘 축에 수많은 별자리들이 그려져 있다. 나폴리 국립 고고학 박물관.

는 자는 그대뿐이기 때문이다.

그대가 직접 헤스페리데스의 나라에 갈 수 없는 까닭을 일러주마. 헤스페리데스 동산에는 헤라 여신이 쉬시는 데가 있고, 사과나무를 지키는 용 라돈이 있다. 이 라돈은 헤라 여신이 몸소 뽑아 동산에 둔 괴수다. 그대도, 눈꺼풀이 없어서 한평생 눈을 감지 않는다는 이 라돈 이야기를 들어본 적이 있을 것이다. 만일에 그대가 간다면 그대는 이 라돈과 싸워야 할 것이다. 라돈은 뱀의 여신 에키드나의 아우다. 그대가 지킴이 용을 그냥 둘 리 없을 것이고, 라돈이 수많은 친족을 죽인 그대를 그냥 둘 리 없을 것인즉, 일이 이렇게 되어서는 안 된다. 그대는 당당하게 들어가 황금 사과를 요구할 입장이 아니다. 따라서 일을 공연하게 버르집어서는 안 된다.

대신 아틀라스를 보내어라. 아틀라스는 잠시라도 하늘의 무게를 벗어나고 싶어 한다. 하지만 그대 아니고서야 누가 아틀라스 대신 하늘을 짊어지고 견딜 수 있으랴. 그대가 하늘을 짊어지고 있으면 그동안 아틀라스가 황금 사과를 따 올 것이다.

그러나 아틀라스는 교활한 위인이라 우직한 그대가 교활한 아틀라스의 말재간에 넘어갈까 그게 염려스럽다. 잠깐 그대 귀를 빌려야겠다. 보레오스(북풍)와 제퓌로스(서풍) 몰래 그대에게 계책을 하나 일러주마."

"……"

그러니까 말이지…… 속닥속닥.

알겠습니다…… 끄덕끄덕.

프로메테우스의 귓속말에 고갯짓으로 답한 뒤 헤라클레스는 아프리카로 내려갔다.

## 아틀라스는 헤라클레스에게 떠넘기려 했으나 실패하고

아시다시피, 아틀라스는 아프리카 땅 서쪽 끝에서 어깨로 하늘 축을 떠메고 있다. 거신족과 올륌포스 신들과의 전쟁 때 제우스에게 맞선 죗값을 그렇게 치르고 있는 것이다. 아틀라스는 페르세우스와 입씨름을 하다 메두사의 얼굴을 보고는 몸이 굳어지는 곤욕을 치르기도 했다.

헤라클레스가 찾아가 프로메테우스의 말을 전하자 아틀라스는 반색을 하며 좋아했다. 아틀라스가 어찌나 좋아했던지, 이슬이 마르면서 시들기 시작하던 수염 숲, 머리카락 숲이 비 맞은 죽순처럼 허리를 펴고 일어섰다.

"내가 인간이어서 메두사의 머리를 보고 뼛속까지 석화되었더라면 차라리 나았을 것을. 미처 석화되지 않은 허리가 끊어질 듯이 아프다. 그대가 잠시 나를 대신해서 이 하늘을 둘러메고 있으면 내가 가서 내 동산에 가서 황금 사과를 취해다 줄 것을 약속하리라."

"하늘의 축은 내가 이 어깨로 버티고 있겠습니다. 그러나 내 키는 인간의 키에서 크게 자란 것이 없어 어깨가 하늘의 축에 닿지 않습니다. 먼저 돌단을 쌓아 내가 거기 올라가 하늘의 축에 어깨를 댈 수 있게 해주십시오."

헤라클레스는 돌단을 아틀라스의 어깨높이까지 쌓은 다음 그 위

**언쟁하는 아틀라스와 헤라클레스**
헤라클레스가 아틀라스에게 항의하듯 눈을 부라리고 있다. 헤라클레스의 왼발 밑에는 키 작은 헤라클레스를 위한 돌 단이 쌓여 있다. 파리 루브르 박물관.

에 올라서서 왼쪽 어깨로 하늘 축을 받았다. 하늘 축에서 놓여난 아틀라스가 허리를 펴고 기지개를 켜자 반쯤 석화되어 있던 어깨의 바위 절벽이 비늘처럼 떨어져 나갔다.

아틀라스가 그 길로 곧장 헤스페리데스의 동산으로 달려가 황금 사과를 따 오기까지 걸린 시간은 한 끼 밥을 먹는 시간만큼도 되지 않았다.

"그렇게 속히 다녀올 수 있는 곳을 어째서 인간은 평생을 가도 못 가는 것이오?"

헤라클레스의 입에 발린 소리에 아틀라스가 거드름을 피우며 대답했다.

"인간은 그 가는 길을 모르기 때문이다. 하지만 눈이 열린 자에게는 하늘과 땅도 마주 닿아 있는 것으로 보일 것이다. 내가 황금 사과 동산까지 발로 다녀온 줄 아느냐? 헤스페리데스가 비록 내 친족이나 그 동산에는, 내가 발로는 1천 년을 걸어도 이르지 못한다."

"나도 압니다. 넓고 두꺼운 나뭇잎에 햇빛이 비치자 그늘진 잎 뒷면으로 몸을 피하는 개미를 본 적이 있소이다. 미련한 놈은 잎사귀를 가로지르고 가장자리를 돌아 뒷면으로 기어갔고, 눈 밝은 놈은 잎사귀에 난 구멍을 통하여 바로 뒷면으로 넘어갑디다."

**아틀라스가 새겨진 기둥**
아틀라스는 기둥 장식으로 자주 쓰인다. 아틀라스를 대신해서 잠깐 하늘 축을 떠받쳤던 헤라클레스도 마찬가지.

**아틀라스 대신 하늘 축을 떠받친 헤라클레스**
1620년대(추정)에 제작된 찰스 데이비드의 동판화. 런던 대영박물관.

"그 미련한 개미가 바로 너 헤라클레스다. 내가 이 황금 사과를 너에게 넘겨주고 다시 그 하늘 축을 넘겨받을 줄 알았을 테지? 그렇게는 안 된다. 나는 1천 년 동안이나 하늘 축을 대신 짊어질 수 있는 자를 기다려왔다. 그동안이 얼마나 긴 세월이었는지 네 달력으로는 셈할 수가 없을 것이다. 잘 있거라, 헤라클레스. 그 무거운 하늘 축을 벗어난 나에게 이제 어디로 갈 것이냐고 묻지 말아라. 나는 이제 아무것도 두려워하지 않는다. 나는 자유니까."

"잠깐만, 아틀라스 신이여. 나는 남의 자유를 빼앗는 자가 아니고 남을 자유롭게 하는 자입니다. 나는 죽음에 대한 공포, 저승에 대한 공포, 전쟁에 대한 공포로부터 인간을 풀어주었습니다. 나는 그대의 형제 프로메테우스를, 인간에게 불과 지혜와 문화를 베풀었던 저 프로메테우스를 카우카소스의 바위산에서 해방시킨 자입니다. 이제 그대는 자유니까 어디로 가든지 그것은 그대의 자유입니다.

하지만 내 말을 한마디만 들으세요. 내가 몽둥이를 어느 손에 들고 다닙디까? 나는 오른손잡이입니다. 오른손잡이가 왼쪽 어깨로 하늘 축을 견디고 있자니 몹시 힘에 겹습니다. 자, 이 하늘 축을 오른쪽 어깨로 좀 옮겨주세요. 아틀라스 신이 설마 이렇게 작은 청을 물리쳐 인간의 웃음거리가 되려 하지는 않겠지요?"

**헤라클레스에게 황금 사과를 내미는 아틀라스**

제우스 신전의 벽 장식 조각품. 하늘 축을 대신 떠받치고 있는 헤라클레스(중앙)에게 아틀라스가 황금 사과를 내밀고 있다. 헤라클레스 뒤로는 아테나 여신이 서 있다. 올림피아 박물관.

"그거야 어렵지 않다."

아틀라스는 황금 사과를 땅바닥에 내려놓고 헤라클레스 옆으로 다가가 하늘 축을 조금 들어주었다.

헤라클레스는 하늘 축을 왼쪽 어깨에서 오른쪽 어깨로 옮기는 척하다 재빨리 거기에서 빠져나와 돌단에서 뛰어내렸다. 아틀라스는 하늘 축을 든 채 엉거주춤하게 서 있었다.

"이제 쉴 만큼 쉬었으니 다시 하늘 축을 둘러메시지요만, 너무 거칠게는 다루지 마세요. 별들이 후드득 떨어지리다. 그대는 속았어요. 무작배기 헤라클레스에게 속았으니 그리 아세요. 프로메테우스는 그대가 술수 부릴 것을 짐작하고 부러 내게 가르쳐주었어요. 나는 갑니다. 어디로 가느냐고 묻지 마세요. 나는 자유니까."

헤라클레스는 땅바닥에 놓인 황금 사과를 들고 그 자리를 떠났다. 아틀라스는 닭 쫓던 개 표정을 하고 있다가, 하늘 축을 그렇게 들고만 있을 일이 아니어서 살며시 어깨 위에 올려놓고는 한숨을 쉬었다.

헤라클레스는 돌아오는 길에 어째서 강의 요정은 네레우스에게 떠넘겼고, 네레우스는 프로메테우스에게 떠넘겼으며, 프로메테우스는 어째서 또 아틀라스에게 떠넘겼는지 그 까닭을 곰곰이 생각해보았다.

그는 어쩌면 혼자 두 발로만 걷던 시대가 가고 있음을 얼핏 깨달았을는지도 모른다.

헤라클레스가 이 황금 사과를 가지고 뮈케나이로 돌아오자 아르고스 왕은 이 사과를 헤라 여신에게 다시 바쳤다. 헤라클레스의 승승장구에 슬슬 약이 오르던 헤라 여신은 이 대목에서 바싹 약이 올라 이렇게 아르고스 왕을 꾸짖었을 법하다.

"네가 진짜 내가 세운 아르고스 왕이냐? 내 뜰에서 내 사과를 따오게 해서 네가 얻은 것이 무엇이냐? 망치받이 모루 노릇 하라고 세상에 너를 지어 칠삭둥이로 보냈더니 헤라클레스를 명검으로 별러 놓으니, 이 칼이 장차 어디를 겨눌지 근심스럽구나."

헤라 여신이 그 황금 사과를 거둔 자리에는 아테나 여신이 함께 있었다. 헤라 여신은 아테나 여신에게 한숨에 섞어서 말했다.

"불화의 여신 에리스가 불화의 사과 한 알로 아프로디테와 그대 앞에서 나를 욕보이더니, 이제 헤라클레스가 이 황금 사과 몇 알로 내 낯을 뜨겁게 하는군요. 어리석은 아르고스 왕이 어쩌자고 내 사과로 내 원수의 자식을 시험했을까.

내 얼굴에 모닥불이 묻은 듯 뜨거우나 헤라클레스가 가상한 것은 가상하네요. 그것이 사자나 잡고 암사슴이나 쫓고 멧돼지 사로잡는 것에만 능한 줄 알았더니 내 뜰 사과나무에서 황금 사과 따 오는 일을 주머니에 든 물건 꺼내듯이 하고 있지 않아요? 내가 그대에게 속아 어린것에게 젖 먹인 것을 기억하시지요? 처음에는 분하고 원통하더니만 이제 대견스럽다는 생각까지 드니 모를 것은 내 마음이군요.

 우직하나 나름대로 현명한 데가 없지 않고, 무작스러우나 질긴 데가 없지 않은 저 헤라클레스를 보세요. 아르고스 왕이 곳곳에 묻어 둔 돌부리를 딛고 올륌포스로 올라오고 있는 것 같네요."

 헤라 여신의 이 인색한 찬사를, 우리는 열한 번째 과업의 끝을 알리는 말 매듭으로 삼아도 좋을 듯하다.

## 코프레우스의 기발한 아이디어

옛이야기 책을 더러 뒤적거려본 적이 있는 독자라면 이미 알고 있을 것이다. 아르고스 왕이 헤라클레스에게 맡기는 과업 또한 열한 가지에서 끝나지 않는다. 옛이야기 책을 자주 뒤적거려본 독자라면 이 과업이 열세 가지가 되지 않는다는 것도 짐작할 것이다. 그렇다. 열두 가지다.

헤라클레스가 열한 번째 과업의 고비까지 무사히 넘기자 아르고스 왕은 코프레우스에게, 범 잔등에 올라탄 듯한 착잡한 심경을 말했다.

"때리면 때리는 대로 맞되, 맷집이 좋아서 아무리 때려도 넘어가지 않는 자와 싸워본 적이 있느냐? 없으면 미루어 헤아려보아라. 헤라클레스가 바로 그런 자다. 그런 자와 싸우다 보면 처음에는 신이 나고 다음에는 진력이 나고 마침내 무서워지는 법이다. 지금의 내가 그렇다. 무섭구나, 정말 무섭구나. 하도 무서워서, 이제는 헤라클레스가 메두사의 머리 같아서, 바라만 보아도 내가 돌이 될 것 같구나. 어쩔꼬, 이제는 청동 항아리도 이 두려움에서 나를 지켜주지 못한다. 1백 개의 눈을 가진 이 아르고스 땅의 시조 아르고스가 내 옆에 있어도 이 두려움으로부터는 나를 지켜주지 못할 게다. 그렇다, 코프레우스. 이 두 눈 못 감아 벗어나지 못하는 두려움, 1백 개의 눈을 가진 거인이 지킨들 무슨 소용이 있으랴."

"전하, 헤라클레스의 목적은 전하를 해치는 것이 아닙니다. 따라서 두려워하실 일은 아닙니다."

"코프레우스, 내가 두려워하는 것은 내가 모르는 죽음이 아니고 내가 아는 삶이다. 헤라클레스와 한 하늘을 이고 사는 것이 두려운 것이다."

"전하께서는 비겁한 분이 아닙니다. 단지 꼬리를 물고 일어나는 생각을 끊지 못해 두려워하고 있을 뿐입니다."

"그걸 몰라서 이러고 있는 것이 아니다. 모이라이(운명) 여신이 운명의 실을 끊기 전에야 누가 제 상상력을 임의로 막을 수 있겠느냐? 저승 왕 하데스에게 몸을 의탁해서라도 이 두려움에서 벗어나고 싶구나."

코프레우스가 이 말을 듣다 말고 두 눈을 반짝이며 아르고스 왕 앞으로 다가섰다.

"전하께서 하데스에게 몸을 의탁하실 것이 아니라 헤라클레스를 하데스에게 보내면 되지 않겠습니까?"

"날더러 제우스 대신의 형제분이신 하데스 신의 손을 빌려 대신의 아들인 헤라클레스를 치라는 말이냐? 나는 헤라클레스에게 과업을 열한 가지나 맡겼어도 올림포스 으뜸 신들을 시험한 적은 없다."

"하데스 신을 시험하시는 것이 아닙니다. 하데스 궁전 앞 아케론 강 가에 저승의 지킴이 개 케르베로스가 있다는 건 전하도 아시겠지요. 헤라클레스를 보내어 그 개와 싸움을 붙여보시지요. 케르베로스는 저승의 개올습니다. 저승의 개는 죽는 법이 없는즉, 기어이 헤라클레스를 저승에다 잡아둘 것입니다. 헤라클레스가 하데스궁에 들어가려면 죽어야 할 터이나, 혹 신통한 방법이 있어서 산 채로 내려가더라도 이 저승의 지킴이 개가 헤라클레스를 거기에다 가두고 말 것입니다."

"그렇다고 해서 헤라클레스에게 저승의 지킴이 개를 죽이라고 할 수야 없지 않느냐? 이승에는 이승의 법도가 있고 저승에는 저승의 법도가 있을 터인데 어떻게 이승 인간에게 저승 지킴이 개를 죽이라고 할 수 있느냐?

"죽이라고 하면야 하데스의 법에 어긋나지요. 산 채로 끌고 이승으로 나오라고 하면 되지요."

"하데스의 지킴이 개를 끌고 나오라고 한다?"

"하데스의 지킴이 개가 이승으로 끌려 나올 턱이 없지요. 그러니까 헤라클레스의 목숨은 이제 이승 것이 아니라 저승 것이지요. 전하의 권능과 이 코프레우스의 꾀가 마침내 때를 만났습니다."

"열한 번이나 때를 놓친 자는 말을 그렇게 하지 않는다. 하지만 네 계책에 빈 데가 보이지 않으니 나가서 헤라클레스를 만나 그렇게 전하라. 그러나 명심하여라. 만에 하나 헤라클레스가 그 저승의 개를 끌고 나온다면 죽은 목숨은 헤라클레스의 목숨이 아니라 우리 목숨일 것이다."

코프레우스가 왕의 뜻을 전하러 오자 헤라클레스는 활을 손질하고 있다가 어긋나게 말했다.

"이번에는 무엇을 하라더냐? 올륌포스 천성으로 올라가 대신의 수염을 뽑아 오라고 하더냐, 저승으로 내려가 하데스의 투구를 벗겨 오라고 하더냐?"

코프레우스는 신성을 모독하는 헤라클레스의 말에 기겁을 하고는 발로 땅을 세 번 굴러 액막이를 한 뒤에 왕의 뜻을 전했다.

헤라클레스는 활을 한쪽으로 치우고 탄식했다.

"아르고스 왕이 비열한 자인 줄만 알았지 잔인한 자인 줄은 몰랐구나. 아내와 자식을 죽인 죄를 닦으러 왔더니 죄인을 아내와 자식에게로 보내니 이자가 잔인하지 않으냐? 아르고스 왕에게 이렇게 전하라. 내 눈에서 다시 눈물이 흐르게 하면 장차 그 눈에서 피가 흐를 것이라고……. 신성을 시험하면 장차 빌 곳이 없을 것이다. 또 전하라. 내가 케르베로스를 끌고 올 때가 되면 청동 항아리에서 나와 무쇠 항아리 속으로 들어가라고 하더라고."

헤라클레스는, 꽁지가 빠지게 도망치는 코프레우스를 눈으로 배웅하고 아르고스를 떠났다.

## 저승에 이르는 길

하데스의 땅, 우리가 '저승'이라고 하는 그 하데스의 땅에 이르는 방법에는 여러 가지가 있다. 그러나 인간이 택할 수 있는 길은 하나뿐이다. 하데스의 오른팔인 타나토스(죽음)를 따라가는 길이 그것이다. 그러나 타나토스를 따라가면 다시는 태양을 볼 수 없다. 레테(망각)강을 건너버리면 이승의 삶을 송두리째 잊고 돌아올 수 없는 망령, 하데스의 백성이 되어버리기 때문이다. 뿐만 아니라. 헤라클레스는 타나토스의 원수이기도 하다. 아드메토스왕의 아내 알케스티스를 데려가다가 헤라클레스에게 빼앗긴 타나토스가 아니던가.

헤라클레스는 하데스의 법을 어기지 않고 저승 땅으로 내려가야 한다. 그러면서도 신들이나 유명한 무당을 사이에 넣지 않고 저승 땅으로 내려가는 방법은 한 가지뿐이다. 엘레우시스 밀교로부터 도움을 얻는 방법이 그것이다.

'엘레우시스'는 곡식의 여신 데메테르의 본고장이다. 저승 왕 하데스의 왕비 페르세포네는 바로 데메테르의 딸이다.

딸 페르세포네가 하데스 손에 납치되있을 때, 데메테르는 딸을 찾아다니다 엘레우시스 땅에 이르렀다. 데메테르가 식음을 전폐하고 온 땅을 헤매 돌다 지쳐 다리를 꺾고 주저앉은 곳이 바로 엘레우시스 땅의 어느 길가 바위 위다. 데메테르는 쏟아지는 햇빛 달빛은 물론 때 없는 소나기까지 맞으며 이곳에 앉아 아흐레 밤낮을 울부짖었다.

이때 데메테르를 불쌍하게 여기어 집으로 안내하고 보리죽을 대접한 노인이 있다. 이 노인이 바로 엘레우시스 땅의 켈레우스다. 데메테르는 이 노인의 은공을 잊지 않고 그 아들 트립톨레모스에게 농사를 가르쳤다. 트립톨레모스는 역시 그 공을 잊지 않고는 사당을 세우고 해마다 데메테르에게 제사를 드리니 이 제사하는 풍습이 곧 '엘레우시스 밀교'다.

헤라클레스가 이 밀교에 몸을 담은 데는 까닭이 있다. 이 밀교의 신관들은 땅의 여신 데메테르와, 그 딸인 하데스 왕비 페르세포네의 비호를 받는다. 그래서 이들은 밀알이 썩어 새싹이 트는 이치와 인간이 죽어 망각의 강을 건너가고 아기가 그 강을 건너 이 땅으로 오는 이치를 안다. 따라서 이 밀교의 신관인 퓔리오스는 하데스 땅으로 들어가는 길을 안다. 헤라클레스가 보리죽을 얻어먹으며 엘레우시스 밀교의 신자 노릇을 한 것은 이 때문이다.

헤라클레스는 퓔리오스의 도움을 얻어 라코니아 땅의 타이나론 동굴을 통하여 저승 땅으로 내려갔다. 퓔리오스는 헤라클레스가 견본을 잔뜩 짊어진 철물 장수처럼 창, 칼, 활, 몽둥이를 하나 남김없이 들고, 차고, 메고, 쥐고 있는 걸 보고는 생각이 짧은 것을 이렇게 나무랐다.

"이 문을 지나 하데스의 땅에 이르면, 처음부터 거기에 있던 것이 있고 나중에 거기에 있게 된 것이 있다. 네가 병장기를 잔뜩 짊어지고 가니까 내가 하는 말이다만, 처음부터 거기에 있던 것은 네 병장기를 두려워하지 않는다. 죽은 자들의 나라에 있되 영원히 사는 것들이기 때문이다. 나중에 거기에 있게 된 것들에게도 네 병장기는 소용에 닿지 않는다. 나중에 거기에 있게 된 것은 인간이든 짐승이

든 한낱 그림자에 지나지 않는다. 따라서 찔러도 찔리지 않고, 베어도 베이지 않으며, 쏘아도 맞지 않고, 쳐도 쓰러지지 않는다. 그러므로 너는 병장기에 기대는 네 마음부터 고쳐먹고 문을 지나야 할 것이다."

저승 땅으로 내려가 하데스의 궁전에 이르려면 여러 개의 강을 건너야 한다.

첫 번째 강이 아케론(비통의 강)이다. 이 강에는 카론(뱃사공)이라는 사공이 바닥이 없는 소가죽 배로 죽은 자들의 혼을 강 저쪽 강둑으로 건네준다. 이 영감은 어찌나 고집이 세고 다루기가 까다로운지 강 이쪽의 배를 얻어 타지 못한 망자들 수는 저쪽으로 건너간 망자들보다 많을 정도다. 이 영감이 헤라클레스를 순순히 배에 태워주었을 리 없다. 헤라클레스에게는, 프쉬케의 눈물도, 오르페우스의 수금도, 아이네이아스의 황금 가지도 없었을 터이니 그편이 당연하다.

헤라클레스는 우격다짐으로 영감을 배에다 태우고는 이 강을 건넜다. 카론은 이때 헤라클레스를 막지 못한 죗값으로 한 해 동안 사슬에 묶이어 정배당하는 벌을 받았다.

이 아케론을 건너면 코퀴토스(시름의 강)와 플레게톤(불의 강)이 차례로 나타나고, 이 두 강을 마저 건너면 이윽고 레테(망각의 강)가 나타나 그 긴 몸을 흐느적거린다. 망자는 이 레테를 건너는 것과 동시에 이승의 일을 까맣게 잊고 저승 땅의 백성으로 다시 태어난다.

그러나 레테를 건너는 망자가 다 이승의 일을 까맣게 잊어버리는 것은 아니다. 신인이나 인간들 가운데엔, 한이 하도 깊어 이 수많은 강을 지나고도 이승 일을 잊지 못하는 신인이나 인간이 있다. 이들의 한은 '비통의 강'과 '시름의 강'을 건너도 풀리지 않고 '불의 강'을 지나도 타지 않으며 '망각의 강'을 건너도 잊히지 않는다.

망각의 강 레테는 망각하지 않는 자에 의해서만 '망각의 강'으로 되살아난다. 저승이 산 채로 다녀온 자에 의해 그 모습을 드러내듯이.

### 멜레아그로스의 슬픈 운명

헤라클레스가 하데스의 궁전으로 다가가자 수많은 망자의 혼백이 도망쳤다. 이승의 일을 까맣게 잊은 그들이 헤라클레스를 알아보고 도망쳤을 리 없으니 그림자에 지나지 않은 저희와는 달리 피가 통하는 살덩어리에 겁을 집어먹었는지도 모를 일이다. 헤라클레스는 제 손으로 죽인 아내와 자식들의 혼백을 찾으려고 망자의 혼백 뒤를 따르고 있다가 문득 앞길을 막아서는 건장한 사내의 혼백에 막혀 걸음을 멈추었다. 이 혼백의 주인이 바로 멜레아그로스다.

"자네는 멜레아그로스가 아닌가! 칼뤼돈의 멧돼지를 죽인 영웅이 어째서 이 음습한 저승을 헤매는가?"

이렇게 소리치며 멜레아그로스의 손목을 잡았다. 그러나 멜레아그로스의 손목은 헤라클레스의 손안에서 재가 되었다가 저승 땅의 음습한 바람에 흩날렸다.

"헤라클레스, 헤라클레스."

멜레아그로스는 망각의 강을 건너고도 기구하고 슬픈 제 신세를

다 잊지 못했는지 잿물 같은 눈물을 흘리며 헤라클레스의 이름을 불렀다. 가루가 되어 바람에 날렸던 재가 다시 멜레아그로스의 손목으로 모이고 있었다. 칼뤼돈의 영웅 멜레아그로스는 어쩌다 젊은 나이에 저승으로 오게 되었는가?

멜레아그로스 이야기는 이 신화 이야기책 2권에서 자세하게 쓴 적이 있다. 썼던 이야기 또 쓰기가 미안해서 간략하게만 적는다.

칼뤼돈 왕실의 왕비 알타이아가 아들을 낳았다. 때는 겨울철이어서 화덕에서는 장작이 타고 있었다.

아기 어머니 알타이아의 귀에 두런거리는 소리가 들렸다. 모습은 물론 보이지 않았다. 운명의 여신들이었다.

"물맛 있는 샘 쉬 마르고, 마른 장작 쉬 재가 된다. 어쩔꼬, 이 잘난 아이의 명이 타고 있는 저 마른 장작에서 더도 덜도 아닌 것을……."

아기 어머니 알타이아는 귀가 밝은 여자라 이 말을 엿듣고는, 타고 있던 장작을 꺼내어 물에다 넣어 불을 꺼버리고는 이것을 혼자만 아는 곳에다 감추었다.

어머니 덕분에 멜레아그로스는 헌헌장부로 잘 자라났다.

그런데 어느 날부터 무서운 멧돼지가 나타나 칼뤼돈 땅을 돌아다니며 농민들을 괴롭혔다. 멜레아그로스는 전 헬라스 땅의 한다하는 영웅들을 모아들여 이 멧돼지를 사냥하려고 했다. 이른바 '칼뤼돈의 멧돼지 사냥' 사건이다.

결국 이 멧돼지에게 치명상을 입히고 최후의 일격을 가한 것은 멜

**멧돼지에 최후의 일격을 가하는 멜레아그로스**
멜레아그로스의 뒤에 아탈란테가 서 있다.

레아그로스였다. 멜레아그로스는 이 영광을, 사냥꾼들 중의 유일한 여성이었던 아탈란테에게 바쳤다. 사냥꾼들은 결국 영광이 아녀자에게 돌아간 것에 격분해서 들고일어났다.

멜레아그로스는 가장 격렬하게 항의하는 사냥꾼을 죽였다. 그 사냥꾼의 아우가 나서자, 그 아우마저 죽이고 말았다. 졸지에 목숨을 잃은 형제는 바로 멜레아그로스의 외삼촌들이었다.

어머니 알타이아는 먼저 아들의 승전보를 듣고는 기뻐했다. 하지만 연이어 날아든 두 아우의 죽음은 알타이아를 걷잡을 수 없는 슬픔과 분노 속으로 몰아넣었다. 고민하고 또 고민하던 알타이아는, 예전 멜레아그로스가 태어나던 날, 불을 꺼서 감추어두었던 장작개비

**칼뤼돈의 멧돼지 사냥**
이 사냥은 석관 돋을새김으로 인기 있는 소재였다. 멜레아그로스에 빗대어 죽은 자의 용기를 칭송할 수 있기 때문이었다.

를 찾아내어 화덕에다 던져 넣었다. 그 순간 멜레아그로스의 몸은 재가 되어 이 땅에서 사라졌다.

 헤라클레스는 그 멜레아그로스를 저승에서 만난 것이다.

 멜레아그로스의 기막힌 사연을 끝까지 듣고 헤라클레스도 걸치고 있던 네메아의 사자 가죽으로 눈물을 훔쳤다.

 "멜레아그로스여, 너무 슬퍼 말아라. 어머니의 손에 타 죽은 네 죽음이 슬픈 죽음이라면 남편의 손에, 아비의 손에 맞아 죽은 죽음도 슬픈 죽음이다. 아, 강보에 싸인 채 죽는 죽음만큼 복된 죽음이 없다는 말은 빈말이 아니구나."

 "헤라클레스, 내가 슬퍼하는 것은 나의 죽음이 아니오. 나는 당신의 죽음을 슬퍼하고 있는 것이오."

**검게 그을린 멜레아그로스**
검은 피부가 타다 만 장작개비를 연상하게 한다. 멜레아그로스란 이름이 운명을 짐작하게 한다. '멜라'는 '검다'는 뜻이다. 16세기 이탈리아 조각가 피에르 야코포 알라리 보나콜시가 제작한 청동상. 런던 빅토리아 앤드 앨버트 박물관.

"나는 죽어서 저승 땅으로 온 것이 아니다. 하데스궁의 지킴이 개 케르베로스를 잡아가 내 죄를 닦으려고 온 것이다."

"당신이 무슨 죄를 지었소?"

멜레아그로스의 물음에 헤라클레스는 아내 메가라와 아들들을 죽인 이야기, 그 피가 테세우스의 손에까지 옮겨 묻었던 사연, 아르고스 왕을 섬기면서 죄를 닦고 있다는 이야기까지 줄여서 했다. 멜레아그로스는 헤라클레스에게 아내가 없다는 말을 귀에 담았던 모양이다.

"헤라클레스, 내 육신이 불에 타고 재가 되어 바람에 날리자 내 어머니 역시 목숨을 끊으셨소. 내 고향 칼뤼돈에는 지금 내 아버지와 내 누이 데이아네이라가 남아 우리의 죽음을 슬퍼하고 있을 것이오.

청컨대 내 누이를 어여삐 여겨주시오. 당신 같은 영웅이 아내로 맞아주지 않으면 많은 사내가 내 누이로 인하여 피를 흘리며 싸우다 이 저승 땅으로 내려오게 될 것이오."

"멜레아그로스, 자네의 누이를 아내로 맞을 것을 약속한다. 그리고 하데스의 덜미를 잡아 증오의 강에 처박더라도 자네를 다시 데리고 올라가 우리의 혼례를 자네 눈으로 보게 할 것도 약속한다."

"헤라클레스, 나는 안 됩니다. 나는 재가 되었습니다. 당신이 휘드라의 목을 자르고 그 자리를 어떻게 했습니까? 불로 지져 재를 만들었지요? 재는 때가 되면 죽는 모든 것의 죽음입니다. 재에서 날아오르는 것은 불사조뿐입니다. 대신 테세우스와 페이리토오스를 데리고 가세요. 아마 하데스의 궁 안에서 벌을 받고 있을 것입니다."

**재가 되어 사라지는 멜레아그로스**
멜레아그로스의 운명은 참으로 기구하다. 재가 되어 사라지는 그의 겨드랑이 밑으로 죽음의 실마리가 된 멧돼지가 보인다. 파리 루브르 박물관.

"테세우스……. 내 아내와 자식의 피가 묻은 내 손을 잡음으로써 그 죄를 나누어 짊어진 그 아티카의 영웅이 여기에 있다면, 이제 내게 그 빚을 갚을 때가 온 것이다."

## 케르베로스를 손에 넣다

헤라클레스는 멜레아그로스와 눈물로 작별하고 하데스의 궁전 쪽으로 걸었다. 멀리서 하데스 궁전의 지킴이 개 케르베로스가 꼬리를 흔들고 있었다.

케르베로스는 '삼구견', 즉 입이 세 개인 개 혹은 '삼두구', 즉 대가리가 세 개인 개라는 별명이 붙은, 참으로 괴망하기 그지없는 저승의 지킴이 개다. 하지만 그 족보를 조금만 따져보면 괴망하다는 말이 새삼스러워진다.

케르베로스는 괴물 튀폰과 에키드나의 자식이다. 따라서 기왕에 헤라클레스 손에 죽은 네메아의 사자, 레르네의 휘드라, 괴견 오르트로스 같은 괴물과 형제간이다.

이 케르베로스에게는 대가리가 세 개 있다. 즉 대가리 하나로는 하데스궁 앞에서 망자의 혼백을 맞아들이고, 또 하나의 대가리로는 산 자의 접근을 막고, 나머지 하나로는 타르타로스(무한 지옥)를 빠져나가는 망자의 혼백을 막는다. 케르베로스는, 혹 혼백이 하데스궁을 빠져나가려 하면 에키드나의 자식답게 불을 뿜어댄다. 그리고 몸뚱아리에는 튀폰의 자식답게 수많은 뱀이 감겨 있고, 꼬리도 여러 마리의 뱀으로 되어 있다.

**헤라클레스에게 꼬리 내린 케르베로스**
풀 죽은 모습으로 보아 헤라클레스와 한판 붙
었던 것 같진 않다. 파리 루브르 박물관.

 케르베로스는 늘 쇳소리로 짖으면서 끈적끈적한 침을 흘리는데, 쇳소리는 귀에 몹시 거슬려도 침은 절세의 미약, 신화시대의 '비아그라'였다고 한다. 그러나 저승 땅에서는 뭇 혼백을 떨게 하는 케르베로스가 헤라클레스 앞에서는 꼬리를 세우지 못했다. 혹자는 사슬로 묶으려는 헤라글데스와, 형제들의 원수를 갚으려는 케르베로스 사이에 무서운 싸움이 벌어진 듯이 쓴다. 그러나 케르베로스는 헤라클레스와 맞붙지 못했다. 케르베로스는 헤라클레스를 보자마자, 마땅히 대가리 하나로 산 자인 헤라클레스를 위협하여 하데스의 궁으로 들어가지 못하게 해야 하는데도 불구하고 그 앞에서 하데스의 옥좌 쪽으로 도망쳤다. 헤라클레스는 사자 가죽만을 뒤집어쓴 해괴한 모습으로 성큼성큼 저승 왕 하데스와 왕비 페르세포네의 옥좌 앞으

로 다가갔다.

 케르베로스는 하데스의 옥좌 밑으로 기어 들어가 숨을 죽이고 있었고, 페르세포네는 말없이 웃고 있었다. 어디에선가 형상은 보이지 않는데 목소리가 들려왔다. '하데스(보이지 않는 자)'의 음성이었다.

 "네가 한 혼백을 붙들고, 하데스의 덜미를 잡아 스튁스에 처박는 한이 있어도 그 혼백을 데리고 올라가겠다고 하는 말을 내가 옆에서 들었다. 네가 할 수 있겠느냐?"

 "할 필요가 없어졌습니다. 멜레아그로스에게는 이승에도 저승에도 육신이 없습니다. 그러나 케르베로스만은 제가 데려가게 해주십시오. 하데스 신께서 다스리시는 이 저승 땅의 법도가 중하고, 이 저승 땅의 도성을 지키는 케르베로스가 소중하다면 '헤라클레스(헤라의 영광)' 또한 가벼이 여기지 않으시겠지요."

 웃고 있던 페르세포네가 하데스를 대신해서 말했다.

 "나와는 한 아버지의 자식인 헤라클레스여, 내 어머니 데메테르가 이룩한 엘레우시스 밀교의 신자가 되어 저승 땅으로 오신 헤라클레스여, 내가 웃은 것을 용서하세요. 온 하늘, 온 땅이 두려워하는 저승 왕 하데스로 하여금 황급히 몸을 감추는 장신 투구를 쓰게 하시고, 저승 왕궁의 지킴이 개 케르베로스를 저승 왕의 옥좌 밑에 숨게 하시니 내가 웃지 않을 수가 있습니까? 그대가 이곳에 온 것이 처음이듯이, 하데스가 황급히 투구를 쓴 것도 처음이요, 케르베로스가 꼬리를 내린 것도 처음이며 내가 웃은 것도 처음이니, 바라건대 무례를 마음에 두지 마시고 뜻을 이루소서. 하지만 케르베로스는 날빛을 본

**케르베로스를 데리고 나오는 헤라클레스**
19세기 에스토니아 화가 요한 쾰레르의 그림.

적이 없는 짐승입니다. 부디 사슬로 묶은 연후에 그 사자 가죽으로 고이 싸서 낯빛 아래로 올리가시되, 이로써 헤라의 영광을 이루거든 케르베로스는 이 저승 땅으로 돌려보내주세요."

 헤라클레스는 페르세포네가 시키는 대로 케르베로스를 사슬로 묶고 사자 가죽으로 싼 다음 어깨에다 둘러메었다.

### 테세우스를 구하다

 테세우스 이야기, 잠깐 하고 넘어가기로 한다.

**헤라클레스가 케르베로스를 데려오자 황급히 항아리 속으로 숨는 아르고스 왕**
고대의 그림이 다소 유치하긴 하다. 하지만 그리스인들의 이런 전통은 확대 재생산의 과정을 거쳐 미려한 대리석상으로 발전하는 서양 미술의 토대가 된다.

 헤라클레스와 테세우스. 이 책에 따르면, 지금까지 헤라클레스와 테세우스는 두 차례 만난 것으로 되어 있다. 처음 만난 것은 테세우스의 나이 여섯 살 때의 일이다. 역사가 플루타르코스는, 헤라클레스가 사자 가죽을 쓰고 나타나자 어른 아이 할 것 없이 하나같이 겁을 집어먹고 도망치는데 오직 여섯 살배기 테세우스만 도끼를 들고 뛰어나오더라고 기록하고 있다. 따라서 이것이 두 영웅의 첫 만남이다.
 두 번째 만남은, 발광한 헤라클레스가 아내와 아들들을 죽인 직후에 이루어진다. 그때 테세우스는 헤라클레스의 손을 잡고 그 손에 묻은 피를 자기 손에 묻히면서, 만일에 벌을 받아야 한다면 함께 받겠노라고 맹세한다. 아폴론의 신탁을 받아보자면서 헤라클레스를 델포이로 안내한 영웅도 테세우스였다.

독자들은 눈치채셨는지?

이 두 만남에는 도저히 그냥 넘길 수 없는 모순이 존재한다. 두 번째 만남이 이루어진 시점은, 헤라클레스가 네메아의 사자를 죽이고 그 가죽을 벗겨 뒤집어쓰고 다니기 전이다. 다시 말해서 열두 과업이 시작되기도 전의 일인 것이다. 헤라클레스의 열두 과업이 시작되는 것은, 테세우스의 충고에 따라 아폴론 신전에서 신탁을 받고 아르고스 왕의 종살이를 시작하는 것과 때를 같이한다. 그런데 여섯 살배기 테세우스가 어떻게 사자 가죽을 뒤집어쓴 헤라클레스를 만날 수 있는가? 역사가 플루타르코스는 명저 『플루타르코스 영웅전』의 '테세우스 편'을 쓰면서 반쯤은 역사적 인물인 테세우스에게 신화적 세례를 베풀고 싶었던 것일까? 그가 어떤 기록을 근거로 그렇게 쓴 것은 아닐 것이다.

신화에서 이런 모순을 찾아내기는 어려운 일이 아니다. 신화에서 온갖 모순되는 것들이 하나로 어우러지고, 초라한 언어에서 비롯된 온갖 시비가 신화라는 이름의 이야기 속으로 함께 녹아 들어가는 경우는 드물지 않다.

신화에 따르면 아기 헤라클레스가 헤라 여신의 젖을 빠는데 어찌나 세게 빨았던지 여신이 기겁을 하고는 아기를 떼어놓는다. 이때 헤라 여신의 젖가슴에서 흘러내린 젖은 은하수가 된다.

헤라클레스는 트로이아 공주 헤시오네로부터 막내 왕자인 어린 프리아모스를 너울 하나의 값으로 사게 된다. 프리아모스, 뒷날 피눈물을 흘리며 트로이아의 멸망을 지켜보아야 하는 불운한 임금이다. 이 두 사건을 두고 다음과 같이 묻는 친구가 있다면, 그 친구를 '얼간이'라고 놀려먹어도 죄 안 된다.

"그렇다면 은하수의 생성은 트로이아 전쟁과 함께 기원전 13세기 즈음에 일어난 사건이라는 말인가요?"

헤라클레스가 연하의 친구인 아티카의 영웅 테세우스를 만난 것은 하데스궁 앞에서였다. 테세우스, 뒷날 미노스 왕국의 미궁 속에서 괴물 미노타우로스를 죽이게 되는 영웅이다.

테세우스는 친구 페이리토오스와 함께 감히 페르세포네를 납치하려 하다가 하데스 손에 잡혀 하데스궁 앞 암흑의 구덩이 안에서 레테(망각)의 의자에 앉아 벌을 받고 있었다. 죽이 잘 맞던 이 두 친구, 참으로 겁이 없었다. 이 둘은 트로이아 전쟁의 직접적인 원인 제공자인 '미스 헬라스' 헬레네를 납치한 적도 있다. 얼마나 겁이 없었는가 보라. 이 둘은 저승 왕 하데스에게 왕비 페르세포네를 내어달라고 조르다가 그 곤욕을 치르고 있었던 것이다.

"테세우스여, 내 아내와 자식들 피가 묻은 내 손을 잡아 그 죄를 나누어지고자 했던 테세우스여, 그대는 필시 그 죗값을 치르느라고 여기 이 반석 같은 망각의 의자에 붙잡혀 있는지도 모르겠구나. 나는 그 죄를 닦느라고 아르고스 왕의 휘하에서 12년을 보내었다. 이

**헬레네를 납치하는 테세우스와 페이리토오스**
조반니 스카이아로의 〈헬레네 납치〉.

제 이 케르베로스만 잡아가면 내 죄는 말끔히 닦일 것이다. 이제 내 손을 잡으라. 그대의 쇠를 함께 닦을 차례가 되었구나. 모이라이(운명의 여신들)의 손길도 오늘만은 그대 손을 내 손에서 떼어놓지 못할 것이다."

망각의 의자에는, 한번 앉으면 엉덩이를 뗄 수 없다. 헤라클레스는, 한번 앉으면 영원히 앉아 있어야 하는 망각의 의자에서 테세우스를 번쩍 들어 올렸다.

그러나 테세우스의 엉덩이는 망각의 의자에 달라붙어 떨어지지

**헤라클레스의 열두 과업**
석관의 돋을새김. 로마 국립 박물관 알템프스 궁전.

않았다. 하데스의 권능은 역시 '장난'이 아니었다. 헤라클레스의 괴력 또한 '장난'이 아니었다. 한 차례 실패한 헤라클레스가 끙 소리를 내며 힘을 썼다. 그러자 테세우스의 엉덩이가 바위에서 떨어지는데, 가만히 보니 엉덩이 살은 고스란히 바위에 붙어 있었다. 무작배기 헤라클레스가 우격다짐으로 뽑아 올리는 바람에 테세우스는 엉덩이 살을 망각의 의자에 털렸던 셈이다. 이때부터 테세우스는 엉덩이 살을 몽땅 털린 뾰족 엉덩이로 세상을 나돌아 다니지 않으면 안 되었다. 온 헬라스 사람이 아티카 사람들을 '뾰족 궁둥이들 lean bottoms'이라고 놀려먹는 것은 그들이 대부분 테세우스의 자손들이기 때문이다.

테세우스를 내려놓은 헤라클레스는 이번에는 페이리토오스의 겨드랑에 두 손을 넣었다. 그러나 그 순간, 시켈리아(시칠리아)섬 밑에 묻혀 있던 거인 엔켈라도스가 돌아눕는 바람에 대지와 함께 저승 땅이 크게 흔들렸다. 이 바람에 페이리토오스의 겨드랑에 들어가 있던 헤라클레스의 두 손이 쑥 빠지고 말았다. 헤라클레스가 다시 손을 내밀자 페이리토오스가 소리쳤다.

"헤라클레스여, 어서 테세우스를 데리고 이곳을 빠져나가세요. 저승 땅의 법은 한번 놓친 손을 다시 잡게 하지 않습니다. 이것이 저승 땅의 법이요, 이것이 나 페이리토오스의 운명입니다. 운명과의 싸움, 이제 신물이 납니다."

헤라클레스는 케르베로스를 어깨에 둘러멘 채 테세우스의 손을 잡고 황급히 스튁스강 쪽으로 내달았다. 저승 땅을 아홉 번 돌며 흐르던 스튁스는 잠깐 그 흐름을 멈추고 헤라클레스 앞에다 길을 내어주었고, 플레게톤(불의 강)은 잠시 불을 껐으며, 코퀴토스(시름의 강)는 한숨을 미루었고, 아케론(비통의 강)은 통곡을 잠시 참았다.

## 열두 과업의 완수

헤라클레스가 테세우스와 이별하고 아르고스 땅 뮈케나이 성문 앞에 이른 것은, 아르고스 왕에게 몸을 붙인 지 꼭 12년 되는 날이었다. 웬만한 사람이라면, 신탁이 못 박은 '12년'과, 과업이 끝나면서 종살이에서 풀려나게 되는 날이 꼭 12년이었다는 것을 알았다면 아폴론 신에 대한 두려움에 몸을 부르르 떨었음 직하다. 헤라클레스는 그렇게 예민하지 못했다. 뒷날 퉁방울눈을 부라리고 아폴론 신과 '맞짱' 뜨겠다고 나섰던 것을 보면.

아르고스 왕은 청동 항아리 속에 들어가 뚜껑을 닫고 있었다. 그는 코프레우스의 전갈을 받지 않고도 헤라클레스가 케르베로스를 잡아 뮈케나이성 안으로 들어왔다는 것을 알 수 있었다. 케르베로스가 짖어대는, 큰 망치로 망치받이 모루를 내려치는 듯한 소리와 쇳조각으로 쇳조각을 긁는 듯한 소리가 묘하게 어우러진 소리는 일찍이 들어본 적이 없는 소리였다. 들어본 적은 없어도 언젠가는 음습한 저승에서나 듣게 될 것이라고 오래전부터 예감하던 소리이기도 했다.

"저를 아르고스 왕으로 세우신 헤라 여신이여, 어찌하여 저를 내시고 또 헤라클레스를 내시었습니까? 저는 저자를 12년 동안이나 수중에 잡아두고도 털끝 하나 상하게 하지 못했습니다. 여신이여, 차라리 이 아르고스 왕의 고난에서 일어선 저 헤라클레스의 영광을 받으소서."

이렇게 한탄하고는 코프레우스를 보내어 헤라클레스에게 다음과 같은 말을 전하게 했다.

"헤라클레스여, 강보에 싸인 채 뱀을 목 졸라 죽였다는 헤라클레스여, 네메아의 사자, 물뱀 휘드라, 에뤼만토스의 멧돼지를 죽여 괴악한 짐승들을 저만치 무찔러놓았으니 백성들이 좋아하겠구나. 헤라 여신의 현몽으로 그대에게 과업을 맡겼으되 나는 그 뜻을 일일이 알지 못한다. 백성들은, 그대가 케뤼네이아의 암사슴을 사로잡았을 때는 신들과 화해하는 길을 열었고, 스튐팔로스의 새들을 쫓았을 때는 전쟁신의 한쪽 날개를 꺾었다고들 칭송한다더라. 그렇다면 디오메데스의 암말은 무엇이고 아우게이아스의 외양간은 또 무엇인가? 전쟁의 공포로부터 백성들을 구하고 삶의 터전을 말끔하게 닦아주었음인가? 그대는 미노스의 황소를 붙잡음으로써 사람의 손에 길들여지지 않는 흉포한 것들을 길들인 것인가? 아마존의 허리띠를 취함으로써 백전불패의 절대권을 장악한 것인가? 게뤼오네스의 소를 몰러 먼 땅을 방황한 것은 이로써 백성들에게 넓은 세상으로 눈을 돌리게 하려 했던 것인가? 알지 못하겠구나. 헤스페리데스의 사과를 취함으로써 지혜로움을 얻었고, 하데스의 지킴이 개를 사로잡음으로써 삶에서 죽음으로 눈을 돌리게 되었다고 백성들은 칭송하더라만, 나는 알지 못하겠구나.

가거라, '헤라클레스 칼리니코스(빛나는 승리자 헤라클레스)'여. 발광의 여신이 다시 그대에게 죄를 씌우더라도 오늘 떠난 아르고스 땅은 다시 찾지 말아다오. 이제는 그대에게 맡길 과업도 없고 맡길 명분도 끝이 났거니, 그대가 오더라도 내가 들어갈 청동 항아리가 다시 있을 것 같지 않구나."

헤라클레스가 케르베로스를 둘러메고 뮈케나이성을 나와 '엘레우테론 휘도르(자유의 물)' 강 가에 이르렀을 때였다. 케르베로스가 꿈틀거리기 시작했다. 헤라클레스가 사자 가죽을 열자 케르베로스는 살며시 헤라클레스의 어깨에서 내려와 이 강으로 뛰어들었다.

헤라클레스의 열두 과업은 이로써 끝났다.

죽어야 할 팔자를 타고난 인간들이 저희 집 대문 상인방에다 이렇게 써 붙이는 풍습은 이때부터 시작되었단다.

"제우스의 아들 '헤라클레스 칼리니코스' 이 집에 거하시다. 제악물입(모름지기 '악'이라고 불리는 것들은 이 집에 들지 말지어다)."

아르고스의 지배자.

헤라 여신의 하수인이 되어 헤라클레스의 운명을 좌지우지했던 아르고스 왕은 어떻게 되었을까?

먼 훗날 헤라클레스가 승천한 다음, 이 무능한 왕은 감히 아테나이와 전쟁을 벌인다. 이 전쟁에서 아들을 잃고 달아나던 아르고스 왕 에우뤼스테우스는 휠로스 손에 죽임을 당한다. 헤라클레스의 아들인 휠로스는 아르고스 왕의 목을 베어 할머니, 즉 헤라클레스의 어머니인 알크메네에게 보내고, 알크메네는 뜨개질하는 바늘로, 몸뚱어리 없이 머리만 남은 이 왕의 두 눈마저 파내버린다.

15장
# 헤라클레스의 삶은 끝나지 않았다

GREEK
AND
ROMAN
MYTHOLOGY

# 이피토스와의 슬픈 인연

열두 과업을 완수한 뒤 헤라클레스는 테바이에 한동안 머물렀다. 비록 제 손으로 처자식을 죽이고 저 자신을 추방했던 나라이기는 했다. 하지만 테바이는 그가 태어난 땅, 쌍둥이 아우 이피클레스와 함께 때로는 앞서거니 뒤서거니 때로는 아옹다옹하면서 자라난 고향이었다. 열두 과업을 완수하느라 몸과 마음이 지칠 대로 지쳐 있었을 것이다.

그런 헤라클레스의 귀에 참으로 솔깃한 소식이 날아들었다. 오이칼리아의 왕 에우뤼토스가 활쏘기의 맞수를 찾는다는 것이었다. 자기를 이기는 명궁이 있으면 딸을 주겠다는 것이었다. 당시 헤라클레스는 홀몸이었다.

테바이에서 소년 시절을 보낼 당시 쌍둥이 형제 헤라클레스와 이피클레스에게 활쏘기를 가르친 명궁 에우뤼토스의 이름을 혹시 기억하시는지? 에우뤼토스는 활은 잘 쏘았어도 겸손하지는 못했던 모양이다. 그는 활의 신 아폴론에게 감히 도전했다가 아폴론의 화살에 맞아 이 세상을 하직했다. 하지만 그는 역시 하늘이 낸 명궁이었던 모양이다. 오뒤쎄우스가 쓰던 활, 뒷날 오뒤쎄우스가 아내 페넬로페를 괴롭히던 구혼자들을 쏘아 죽인 활이 바로 에우뤼토스의 활이었다고 하니.

그러나 오이칼리아 왕 에우뤼토스는 이 명궁 에우뤼토스와 이름이 같을 뿐 같은 사람으로 보기 어렵다. 명궁 에우뤼토스는 겸손하지 못한 흠이 있지만 에우뤼토스왕은 약속을 무겁게 여기지 않는 비겁한 인물이기 때문이다. '에우뤼토스'라는 말은 '뤼토르톡손', 즉 '명궁'이라는 뜻이란다. 말하자면 헤라클레스에게 활 쏘는 재주를 가르친 명궁이나 오이칼리아에서 왕 노릇 하는 '활의 명수'가 공히 '명궁'이라는 일반 명사를 이름으로 쓰고 있었던 셈이다.

아비의 사람은 그 모양이었어도 그 아비가 상으로 내건 처녀 이올레는 비올레(제비꽃)만큼이나 착하고 아름다운 처녀였다. 그러나 이 처녀는 아름다워서 아름답지 않은 것만 같지 못했다. 아비 에우뤼토스가, 이 아름다운 딸을 다른 '놈'에게 주는 것이 아까워, 활 재간으로 자기를 이기는 자가 있으면 딸을 주겠노라고 해놓고는 무수한 젊은이를 쏘아 죽이고 있었기 때문이다. 실제로 활 재간으로는 그 딸을 얻을 자가 가까운 나라에는 없을 만큼 에우뤼토스는 명궁이었다.

문제는 과녁이었다.

에우뤼토스는, 상대와 활 한 바탕 되는 곳에 떨어져 서서 서로 상대를 겨누고 활을 쏘는, 이른바 '마주 쏘기'의 명수로 악명이 높았다. 오이칼리아의 수많은 한량은 이올레를 바라고 왔다가 에우뤼토스의 이 '마주 쏘기' 시합에 걸려 이미 무수히 목숨을 잃은 터였다. 에우뤼토스는 헤라클레스를 맞고도 여전히 이 '마주 쏘기'로 승부 가릴 것을 주장했다. 헤라클레스는 그런 에우뤼토스왕을 타일렀다.

"'마주 쏘기'로 승부를 가리는 풍속이 널리 퍼지면 오이칼리아의 활잡이들은 씨가 마릅니다. 둘 중 하나는 반드시 죽을 테니까요. 그러니 다시 한 번 생각해보시지요."

에우뤼토스는 듣지 않았다.

"'마주 쏘기'는 주인인 내가 내거는 조건이니 나그네인 그대가 받아들여야 한다. '마주 쏘기'로 승부가 나지 않으면 그대가 고르는 과녁을 받아들이마."

헤라클레스와 에우뤼토스는 궁전 앞마당에서, 활 한 바탕이 확실히 되는 거리를 사이에 두고 마주 섰다. 그러나 헤라클레스는 에우뤼토스가 시위에 살을 먹이자마자 활 두 바탕 되는 거리로 물러섰다. 따라서 에우뤼토스는 자그마치 활 한두 바탕 되는 곳에 서 있는 헤라클레스까지 화살을 날려야 했다. 인간인 에우뤼토스가 그렇게 먼 거리까지 화살을 쏘아 보낼 수 있을 리 없다.

그러나 헤라클레스는 다르다. 태양신에게까지 활을 겨누어 기어이 그 사발 배를 빌려낸 헤라클레스가 아니던가? 헤라클레스가 살을 먹인 뒤 시위를 힘껏 당겼다가 깍지 손을 떼자 화살은 두 바탕 거리를 가볍게 날아가 에우뤼토스의 귀밑머리를 자르고 지나갔다.

에우뤼토스가 살을 먹인 채 접근했지만 헤라클레스는 그가 한 걸음 떼어놓을 때마다 그 발 앞에다 살을 꽂았다. 에우뤼토스가 몹시 놀라 활을 거두고 헤라클레스에게 말했다.

"그대는 '멀리 쏘기'에 능하구나. 그러나 나를 죽이지 못했으니 그대가 이겼다고 할 수 없다. '마주 쏘기'에서는 승부가 나지 않았다고 하는 편이 마땅하다. 이제 '마주 쏘기'를 물리치고 '과녁 쏘기'를 할 차례다. 과녁은 그대가 고르라."

"내가 고르는 과녁에 토를 달지 않겠소?"

"이 권한은 내가 이미 그대에게 일임한 바 있다. 그러나 과녁이 활 한 바탕 거리에서 멀어져서는 안 된다. 어떤 신이 그대의 뒷배를 보아주고 있는지 모르겠으나, 나는 인간이라 살을 한 바탕 이상은 쏘아 보낼 수가 없다."

"내가 고르는 과녁에 토를 달지 않겠소? 그 과녁이 활 한 바탕 거리를 벗어나지는 않을 것이오."

"토를 달지 않겠다. 설사 그 과녁이 내 아들의 투구 끈이라고 하더라도."

헤라클레스는 긴 위자 팔걸이에 기대듯이 비스듬히 앉아 있는 이올레 공주에게 다가갔다. 그러고는 과일 접시에서 사과 한 알을 집어 든 뒤 이올레 공주의 손목을 끌고는 다시 마당으로 내려섰다. 에우뤼토스왕과 그 신하들이 숨을 죽이고 헤라클레스의 거동을 지켜보고 있었다.

헤라클레스는 이올레의 목걸이 끝에 달린 보석을 사과에다 꿴 뒤 살그머니 사과를 놓았다. 사과는 이올레의 하얀 젖가슴 한가운데 조용히 자리 잡았다.

**헤라클레스와 에우뤼토스**
헤라클레스(왼쪽에서 세 번째)와 에우뤼토스(맨 오른쪽). 이올레(중앙)가 시중을 들고 있다.

헤라클레스는 이올레의 손목을 잡고 150보를 걸은 뒤 이올레를 거기에다 돌려세우고 에우뤼토스왕 옆으로 다가왔다.

"두 번 확인하셨으니 다른 말은 하지 마시오. 그대가 '뤼토르 톡손'이라면 시위 낭기는 힘의 강약과 살이 날아기는 속도의 완급을 자제하는 재간도 익혔을 것이오."

"내 딸 이올레는 내가 내건 상이지 과녁이 아니지 않은가?"

"그대는 대체 사람으로 과녁 삼기를 좋아하는 명궁 아니오? 그대가 내건 상이 과녁이 될 수 없다면 그대를 과녁으로 삼으리까? 잘 보시오. 보고, 과녁하면 아무리 소중한 자식도 남에게 나누어주는 버릇을 배우시오."

헤라클레스가 활을 들자 에우뤼토스는 손을 들었다. 에우뤼토스의 신호에 경호병과 궁수들이 일제히 헤라클레스에게 활과 창을 겨누었다. 만일의 경우 헤라클레스를 죽일 수도 있다는 뜻이었다.

헤라클레스는 이올레의 두 젖무덤 사이에 매달린 사과를 향해 살 네 개를 연하여 거푸 날렸다. 살 네 개는 더 들어가는 일도 덜 들어가는 일도 없이 딱 사과에만 들어가 꽂혔다. 이올레의 젖가슴에 난 노랑 털 한 올 다치지 않았던 것은 물론이다. 에우뤼토스도 같은 과녁을 쏠 수 있었을까? 마음이 여린 사람이 아닌데도 불구하고 그는 쏘지 못했다.

에우뤼토스는 약속을 지킬 것인가? 지키지 않기가 쉽지.

왕은 헤라클레스가 젊은 시절에 발광하면서 처자식을 죽인 일이 있다는 것을 알고 있었다. 그는 그것을 구실 삼아 헤라클레스를 빈손으로 보내려 했다. 아우게이아스왕이, 외양간 치운 품값을 나 모르쇠 하고 헤라클레스를 빈손으로 보냈듯이.

뿐인가?

아우게이아스왕의 아들 퓔레우스가 아버지의 신의 없음을 면전에서 탄핵했듯이, 에우뤼토스의 아들 이피토스도 아버지를 향해 직격탄을 날렸다.

"헤라클레스의 과거를 문제 삼고 싶었다면 그것도 조건에 포함시켰어야 했습니다. 지금 문제 삼으시면 부왕께서는 신의를 다치실 것입니다."

그러나 아우게이아스왕이 그랬듯이 에우뤼토스도 끝내 아들의 말을 귀에 담지 않았다. 에우뤼토스의 운명, 이제 바람 앞의 등불이다.

헤라클레스는 이 에우뤼토스왕을 단단히 벼르면서 빈손으로 티륀스성에 내려가 있었다. 티륀스성은 헤라클레스가 열두 과업을 완수할 동안 머문 곳이기도 하다.

어느 날, 이피토스가 헤라클레스를 찾아왔다. 아버지의 뜻을 거스르면서까지 헤라클레스를 편들어주었던 바로 오이칼리아 왕자다. 헤라클레스에게 이피토스는 귀한 손님이었을 수밖에 없다. 이피토스는 찾아온 내력을 이렇게 말했다.

"장군께서 떠나신 뒤 우리 오이칼리아는 엄청나게 많은 소를 도둑맞았습니다. 부왕과 중신들은 장군에게 혐의를 두고 있습니다만 제 생각은 다릅니다. 본 사람 말로는, 도둑이 소 떼 가까이 다가와 무리 중 우두머리 소의 목을 졸라 쓰러뜨리고 한 마리 한 마리에 손을 대자 쓰러진 소 말고는 소가 한 마리도 보이지 않더랍니다. 장군께서는 씨름의 명수이자 도둑질의 명수인 이자가 누구인지 아실 테지요?"

소도둑은 다름 아닌 헤르메스 신의 아들 아우톨뤼코스였다. 씨름에 능해서 한때 헤라클레스에게 씨름을 가르쳤고, 도둑질에 능해서 훔칠 물건에 손을 대어 그 물건을 사라지게 할 수 있는 도둑은 도둑질과 사기와 말장난의 명수인 헤르메스의 아들 아우톨뤼코스뿐이었다.

헤라클레스는 짐작이 가는 바가 없지 않았던지 빙그레 웃으며 이 도둑을 두둔하는 말을 했다.

"이 세상에는 페르세우스같이 의로운 분이 있는가 하면 아우톨뤼코스같이 해괴한 놀음을 일삼는 신인도 있소. 내게 씨름과 술 먹기,

여자 보기를 가르친 분이 바로 이 아우톨뤼코스랍니다. 이분에게 배운 술 때문에 미쳐 날뛰다 여러 번 죄를 지은 바가 있소만 나는 나 자신과 술을 원망하지, 이분은 원망하지 않아요.

이분이 필시 내가 그대 나라에서 욕을 보았다는 소문을 듣고 앙갚음을 대신하느라고 소를 훔쳤을 것이오. 내가 아우톨뤼코스에게 좋은 말을 하고 소 떼를 되돌려 보내게 하겠소."

헤라클레스는 이피토스를 대접해서 티륀스 성벽 위에서 크게 술잔치를 벌였다. 그런데 말이 씨가 되어 그랬는지, 이날 밤 헤라클레스가 또 술 때문에 맑은 정신을 잃고 이 귀한 손님 이피토스를 성벽 아래로 던져 죽이고 말았다.

헤라클레스는 술이 깨자 이피토스의 시신을 수습하여 오이칼리아로 보내준 뒤 제 신세를 한탄했다.

"대낮에 발광하다가 처자식을 죽이고도 테세우스 때문에 내 손으로 나를 죽이지 못한 죄가 크다. 또다시 무고한 자를 죽였으니 이 일을 어쩌랴. 인간이 죽이지 못하는 나를 내 손으로 죽여야 마땅하나 아직은 때가 되지 않은 것이 한이로구나."

헤라클레스가 '때가 되지 않았다'는 것은 욕보인 자들에게 그 빚을 다 갚지 못했다는 뜻이다.

# 아폴론과 한판 붙다

헤라클레스는 이피토스 죽인 죄를 씻기 위해 필로스 왕 넬레우스를 찾아가 종으로 부려 죄를 닦아줄 것을 간청했다. 그러나 필로스는 헤라클레스가 두 번이나 깨뜨린 도성이다. 게다가 넬레우스왕은 에우뤼토스의 절친한 친구이기도 했다. 친구의 아들이 죽었는데, 죽인 당사자의 죄를 닦아주려 할 리 없었다.

헤라클레스가 아뮈클라이 왕 데이포보스 밑에서의 짧은 종살이를 통해 이피토스 죽인 죄를 닦기는 했다. 하지만 죄를 닦았는데도 불구하고 헤라클레스는 이름 모를 병으로 시름시름 앓았다. 죄가 닦이지 않았다는 증거였다.

헤라클레스는 다시 한 번 델포이로 올라가 아폴론 신에게 죄 씻을 방도를 묻고 싶었다.

그러나 델포이 신전의 여사제 퓌티아는 헤라클레스에게만은 아폴론 신이 맡긴 뜻을 전해줄 수 없노라고 거절했다. 여기에는 까닭이 있다.

옛 헬라스 땅에서 살인은 그다지 큰 죄가 아니었다. 그러나 나그네를 죽인 죄는 무거웠다. 헤르메스는 쉬 죽임을 당할 수 있는 나그네들의 수호신이었다. 손님을 죽인 죄 역시 쉽게 닦이는 죄가 아니었다. 손님의 피가 문지방에 묻었다……. 이럴 경우 집주인은 살아남기가 어려웠다.

헤라클레스에게 이피토스는 손님이었다. 그것도 예사 손님이 아닌, 과거에 은혜를 베푼 적이 있는 손님이었다. 은혜를 베풀어도 그냥 베푼 것이 아니었다. 이피토스는 헤라클레스를 변호하다 아버지 에우뤼토스 손에 죽임을 당했을 수도 있다. 따라서 그것은 목숨을 걸고 베푼 은혜였다. 그런데 헤라클레스는 그런 이피토스를 죽인 것이었다.

아폴론 신전의 여사제 퓌티아가 보기에도 헤라클레스가 지은 죄를 닦기는 매우 어려워 보였다. 그래서 신탁 들려주기를 거절한 것이다.

델포이에 있는 아폴론 신전의 여제관이 신탁 일러주기를 거절한 것은 이때가 처음이다. 두 번째로 거절당한 사람은 알렉산드로스 대왕이다.

페르시아 원정을 앞두고 알렉산드로스는 델포이로 올라갔다. 알렉산드로스는 아폴론 신이 그 신전에 맡겨놓은 뜻을 받아보고 싶었다. 그러나 그가 신전에 이른 날은 공교롭게도 액일이었다. 그런데도 그는 부하를 신전으로 들여보내 여사제 퓌티아에게 페르시아 원정대

총사령관이 탁선, 곧 아폴론 신이 맡겨놓은 뜻을 받으러 왔다는 사실을 알리게 했다. 잠시 후 부하가 나와 이런 말을 했다.

"퓌티아는 신전의 율법에 따라 액일에는 신이 맡겨놓은 뜻을 전해 줄 수 없노라고 합니다."

알렉산드로스는 부하를 다시 들여보내 우격다짐으로 퓌티아를 끌어내게 했다. 끌려 나온 퓌티아는 사령관 앞에서도 탁선을 전할 수 없다고 버티었다. 알렉산드로스는 퓌티아를 끌고 신전으로 들어가 트리포우스에 앉혔다. 트리포우스는 삼각대, 즉 다리가 세 개인 걸상인데, 델포이의 여사제가 신의 뜻을 전할 때는 반드시 이 삼각대에 앉아서 전하기로 되어 있다. 퓌티아는 알렉산드로스의 열성에 감복했다는 듯이 이렇게 중얼거렸다.

"참으로 질 줄 모르시는 분이군요 Thou art invincible."

요즘 말로 하자면 '졌다'는 뜻이다.

탁선을 받은 것이 아니라 만들어낸 셈이 된 알렉산드로스가 응수했다.

"그것이 바로 내가 받고 싶어 하던 신의 뜻이오."

지금부터 2천 년 전에 한 히브리의 성인이 델포이로 왔을 때였다. 이때 퓌티아는 이런 말로 신탁 전하기를 사양했다고 한다

"……대자연의 '자궁' 속에서 시대가 잉태되었다. 이제 델포이의 태양(포이보스 아폴론)은 서쪽으로 지고 말았다. 이제 사람들이 그 신탁을 들을 수 없는 때가 임박하였은즉, 이는 신탁이 그 빛을 잃었음이라……. 살아 있는 신탁이 지금 이 성스러운 숲속에 있다……. 장

차 그 '임마누엘(신이 함께하시다)'이 슬기와 권세를 펴리라······. 이제 모든 생령은 그 임마누엘의 말을 듣고 그를 받들어야 하리라."

 리바이 다울링이라는 사람이 쓴 책에 나오는 말이다. 그리고 지금 '임마누엘'은 '예수스 크리스토스(기름 부음을 받은 예수)'라고 불린다.

 이야기를 되돌리자. 퓌티아가 신탁 전하기를 거절했는데도 헤라클레스가 가만히 있었을 리 없다.

 헤라클레스는 신관이 앉는 걸상 모양의 제구인 삼각대를 번쩍 들고 눈을 부라리며 호령했다.

 "되지 못한 것이 사제 노릇 하는 것을 지나치게 위세 부리지 않나? 네가 신의 뜻을 읽을 줄 안다면 내가 누군지도 알겠구나. 내가 이 삼

**아폴론 앞에서 삼각대를 휘두르는 헤라클레스**
상체 부분이 부서져 헤라클레스를 알아보기가 쉽지 않다. 그러나 자세히 보면 사자 가죽의 일부가 보인다. 아폴론과 헤라클레스 사이에 델포이를 상징하는 돌덩이 '옴팔로스(세계의 배꼽)'가 놓여 있다. 파리 루브르 박물관.

각대에 앉아 내 마음대로 탁선을 받으랴?"

자신의 신전이 위태로워지자 아폴론이 급히 델포이로 달려왔다. 수금을 잡으면 음률의 신이요, 활을 잡으면 멀리 쏘기의 명궁인 아폴론이 아니던가.

그러나 우리가 잘 알고 있다시피 헤라클레스 또한 상대가 신이든 인간이든 오는 주먹은 반드시 받아치는 영웅이다.

아폴론은 헤라클레스를 맞아, 하도 어이가 없어서 그랬겠지만 자기 정체를 밝힐 듯 말 듯하면서 꾸짖었다.

"이거, 아르테미시온(아르테미스의 산)에서 암사슴을 사로잡는다면서 돌아다니던 미친놈 아냐? 태양 마차에다 활을 겨누지를 않나, 포

**삼각대를 두고 드잡이하는 헤라클레스와 아폴론**
기원전 5세기, 그리스 항아리 그림. 런던 대영박물관.

15장 헤라클레스의 삶은 끝나지 않았다

세이돈의 갈기(파도)를 몽둥이로 치지를 않나, 이 실성한 자야, 제 스승 리노스를 키타라로 때려 죽이고, 제 아내와 자식까지 몰살시킨 자야. 이 신전이 누구의 신전인지 알면 내가 누구인지도 알겠구나."

"나는 탁선을 듣고 싶어서 왔을 뿐입니다. 지금은 싸움 같은 게 별로 하고 싶지 않습니다."

"별로 하고 싶지 않다? 별로 하고 싶지는 않지만 무릎 꿇고는 얻어맞지 않겠다, 그 말이냐?"

"상대가 신이든 인간이든, 오는 주먹은 받아칩니다. 상대가 제우스 대신일지언정 공매를 맞지는 않지요."

아폴론은 천계와 지상을 통틀어 그 이름이 널리 알려진 헤라클레스를 시험해볼 요량으로 주먹을 쥐고 다가섰다.

제우스 신이 가만히 내려다보고 있다가 혀를 찼다.

제우스는 헤라클레스의 그 미련한 성품과 '대담하다'는 말로는 설명할 수 없는 용기를 아폴론이 그리 밉지 않게 여기고 있다는 걸 알았다. 그러나 헤라클레스가 아폴론에게 쥐어박히고 가만히 있을 위인이 아니라는 데 문제가 있었다. 그래서 제우스 대신은 델포이 신전 앞에다 벼락을 한 대 터뜨려 자신의 뜻을 전했다. 사냥개와 여우가 싸울 때 손을 들어 이 둘을 돌로 화하게 했듯이.

"제우스와 레토의 아들 아폴론은, 제우스와 알크메네의 아들 헤라클레스에게서 물러서라. 네 앞에 있는 헤라클레스는 이미 내 손을 떠났다. 예전에 너를 박해했듯이, 헤라가 지금 네 앞에 있는 미련한 네 아우를 시험하고 있으니 헤라의 뜻을 짐작하여 그 아이에게 일러

**로마 황제 아우구스투스와 시빌레**
시빌레는 델포이 신전의 초기 여사제다. 아우구스투스가 신탁을 묻자 시빌레는 하늘을 손가락질한다. 거기에는 아기 예수를 안은 성모 마리아가 있다. 아무래도 델포이 신탁의 시대는 가고 새로운 예언의 종교가 온다는 것을 암시하는 것 같다. 안톤 카론의 그림.

주는 편이 지혜롭다 할 것이다."

제우스는 이런 뜻을 아폴론에게 전했다. 아폴론은 제우스의 말을 옳게 여겨 그 자리를 떠났고, 여사제 퓌티아는 그제야 아폴론의 뜻을 헤라클레스에게 전했다.

"네가 아르고스 왕에게 몸 붙이고 12년간을 종살이한 것은 헤라 여신이 매긴 값이지 내가 매긴 값이 아니다. 그러나 내 신전의 삼각대를 욕되게 한 죗값은 나와 셈해야 한다. 때가 되어 누가 너를 금

3탈란톤에 팔아 3년 동안 종살이를 시키거든 그것이 내가 매기는 값인 줄 알아라."

참으로 신기하게도, 아폴론의 뜻을 듣는 순간 헤라클레스는 몸이 날아갈 듯이 가벼워졌다는 느낌을 받았다.

## 옴팔레의 궁전에서
## 신나게 놀다

헤라클레스는 이제 몸값을 지불했다는 사람이 나타나기를 기다리는 수밖에 없다. 헤라클레스의 소유권은 헤라클레스 자신에게 있는 것이 아니라 몸값을 지불한 사람에게 있기 때문이다.

과연 그때가 왔다.

지금의 튀르키예 땅에 있던 뤼디아 왕국의 사자가 헤라클레스를 찾아왔다. 저희 왕국의 여왕이 헤라클레스를 샀다는 것이었다.

"뤼디아 왕국으로 가셔야겠습니다. 저희 여왕께서 황금 3탈란톤에 장군을 3년간 사셨습니다. 앞으로 3년 동안은 여왕 밑에서 종살이를 하셔야 합니다."

헤르메스가 중간에 사람을 넣어 헤라클레스를 옴팔레에게 '팔아먹은' 것이다. 헤르메스는 헤라클레스 판 돈을 델포이 신전에 바치고는 이 일에서 손을 씻었다. 헤라클레스는 헤르메스를 원망해야 하는가? 두고 볼 일이다.

헤라클레스를 헐값에 산 사람은 소아시아 뤼디아의 여왕 옴팔레

**헤라클레스와 옴팔레**
아브라함 얀선스의 〈옴팔레 침실에서 판을 쫓아내는 헤라클레스〉(위)와 프랑수아 부셰의 〈헤라클레스와 옴팔레〉(아래). 침대 곁의 에로스가 헤라클레스와 옴팔레의 사이를 짐작케 한다.

였다.

'옴팔레'는 '배꼽'이라는 뜻이나, 배 한가운데 있는 '배꼽'만을 가리키는 말이라기보다는 '대지의 중심', '세계의 축', '근원' 등을 싸잡아 가리키는 말이다.

남편인 토모로스를 앞세운 과부 옴팔레 여왕은 음란하기가 이를 데 없었다. 그런데도 뤼디아의 여자들은 이 여왕을 글자 그대로 '대지의 중심'이며 '세계의 축'으로 알고 섬기기를 마다하지 않았다. 과부나 처녀들이 매춘부로 만판 놀아나면서 지참금을 잔뜩 마련한 다음에야 사내를 맞아들이는 뤼디아의 해괴한 풍습 때문이었다. 이들의 눈에는, 왕국을 하나 발밑에 거느리고 남성을 기다리는 옴팔레가 아르테미스나 아프로디테 같은 여신으로 보였음 직하다.

헤르메스가 짓궂다. 헤라클레스를 팔되, 남자에 굶주린 과부에게 판 것이다.

헤라클레스는 과부 옴팔레 밑에서 종살이를 했을까? 헤라클레스가 누구인가? 일찍이 테스피아이의 왕은 헤라클레스의 자식을 잉태하기를 바라는 마음에서 딸 50녕을 차례로 헤라클레스의 방으로 들여보내지 않았던가? 아마존 여왕조차 헤라클레스의 자식을 하나 낳고 싶어서 백전백승을 보장한다는 허리띠를 순순히 풀지 않았던가?

옴팔레는 황금 3탈란톤으로 천하장사를 모셔 들인 것이다.

헤라클레스는 이 옴팔레 여왕의 궁전에서 별 해괴한 짓을 다 한다. 디오뉘소스 향연에 나가는 옴팔레 여왕을 위해 여자 옷으로 단장하고 황금 양산을 받쳐준 적도 있고, 자신은 여왕의 옷을 입은 채, 알

**옷을 바꿔 입은 헤라클레스와 옴팔레**
프랑수아 르무안의 〈헤라클레스와 옴팔레〉. 이 둘은 서로 옷을 바꿔 입고 있다. 이성의 옷 입기를 좋아하는 트란스베시티즘(의상도착증)의 향연 같다. 근원에 대한 목마름인가?

몸에 네메아의 사자 가죽만 두르고 몽둥이를 든 옴팔레 여왕을 등에 태우고 내전을 엉금엉금 기어다닌 일도 있다. 여자 옷으로 갈아입고 여종들과 길쌈하는 것은 틈날 때마다 하는 짓이요, 어쩌다 경호병과 마주치면 궁전 시녀들이 그러듯이 교성을 지르며 돌기둥 뒤로 숨는 것은 무료할 때마다 하는 짓이었다.

## 케르코페스, 헤라클레스를 웃기다

　이 땅에서 꽤 긴 세월을 살던 사람이 우주의 근원, 사람의 근원으로 돌아가보는 일은 가능할까? 케르코페스 이야기를 읽다 보면 그런 것이 가능할 것 같기도 하다.

　옴팔레 여왕의 궁전에서 종살이할 때의 헤라클레스는 '근원'으로 되돌아가 남성과 여성, 미움과 사랑, 삶과 죽음같이 상극하는 관념과의 화해를 시도한 것처럼 보인다. 헤라클레스가 처음이자 마지막으로 '배꼽'을 잡고 웃은 것도 이때의 일이다.

　헤라클레스가 소아시아의 에페소스를 지날 때의 일이다. 에페소스에는 장난이 아주 심하고 손버릇이 고약한 종족이 살고 있었다. 다른 데는 검은데 유독 엉덩이만 붉은 이 종족은 남의 흉내 내기를 좋아하고, 실제로 흉내를 썩 잘 내었다.

　이 케르코페스 종족 중에 유독 장난이 심하고 좀도둑질을 좋아해서 멀리 보이오티아로 원정까지 다니는 형제가 있었다. 이 형제의 어머니는 이들이 좀도둑질 나갈 때마다 타일렀다.

"멜람퓌고스를 조심하여라. 장난이 지나치면 멜람퓌고스에게 꼬리를 잡히는 수가 있다."

'멜람퓌고스'란 '엉덩이가 검은 자'라는 뜻이다.

어느 날 에페소스를 지나던 헤라클레스가 반듯이 드러누워 낮잠을 자고 있는데 이 케르코페스 형제가 다가와 헤라클레스의 올리브 나무 몽둥이를 훔치려 했다. 그러나 체구가 작은 두 케르코페스로서는 신전 기둥만 한 헤라클레스의 몽둥이를 들 수가 없었다. 이들이 몽둥이를 질질 끄는 바람에 그 소리에 헤라클레스가 깨어났다.

헤라클레스는 이 요상하게 생긴 것들을 잡아 한 차례 박치기를 시킨 다음 몽둥이 양쪽에 하나씩 거꾸로 매달아놓고는 다시 자던 잠을

**케르코페스 형제를 들쳐 맨 헤라클레스**
고대 그리스의 돋을새김.

마저 달게 잤다. 이윽고 늘어지게 잔 헤라클레스가 몽둥이를 어깨에 메고 산을 내려오는데 몽둥이 뒤쪽에 매달려 있던 케르코페스가 허리가 끊어져라고 웃었다.

"이 요물이 무슨 수를 쓰려고 웃어. 너 이놈 왜 웃어?"

헤라클레스가 뒤를 돌아다보면서 묻자 몽둥이 뒤쪽에 거꾸로 매달려 있던 케르코페스가 대답했다.

"우리 어머니가 멜람퓌고스를 조심하라고 하시기에 세상에 '엉덩이가 검은 자'가 어디에 있겠느냐 싶더니 오늘 당신을 보니까 털이 나서 엉덩이가 새까맣소."

그러고는 또 숨이 꺽꺽 넘어가는 소리를 내며 웃었다. 뒤에 매달려 있는 놈뿐만 아니었다. 앞에 매달려 있는 놈 역시 웃어대기 시작했다.

"이놈은 또 왜 웃어? 이놈아, 네 눈에는 내 엉덩이가 안 보일 터인

**헤라클레스와 케르코페스 형제**
이 재미있는 이야기는 예술가의 영감을 자극했다기보다는 민간에 널리 인기가 있었던 듯하다. 기원전 4세기 그리스 도자기 그림. 로스앤젤레스 게티 빌라.

데 왜 웃어?"

앞에 매달려 있던 놈이 대답했다.

"엉덩이만 털이 나서 시커먼 게 아니고 사타구니도 시커멓소."

이 말을 듣고 헤라클레스는 후다닥 사자 가죽으로 사타구니를 가리다 말고 주저앉아 웃기 시작했다. 처음에는 어처구니가 없다는 듯이 피식 웃다가, 소리 내어 껄껄껄 웃었고, 박장대소, 손바닥을 치며 웃었고, 박장대소하다가 땅을 치며 웃었고, 땅을 치며 웃다가 땅바닥을 뒹굴며 웃었다.

케르코페스 형제는 몽둥이 끝에 묶인 채 웃음을 그치고 겁먹은 얼굴로 헤라클레스를 바라보고 있었다. 헤라클레스는 잠시 웃음을 그치고 이들을 바라보고는 다시 땅바닥을 뒹굴며 웃기 시작했다. 이윽고 헤라클레스의 목구멍에서는 아무 소리도 나지 않았다. 그저 땅바닥에 자빠진 채 이따금씩 경련하고 있을 뿐이었다.

이상한 침묵이 헤라클레스를 감돌았다. 케르코페스 형제는 겁에 질린 얼굴로 서로의 눈치만 살피고 있었다. 때아니게 메추라기 한 마리가 헤라클레스를 스칠 듯이 날아 이 침묵을 깨뜨렸다.

헤라클레스가 몸을 털고 일어났다. 어느새 흐른 눈물이 네메아 사자 가죽을 적시고 있었다.

몽둥이 끝에서 케르코페스 형제를 풀어주며 헤라클레스가 중얼거렸다.

"우스워라. 세상의 우스운 일이 너희 둘과 나의 꼴에 흘러와 꽃으로 핀 듯하구나. 풀어줄 터이니 가거라. 가서 신들과 영웅과 인간에게 너희 모습을 보여, 보는 자로 하여금 제 모습을 돌아보게 하여라.

너희가 이피토스를 죽인 내 죄를 진정으로 말끔히 씻었다. 옴팔레에게 몸을 판 내 죄를 진정으로 말끔히 씻었다. 무고한 자들의 피를 묻힌 내 손을 씻었다. 이 땅에 태어난 죄를 씻었다.

그리고 내 웃음을 씻었다. 나는 헤라클레스다."

케르코페스 형제는 몽둥이에서 풀려나자 꽁지가 빠지게 도망쳤는데, 뒷날 제우스 신은 아들 헤라클레스를 웃김으로써 죄를 닦아준 공을 잊지 않고 이 둘을 바다 한가운데에 섬으로 박아주니, '피테쿠사이(원숭이의 섬)'가 바로 이 두 섬이다.

# 하늘에서 떨어진 이카로스를 묻어주다

　다이달로스와 이카로스 이야기, 그리스 신화가 생소하던 시절에는 그렇게 재미있고 의미심장하게 들릴 수가 없었다. 처음 이 이야기를 읽는 사람들에게 이카로스는 오만을 경계하는 반면교사 노릇을 하기도 했다.

　하지만 지금은 그런 시대가 아니다. 웬만한 사람은 이 이야기를 다 알고 있다. 어디에 가서 저만 아는 듯이 '다이달로스와 이카로스' 이야기를 처음부터 끝까지 해보라. 분위기가 썰렁해질 것이다.

　하지만 아직도 이 이야기를 잘 알지 못하는 독자들을 위해 간단하게 소개하기로 한다. 아버지 다이달로스와 아들 이카로스가 미궁에 갇히게 되었다. 이 미궁을 빠져나올 방법은 단 하나, 하늘을 날아 나오는 수밖에 없었다.

　손재주 좋은 아버지 다이달로스는 새의 깃털을 모으고 이것을 밀랍으로 쫀쫀하게 붙여 날개를 두 벌 만들었다. 하나는 자기 것, 또 하나는 아들 것이었다.

아버지는 아들에게, 너무 높게 날면 햇볕에 밀랍이 녹을 것이니 조심하라고 했다. 부자는 이 날개를 달고 미궁의 벽 위에서 뛰어내렸다. 날개는 바람의 도움을 받아 이 부자를 공중으로 날려주었다.

아들 이카로스는 아버지의 말을 잊고 자꾸만 위로 위로 날아올랐다. 밀랍은 당연히 뜨거운 태양의 열기에 녹기 시작했다. 밀랍이 녹자 날개는 더 이상 날개 구실을 하지 못했다. 이카로스는 바다 위로 떨어졌다.

**아들 이카로스의 등을 떠미는 다이달로스**
프랑스 화가 찰스 폴 랜던의 그림.

**추락하는 이카로스**
태양의 열기에 밀랍이 녹아 이카로스가 바다 위로 떨어지고 있다. 카를로 사라체니의 그림.

 그런데 한 가지, 그다지 알려지지 않은 것이 있다. 바다에 추락한 이카로스의 시신을 수습하여 묻어준 이가 헤라클레스였다는 것이다. 기원전 2세기의 신화 작가 아폴로도로스는 그의 명저 『그리스 신화 소사전』에 분명히 그렇게 쓰고 있다.

 옴팔레 여왕 밑에서 종살이하고 있을 당시 헤라클레스는 여행을 꽤 자유분방하게 하고 다닌다. 에페소스 여행이 그렇고, 돌리케섬 여행이 그렇다.

 아폴로도로스에 따르면, 헤라클레스는 이카로스의 시신이 돌리케섬 해안으로 밀려온 것을 보고는 거두어 묻어주고는 섬 앞 바다 이름을 '이카리아(이카로스 바다)'라고 부르게 했다.

**이카로스의 주검 앞에서 통곡하는 바다의 요정들**

이카로스의 주검은 이들이 묻어주었을 것이다. 그렇다면 헤라클레스가 이카로스의 주검을 묻어주었다는 아폴로도로스의 진술은 거짓인가? 아니다. 이렇게도 저렇게도 얘기할 수 있는 것이 신화이다. 예술가에게는 신화를 왜곡할 권리가 있다. 19~20세기 영국 화가 허버트 제임스 드레이퍼의 그림.

**이카로스의 주검을 수습하는 다이달로스**

이 그림 역시 아폴로도로스의 진술과는 다른 내용을 그리고 있다. 카를로 사라체니의 그림.

이카로스의 아버지 다이달로스는 그 은공에 보답하느라고 그 장한 손재주로 헤라클레스 대리석상을 하나 빚어 피사에다 세웠다. 헤라클레스는 살아 있을 동안에 대리석상으로 선 최초의 영웅일 것이다.

 하지만 이 대리석상의 명은 길지 못하다. 한밤중에 자기 대리석상을 본 헤라클레스는 그것이 살아 있는 괴물인 줄 알고는 돌멩이를 집어 던졌다. 천하장사 헤라클레스가 던진 돌멩이에 맞았으니 그 대리석상, 어떻게 되었겠는가? 박살이 나고 말았을 것이다.

# 아르고나우타이는 체질에 안 맞아

아르고나우타이.

'아르고 원정대원들'이라는 뜻이다. 당시 헬라스에서 가장 빨랐던 배 '아르고호'를 타고 금양모피, 즉 금으로 된 양가죽을 찾으러 북방의 콜키스 땅으로 간 해양 원정대원들이다. 승선 인원은 50명, 원정대장은 이올코스의 왕자 이아손이었다.

헤라클레스가 아르고호에 승선한 것도 옴팔레 여왕 밑에서 종살이를 통해 죄를 닦고 있을 당시의 일이다. 헤라클레스의 여행에 관한 한, 옴팔레 여왕은 무척 관대했던 모양이다.

헤라클레스가 어떤 조직의 일원이 된다?

참 안 어울리는 일이다. 그는 상대가 제우스 신일망정 도무지 고분고분하게는 굴지 못하는 위인 아닌가? 그런 그가 어쩌자고 조직의 일원이 되었던 것일까?

테세우스가 꼬드겼을 가능성이 있다. 테세우스는, 처자식의 피가 묻은 헤라클레스의 손을 만짐으로써 제 손에 그 피를 묻힌 영웅이

**헤라클레스와 아르고호**

뱃머리에 서 있는 사내를 보라. 어깨에 사자 가죽을 걸치고 오른손에는 몽둥이를 들고 있다.

다. 그런 테세우스의 설득을 헤라클레스는 거절할 수 없었던 것으로 보인다.

 더구나 아르고나우타이는 헬라스의 한다 하는 영웅호걸을 총망라하고 있었다. 거꾸로 말하자면 아르고나우타이가 되지 못했다는 것은 당대의 영웅호걸 축에 끼지 못했다는 뜻이기도 하다. 테세우스를 비롯, 제우스의 쌍둥이 아들인 카스토르와 폴뤼데우케스, 헬라스 최고의 가수 오르페우스, 어찌나 발이 빠른지 달리다가 하늘을 부웅 날아오를 수도 있는 칼라이스와 제토스, 눈이 어찌나 좋은지 '천리안'이라는 별명으로 불리던 륀케우스, 여걸 아탈란테도 대원이었다.

 당시 헤라클레스에게는 잘생긴 소년 휠라스가 딸려 있었다. 헤라클레스는 휠라스를 늘 데리고 다니면서 가르치기도 하고 잔심부름을 시키기도 했다.

수상하다고?

수상할 것 없다. 당시 헬라스의 장성한 남성이 소년 하나쯤 데리고 살거나 데리고 다니는 것은 큰 허물이 아니었다. 불미스러운 관계로 발전하는 경우도 있기는 했을 것이다. 하지만 대개의 경우 이들의 관계는 건전했다. 어른에게는 소년의 정신적 스승(멘토)이 되어, 자신이 배우고 몸에 익힌 것을 가르칠 의무가 있다고 헬라스 남성들은 믿었다. 이 풍습은 '파이도필리아'라고 불렸다. '소년 사랑'이라는 뜻이다.

아르고호가 지금의 튀르키예 땅 연안에 이르렀을 때의 일이다.

퀴지코스에서 오래 머무르느라고 식수와 식량을 지나치게 축낸 아르고호는 뮈시아 땅에 다시 상륙하지 않으면 안 되었다. 불행히도 이들이 상륙한 곳은 강도 없고 시내도 없어서 사람이 살지 않았다. 산에 올라가 산속의 샘을 찾는 수밖에 없었다.

대원들은 제각기 항아리를 하나씩 들고 샘을 찾아 산으로 올라갔다. 그런데 다른 대원은 모두 물을 길어 내려와 기다리는데도 미소년 휠라스만은 소식이 없었다.

휠라스와 함께 올라갔던 대원 하나가 이런 말을 했다.

"휠라스는 항아리를 샘가에 놓고 물끄러미 샘물을 내려다보고 있었어요. 그런데 샘 안에서 희고 고운 손이 하나 나오더니 휠라스를 채어 끌고 들어가더라고요. 나는 대원 중 하나가 먼저 그 샘에 들어

**샘의 요정들에 둘러싸인 힐라스**
샘에 수련 꽃이 피어 있다. 수련 그림으로 유명한 화가 클로드 모네가 살던 집에는 실제로 수련이 피는 연못이 있었다. 프랑스 사람들은 이 연못의 수련을 '냉페아 nymphéa', 즉 '요정 nymph'이라고 부른단다. 힐라스처럼 모네도 연못의 요정 수련에서 한평생 헤어나지 못했다는 것을 암시하는 것 같다. 존 윌리엄 워터하우스의 그림.

가 있다가 힐라스를 희롱하는 줄 알고 '별 싱거운 사람 다 있구나' 이렇게 생각하면서 지나쳤지요."

"'희고 고운 손'이라니, 우리 대원들 중 손이 희고 고운 대원이 어디에 있느냐. 아탈란테가 있기는 하지만……."

대원의 말에 아르고호의 유일한 여성 대원 아탈란테가 손을 내밀며 물었다.

"내 손 같습디까?"

그러나 윗옷 위로 불룩 솟은 가슴 때문에 여자 같아 보였을 뿐, 표범보다 빠르다는 이 아르카디아 여걸의 손은 여느 남자 대원의 손과 다르지 않았다.

"아뿔싸."

아탈란테의 손을 물끄러미 바라보고 있던 헤라클레스가 이 한마디를 비명처럼 내지르고는, 휠라스가 올라갔던 방향으로 달려 올라갔다. '희고 고운 손'이라면 대원들 중 하나의 손일 리가 없다는 것을 깨달았던 것이다.

키잡이 티퓌스가 뒤에서 농을 던졌다.

"샘의 요정이 헤라클레스의 애인을 채어갔나 보네."

대원들은 헤라클레스가 휠라스를 물 항아리째 둘러메고 내려올 줄 알고 기다렸다. 그러나 헤라클레스 역시 종무소식이었다.

이번에는 발 빠른 칼라이스와 제토스가 올라갔다.

헤라클레스는 바위틈에 있는 샘물에 몸을 담그고 있었다. 샘가에는 휠라스의 항아리가 빈 채로 놓여 있었다.

"대체 무얼 하시오?"

칼라이스가 물었다.

"샘의 요정이 휠라스를 채어 갔다는 말을 믿어야 하는가? 이 샘에는 바닥이 없네."

"뿌리를 저승에다 댄 샘이 있다더니 이 샘이 그런 샘인가 봅니다."

"뿌리를 저승에다 대고 있든 가지를 천궁에다 걸고 있든, 내 기어이 이 요정이라는 것을 찾아내어 요절을 내고 말겠네."

**휠라스와 샘의 요정들**
17세기 이탈리아 화가 프란체스코 푸리니의 그림.

 이아손을 비롯한 대원들이 올라와 주위의 섬을 샅샅이 뒤졌다.
 칼라이스와 제토스는 하늘로 날아 올라가 땅을 내려다보며 휠라스를 찾다가 소득이 없자 나중에는 천리안 륀케우스의 겨드랑이를 양쪽에서 끼고 날아 올라갔다. 그러나 천리안 륀케우스도 결국 이 미소년을 찾아내지 못했다.
 아르고나우타이는 거기에서 하룻밤을 묵었다. 헤라클레스는 휠라스를 찾아다니느라고 모닥불 곁으로는 한 번도 오지 않았다.
 아침이 오자 헤라클레스가 원정대장 이아손을 불러 말했다.
 "참으로 내가 뱉은 말이 무섭네. 렘노스섬에 주저앉아 떠날 생각들을 않고 있을 때 자네들을 나무라던 내가 어쩌다 이 지경이 되었을꼬. 떠나게. 나를 두고 떠나게. 나는 휠라스를 찾아보겠네. 우리의 원정은 참으로 큰일이기는 하나, 이 작은 휠라스를 위해 아르고나우타이를 떠나는 나를 어여삐 여겨주게."

"헤라클레스여, 그럴 수는 없습니다. 렘노스에서는 여자 품에서 헤어나지 못한다고 저희를 꾸짖으신 분이 아닙니까?"

"그래서 내가 말이 씨 되는 것이 무섭다고 하지 않았나?"

"큰일을 두고 작은 일로……."

"대장, 날 두고 떠나라면 떠나지 누구에게 큰일 작은 일을 따지려고 해? 큰 것이 콜키스에 있을 수 있다면 이 헤라클레스의 마음속에도 있을 수가 있어. 웬 잔말이 그렇게 많아? 바위를 던져 저놈의 쪽배를 부숴버리기 전에 어서 떠나라고."

이아손 일행은 결국 행방불명이 된 휠라스와, 휠라스 때문에 발길을 돌리지 못하는 헤라클레스를 그 땅에 남겨두고 동북쪽을 향해 떠나야 했다.

뒷날의 시인은, 넋없이 보낸 청년 시절이 한스러웠던지 이 미소년 휠라스를 이렇게 노래하고 있다.


    ……휠라스는 물 항아리를 들고
    샘을 찾아 물을 길으러 갔는데,
    해찰궂게 길옆에 핀 꽃 구경하느라고
    그만 물 길어 오는 것을 잊었더란다.

휠라스가 나 같구나.

나 역시 젊은 시절에,

'철학'이라는 샘에서 물을 길었어야 하는 것을,

샘가에 핀 꽃에 한눈파느라고 세월을 허송하였구나.

그러니 내 항아리도, 휠라스의 항아리 모양 비었을 수밖에.

## 헤라클레스, 늦장가 들다

　목숨을 건 활쏘기 겨루기에서 이겼어도 이올레를 차지하지 못하고 쓸쓸하게 돌아섰던 헤라클레스, 아르고 원정대원이 되어 뮈시아까지 죽을 고생을 하고 항해했지만 결국 미소년 휠라스만 잃고 돌아서야 했던 헤라클레스. 퍽 허전했을 법하다.

　아르고 원정대에서 이탈한 직후 헤라클레스가 겨냥한 곳은 칼뤼돈 왕국이었다. 칼뤼돈……. '칼뤼돈의 멧돼지 사냥'으로 너무나 유명한 곳, 헤라클레스가 저승에서 만났던 비운의 왕자 멜레아그로스의 고향이다. 헤라클레스는, 고향에는 아름다운 누이가 있으니 아내 삼아서 행복하게 살라고 하던 멜레아그로스의 말을 잊지 않고 있었던 모양이다.

　헤라클레스는 멜레아그로스의 누이 데이아네이라를 '구하러 가는 기분'이었다. 오라비 멜레아그로스와 어머니 알타이아를 잃고, 말하자면 연이은 줄초상으로 슬픔에 젖어 있을 데이아네이라를 상상하고 있었는지도 모른다. 그러나 멜레아그로스가 누이를 아내로 삼아 달라고 애원한 진의를 헤라클레스는 잘못 알고 있었다. 데이아네이라는 오라비와 어머니를 잃어 '슬픔에 잠긴, 불쌍한' 데이아네이라가 아니었다.

데이아네이라는 남성을 혐오할 뿐만 아니라 싸움 구경을 유난히 좋아하는 처녀였다. 남성을 혐오하는 여성이라고 해서 그 혐오의 감정을 겉으로 드러내는 것은 아니다. 대개의 경우 이런 여성들은 자신과 관련된 남성이 불행해질 때까지 가만히, 그러나 끈질기게 기다린다.

데이아네이라는 아름다웠던 모양이다. 칼뤼돈 청년들은 물론이고 먼 나라 이웃 나라 청년들까지 몰려와 칼뤼돈 왕궁의 문턱을 닳게 했다는 것만 보아도 알 수 있다. 하지만 구혼자가 많다고 해서 처녀가 행복해지라는 법은 없는 모양이다.

헬라스를 통틀어 구혼자가 가장 많았던 처녀는 헬레네였다. 한 구혼자가 낙점받는 경우 나머지 구혼자들은 무엇을 하는가? 칼자루로 손이 간다.

데이아네이라의 경우도 비슷했다.

헤라클레스가 칼뤼돈에 도착했을 때 이미 그 땅은 데이아네이라에게 구혼하던 구혼자들 피로 물들어 있었다. 데이아네이라가 알게 모르게 수많은 구혼자에게 싸움을 붙여 서로를 죽이게 하고 있었기 때문이다.

헤라클레스가 당도했을 즈음 가장 유력한 구혼자는 그 땅을 흐르는 강의 신 아켈로오스였다. '아켈로오스'는 강의 신 이름이기도 하고 강 이름이기도 하다. 헤라클레스가 '예선전'을 치르면서 구혼자 몇 명을 죽였는지 아니면 '결승전'으로 바로 올라가 아켈로오스와 맞붙었는지 그것은 잘 알려져 있지 않다.

헤라클레스로서는, 멜레아그로스의 아버지와 누이에게 소식을 전하지 않을 수 없었다. 하지만 어떻게? 저승에 갔더니 잘 있더라고?

헤라클레스는 잔머리를 굴릴 줄 모르는 영웅이었다. 생각해보라. 이 세상에 없는 아들의 아버지와 이 세상에는 없는 오라비의 누이가 다음과 같은 말을 듣는다고 상상해보라.

"저는 제우스 대신의 아들입니다만 헤라 여신의 아들은 아닙니다. 그러니 헤라 여신이 저를 곱게 보았을 리 없지요. 계모 헤라 여신이 세운 하수인 밑에서 12년 동안이나 그가 제 어깨에 지운 열두 과업을 치르고서야 이 나라 칼뤼돈으로 오게 되었습니다. 마지막 과업은 저승 지킴이 개 케르베로스를 붙잡아 오는 것이었는데, 그 과업 수행차 저승에 내려갔다가 멜레아그로스의 영혼을 만났습니다. 고향 칼뤼돈에는 누이가 있으니, 가서 잘 돌보아주라고 하더군요."

멜레아그로스의 아버지와 누이는 기가 믹혀 말을 내어놓지 못했다. 아켈로오스가 그 말을 받았다.

"전하, 그리고 아름다운 데이아네이라 공주, 저자의 저 따위 잡곡으로 모이 먹는 소리는 귀에 담지 마십시오. 저를 보십시오. 저는 제 나그네 길을 아름답게 꾸며 말하는 떠돌이가 아니고 이 나라를 흐르는 강의 왕입니다. 이 땅의 토박이이며 칼뤼돈 영토의 한 자락입니다.

제 옆에 있는 이자는 감히 제우스 대신의 아들을 자칭하는데, 제우스 대신이 끼친 사생아들의 내력을 좀 들어보시렵니까? 저자가, 대신이 백조로 둔갑해서 지어 낳은 레다의 아들이라면 손에 물갈퀴가 있을 것이요, 곰으로 둔갑해서 지어 낳은 칼리스토의 자식이라면 창날 잘 받을 것이며, 비둘기로 둔갑해서 지어 낳은 프티아의 자식이면 아무 데나 똥을 깔길 것이요, 황소로 둔갑해서 지어 낳은 에우로페의 자식이면 물길 짐작이 신통할 것이며……."

헤라클레스가 대뜸, 말장난에 공을 들이고 있는 아켈로오스의 멱살을 잡고 퉁방울눈을 부라렸다.

"네 놈의 혓바닥 밑에 도끼가 든 모양이다만, 내가 믿는 것은 혓바닥이 아니라 주먹이다. 너 이놈 당장 내려와!"

아켈로오스는 헤라클레스에게 물빛 겉옷의 멱살을 붙잡힌 채 왕궁의 대전 앞마당으로 끌려 나갔다. 앞마당에 이르자 헤라클레스는 사자 가죽을 훌렁 벗었고 아켈로오스는 물빛 겉옷을 훌렁 벗었다.

**아켈로오스의 뿔을 움켜쥔 헤라클레스**
황소로 변한 아켈로오스의 뿔을 헤라클레스가 힘껏 움켜쥐고 있다. 고대 그리스의 항아리 그림.

사내를 별로 좋아하지 않는 데이아네이라는 알몸으로 씩씩거리는 두 사내를 내려다보며 이렇게 중얼거렸을 법하다.

"차암, 수컷들이란……."

헤라클레스는 아켈로오스의 겨드랑이에 손을 넣고는 힘을 썼다. 아켈로오스는 저만치 나가떨어졌다. 아켈로오스는 덩치가 헤라클레스의 갑절을 넘었다. 하지만 그는 헤라클레스를 집어던지지 못했다. 헤라클레스가 여러 차례 집어던져졌지만 아켈로오스는 그다지 큰 상처를 입은 것 같지 않았다. 강의 신, 물의 신이어서 그랬던 모양이다.

헤라클레스는 생각을 바꾸어 이번에는 아켈로오스의 목을 팔로 감아 조르기 시작했다. 그제야 아켈로오스의 목구멍에서 쉭쉭 소리가 들려오기 시작했다.

힘으로는 안 되겠다고 판단했던 모양인가? 아켈로오스가 술수를 썼다. 거대한 뱀으로 몸을 바꾸어 헤라클레스의 '조르기'에서 풀려나려고 한 것이다. 헤라클레스가 코웃음을 쳤다.

"북풍 앞에서 쥘부채 살랑거리는 네놈을 보고 누가 들은 것 없는 놈이라고 않겠느냐? 헤라클레스가 깅보에 씌인 채로 뱀 두 마리를 목 졸라 죽였다는 소문도 듣지 못했느냐?"

아켈로오스로서는 가슴이 철렁 내려앉았을 법하다. 휘드라를 비롯해서 마녀 에키드나의 자식들을 차례로 죽인 자가 바로 헤라클레스 아니던가?

안 되겠다고 판단한 아켈로오스는 재빨리 황소로 몸을 바꾸었다. 헤라클레스의 '조르기'도 황소에게는 통하지 않았다. 황소로 둔갑한

**뱀으로 변신한 아켈로오스와 헤라클레스**
헤라클레스가 뱀으로 변신한 아켈로오스를 공격하고 있다. 파리 루브르 박물관.

아켈로오스는 엄청나게 날카로운 뿔을 헤라클레스에게 겨누고는 돌진했다. 헤라클레스는 일단 몸을 옆으로 흘리면서 왼손으로 황소의 뿔 하나를 잡아끌어 황소를 올리브밭에 나귀 똥 부리듯이 굴려버렸다. 황소가 다시 일어나자 헤라클레스는 조금 전처럼 왼손으로는 왼뿔을 붙잡은 채 오른손으로는 황소의 오른 뿔을 뚝 분질러버렸다.

뒷날 이 뿔은 강의 요정들에 의해 풍요의 여신 퀴벨레에게 바쳐진다. 퀴벨레 여신이 축복하자 이 뿔은 아무리 꺼내어도 꺼내어도 늘 먹을거리와 꽃으로 가득 찼다. '코르누코피아(풍요의 뿔)'가 된 것이다.

이와 비슷한 것은 우리나라에도 있다. 전설에 나오는 '화수분 단지'가 그것이다. 아무리 퍼내어도 늘 곡식이 가득 차는 단지가 바로 화수분 단지다. 동서양을 막론하고 삶에서 먹을거리는 그토록 중요하고 또 절박했던 모양이다.

그렇거니, 아켈로오스를 제압했으니 데이아네이라는 헤라클레스의 차지가 되었던 것은 두말할 나위도 없겠다. 데이아네이라를 아내로 맞음으로써 늦장가 가는 행운도 누렸고, 저승에서 만났던 친구 멜레아그로스의 한도 풀어주었고, 열두 과업을 치르면서 쌓이고 쌓인 노독도 풀었으니 헤라클레스는 행복했겠다. 평화로웠겠다.

아니다. 그게 그렇지 않다. 신인이나 영웅은 죽지 않는 한 쉬지 못한다. 신들이 못다 부린 조화의 충동은 이들에게 피와 땀이 마르는 삶을 허용하지 않는다.

아켈로오스 신화는 다음과 같이 해석되기도 한다.

"아켈로오스는 우기 때마다 범람하는 강이다. 아켈로오스가 뱀으로 둔갑한다는 것은, 이 강이 뱀처럼 구불텅구불텅 흐르는 사행천이라는 뜻이고, 황소로 둔갑한다는 것은 여울목에서는 흐름이 빨라 황소울음같이 우렁찬 소리가 난다는 뜻이다. 황소의 뿔? 빠른 속도로 휘어지면서 흐르다 보면 강은 옆에다 호수를 하나 뚝 떼어놓고 흘러가기도 한다. 이것을 우각호, 즉 '소뿔 호수'라고 한다. 우각호 주변의 땅은 기름지고 땅이 기름지니 늘 풍년이 들었을 터이다. '풍요의 뿔' 신화는 이것을 암시하는 것은 아닐까?"

# 중국의 헤라클레스, '후예'

 우리의 주인공 헤라클레스, 오랜 방황 끝에 아내를 맞았다. 함께 기뻐해주어야 마땅한 일인데도 그게 그렇게 되지 않는다. 헤라클레스의 신부 데이아네이라는 틀림없이 아름다웠을 것이다. 그러나 아름다우면 아름다울수록 영웅의 배우자는 우리를 불안하게 한다.
 도대체 무슨 까닭인가?
 여성이 신화를 기록했다는 소리, 아직 들어보지 못했다. 따라서 신화는 남성의 전유물에 가깝다. 신화를 기록하는 남성들은 아름다운 여성에 대해 늘 호의적인 것만은 아니다. 영웅이 파멸하는 극적인 무대장치에 아름다운 여성이 등장하는 순간 우리는 긴장한다. 그래서 헤라클레스의 아름다운 아내 데이아네이라에게서 우리는 가벼운 불안을 느끼는 것이다. 데이아네이라는 혹시 헤라클레스가 직면하는 파멸의 씨앗으로 막판에 무대로 오른 것은 아닐까, 싶어서 마음에 걸리는 것이다.
 나라가 다르고 문화가 서로 다른데도 불구하고 고대 신화에 나오

**〈후예사일 后羿射日〉**
'후예가 태양을 쏘다'라는 뜻의 제목으로 불리는 유명한 그림. 후예 앞에는 까마귀들이 널브러져 있다.

는 영웅들의 행적은 서로 비슷한 경우가 자주 있다. 참 이상한 일이기는 한데, 여러 나라 신화를 견주어가면서 읽기를 좋아하는 나 같은 사람은 이걸 별로 이상하게 생각하지 않는다.

헬라스(그리스)에 헤라클레스가 있다면 중국에는 '예羿'라는 영웅이 있다. 이 예를 '후예后羿'라고 부르는 사람도 있고 예와 후예를 구분하는 사람도 있다. 편의상 우리는 이 영웅을 '후예'라고 부르기로 한다.

나는 그리스의 영웅 헤라클레스와 중국의 영웅 후예의 한살이를 견주어보면서 읽다가 여러 번 놀랐다. 이 두 영웅은 순수한 인간이 아니다. 헤라클레스는 천신 제우스와 인간 세상의 여인 사이에서 태어났으니 반은 신, 반은 인간이다. 따라서 반신이다. 후예는 이 세상 사람이 아니라 원래 천신, 즉 하늘의 신이었다. 그런데 이 두 영웅의 삶이 펼쳐지는 무대는 바로 우리가 사는 인간 세상이다. 이들이 한 가장 중요한 일은 인간의 삶을 어렵게 하는 괴물을 퇴치하는 것이다.

하늘에 태양이 열 개나 떠서 이 땅을 불태우고 있을 때의 일이다. 하늘에서 급파된 명궁 후예는 활을 쏘아 태양을 하나씩 떨어뜨렸다. 후예가 태양이 떨어진 곳에 가보니 다리가 세 개인 까마귀가 죽어 있었다. 다리가 세 개인 세 발 까마귀, 바로 태양을 상징하는 '삼족오'다.

고구려를 무대로 하는 TV 드라마 〈연개소문〉, 〈주몽〉, 〈대조영〉에는 빠짐없이 이 삼족오가 등장한다. 왕이 앉는 옥좌 뒤로는 거대한

**고구려 시대 무덤인 각저총 천장에 그려진 삼족오**
까마귀는 태양을 상징하는 새다. 고구려의 왕들은 스스로를 태양신의 자손으로 여겼다.

삼족오 그림이 걸리기도 한다. 발해를 세운 고구려 장군 이야기 〈대조영〉에서는 이 삼족오 깃발을 아주 국기처럼 내걸기도 한다. 따라서 후예는 우리 신화와 무관한 영웅이 아닌 것이다.

헤라클레스는 태양을 향해 활을 겨누어본 경력이 있는 유일한 영웅이다. 후예처럼 태양을 쏘아 떨어뜨린 것은 아니지만 헤라클레스는 소년 시절에 한 번, 그리고 장성한 뒤에 한 번, 이렇게 두 번 태양을 향해 활을 겨눈다.

후예는 상림이라는 곳에서 거대한 멧돼지를 잡았다. '봉희'라는 이 멧돼지는 농사를 망치는 것은 물론 가축까지 잡아먹었다. 후예는 이 멧돼지를 사로잡아 인근의 백성들을 기쁘게 했다.

헤라클레스는 에뤼만토스산에서 멧돼지를 잡았다. 헤라클레스는 이 멧돼지를 산골짜기에 쌓인 눈 속으로 몰아넣은 다음 사로잡아 인근의 백성들을 기쁘게 했다.

후예는 '구영'이라는 괴물을 없앴다. 구영은 머리가 아홉 개 달린, 물도 뿜어내고 불도 뿜어내는 괴물이었다. 후예는 활을 쏘아 구영을 죽였다.

헤라클레스는 '휘드라'라고 하는 물뱀을 없앴다. 휘드라는 대가리가 아홉 개 달린 물뱀이다. 대가리 하나를 자르면 잘린 자리에 두 개가 솟아나는 그런 괴물이었다. 헤라클레스는 잘린 자리를 차례로 불로 지져버림으로써 이 휘드라를 죽였다.

후예는 '대풍'이라는 사나운 새를 만났다. 후예는 화살에다 푸른 실을 매어 이 새를 쏘았다. 화살에 맞은 대풍은 필사적으로 도망쳤다. 그러나 후예가 실을 당기자 대풍은 하릴없이 땅으로 끌려 내려왔다.

헤라클레스는 스튐팔로스숲에서 새 떼를 물리쳐야 했다. 하지만 이 새들은 헤라클레스가 누구인지 잘 알았던지 도무지 나타나지 않았다. 헤라클레스는 청동 꽹과리를 두드려 새들을 놀라게 한 뒤, 날아오르는 새를 활을 쏘아 한 마리씩 떨어뜨렸다.

강의 신을 중국이나 우리나라에서는 '하백河伯'이라고 부른다. 하백의 아내 복비는 매우 아름다운 여성이었던 모양이다. 후예는 이

**후예와 하백의 대결**
후예가 쏜 화살이 용으로 둔갑한 하백의 왼쪽 눈에 박혀 있다. 후예의 품에 안긴 여인은 복비일 것 같다.

복비를 보는 순간 한눈에 반해버리고 말았다. 어느 정도였는가 하면 자기에게 '항아'라고 하는 아름다운 아내가 있다는 사실을 잊어버렸을 정도다.

하백은 성미가 포악하고 천성이 방탕했다. 그러니 복비가 행복했을 리 없다. 복비는 강가로 홀로 나와 바위 위에 앉아 자기 신세를 한탄하면서 눈물을 흘리고는 했다. 후예는 그런 복비를 위로하고 싶었을 것이다. 중국 신화는 이 둘의 만남을 '일대영웅과 절세미인의 만남'이라고 부른다.

하백이 가만히 있었을 리 없다. 하백은 후예를 찾기 위해 물 위로 나왔다. 강의 신 하백이 물 위로 나왔으니 근처에 홍수가 난 것은 당연하다. 후예는 물가에서 하백을 만났지만 이 둘의 싸움은 오래가지 않았다. 천상천하의 명궁 후예가 활을 쏘아 하백의 왼쪽 눈을 뽑아버렸기 때문이다.

복비를 사이에 둔 강의 신 하백과 후예의 대결은, 데이아네이라를 사이에 둔 강의 신 아켈로오스와 헤라클레스의 대결과 어찌 이리도 비슷한가. 강의 신 하백은 후예의 화살에 눈 하나를 잃었고, 강의 신 아켈로오스는 헤라클레스의 손에 뿔 하나를 잃었다.

후예의 마음이 복비에게 쏠리고 있다는 것을 알고 이를 질투한 후예의 아내 항아는 부부 몫으로 서왕모 여신에게서 얻어둔 불사약을 혼자 먹고는 달나라로 날아가버렸다.

후예는 항아의 뼈아픈 배신을 고통스러워하며 인간 세상을 방황하다가 봉몽이라는 제자의 복숭아나무 몽둥이에 맞아 목숨을 잃었으니 배우자 때문에 파멸한 셈이다. 중국은 물론이고 우리나라에서까지도 제사상에 복숭아를 올리지 않는 까닭, 집 안에다 복숭아나무를 심지 않는 까닭은 여기에 있단다.

이제 아름다운 아내 데이아네이라는 헤라클레스의 한살이에서 어떤 역할을 할 것인지 주목하지 않을 수 없다. 이야기의 거의 끝부분에 극적으로 등장했으니 데이아네이라에게는 반드시 어떤 역할이 주어져 있을 것이다.

**달아나는 항아와 그를 바라보는 후예**
부부 몫의 불사약을 혼자 먹고 달로 달아나는 항아. 후예가 애절하게 불러보지만 항아의 표정은 싸늘하기만 하다.

## 죄는 닦아도 닦아도 끝나지 않고

헤라클레스는 한동안 처가인 칼뤼돈 궁전에 머물면서, 이 작은 나라가 풀지 못했던 문제들을 하나씩 풀어나갔다. 아들 멜레아그로스를 잃고 시름에 빠져 있던 오이네우스왕으로서는 참으로 든든했겠다. 그러나 좋은 날은 오래가지 않았다.

오이네우스왕이 든든한 사위 헤라클레스를 위해 베푼 잔치 자리에서 일어난 일이다. 왕과 헤라클레스 옆에는 한 치 빈틈없이 술 시중을 드는 소년이 있었다. 에우노모스, 소년의 이름이었다. 소년은 오이네우스왕의 조카이기도 했다.

헤라클레스는 술에 취해 저지른 허물 때문에 그 오랜 세월을 종살이로 보냈음에도 불구하고 술 앞에서는 그가 겪어온 고통스러운 역사를 기억해내지 못했다. 그만큼 그는 술을 좋아했다.

소년이 빠른 속도로 비는 헤라클레스의 술잔에 술을 채우려고 항아리를 들고 뒤에서 술상 앞으로 다가갔다.

마침 헤라클레스는 활 쏘는 이야기를 하고 있다가 시위 당기는 시능을 하느라고 오른 팔꿈치를 뒤로 물렸다. 그런데 술을 따르려고 다가서던 에우노모스가 공교롭게도 그 팔꿈치에 맞고 말았다.

여느 사람의 팔꿈치였다면 그저 이마를 감싸고 몇 바퀴 도는 것으로 말았겠지만 팔꿈치의 임자는 아틀라스를 대신해서 잠시나마 하늘 축을 들고 서 있던 헤라클레스가 아니던가. 에우노모스는 머리가 터져 그 자리에서 즉사했다.

오이네우스왕은 사위 헤라클레스가 자기 자신을 용서하는 데 매우 엄격하다는 것을 잘 알고 있었다. 그래서 위로했다.

"자네에게 악의가 있어서 그랬던 것이 아니니 괘념 마소. 내가 죽은 아이의 아비에게 후히 보상하면 자네에게 피 값을 물리려고 하지는 않을 것이네."

에우노모스의 아버지도 비록 자식이 죽긴 했으나 천하의 영웅 헤라클레스가 수염을 깨물면서 주먹을 폈다 쥐었다 하는 모양을 보고 있기가 민망했던지 오히려 헤라클레스를 위로했다.

"나는 자식을 앞세워, 자식 잃은 슬픈 아비가 되었소. 하나, 영웅께서 그렇게 스스로를 책망하시면 나는 슬픈 인간이 되고 말아요. 나를 두 번 슬프게 하지 마시고 부디 자중하세요."

그러나 헤라클레스는 무고한 소년을 죽인 죄를 닦아야 한다고 부득부득 우기고는 아내 데이아네이라와 함께 트라키스를 바라고 길을 떠났다. 늘 홀로 다니던 헤라클레스가 굳이 아내를 데리고 떠난 것은, 죄 없는 소년의 주검을 남겨놓고 떠나는 길이라 다시는 처가 걸음이 어려울 것이라고 생각했기 때문이다. 죄를 닦는다는 것은 곧 종살이를 한다는 뜻이다. 헤라클레스는 케위크스가 다스리는 트라키스를 바라고 북상했다.

# 헤라클레스, 기다리고 있었다

트라키스로 올라가자면 에우에노스강을 건너야 했다.

에우에노스강? 그렇다. 에우에노스강이다.

켄타우로스 케이론이 헤라클레스의 화살에 맞아 동굴 속에서 고통으로 나날을 보내며 죽을 날만 기다리고 있던 때를 떠올려보자. 케이론이 그 지경인 데다 폴로스마저 똑같은 화살에 목숨을 잃자 켄타우로스들은 뿔뿔이 흩어졌다. 가까이 있는 말레아산으로 숨어든 자가 있는가 하면 머나먼 시켈리아(시칠리아)까지 도망친 켄타우로스도 있었다. 넷소스라는 켄타우로스는 에우에노스강으로 도망쳤다.

켄타우로스 넷소스?

그렇다. 나는 앞에서, 넷소스가 에우에노스강에서 헤라클레스에게 치명적이고도 결정적인 반격을 가하기 위해 기다리고 있다고 썼다. 헤라클레스 부부가 강가에 이르러 강물 건널 방도를 의논하고 있는데 숲속에서 켄타우로스 한 마리가 앞으로 나섰다. 헤라클레스가 비록 신인이라고는 하나 그래도 떨어지는 나뭇잎 한 장으로 온 세상의 가을을 읽을 수 있을 만큼 눈이 밝은 신인은 아니다. 따라서 이 켄타우로스가 숲을 나서며 이렇게 중얼거리는 소리를 헤라클레스가 들었을 리 없다.

"오래 기다렸다. 헤라클레스여. 오늘에야 뜻을 이루는구나. 너를 쏘는 화살이 너에게 있다고 한 너의 말은 참으로 옳다. 오늘 네 과거가 너를 쏠 것이다."

켄타우로스는 헤라클레스 부부 앞에 공손하게 네 다리로 무릎을 꿇고 말했다.

"나는 넷소스라고 하는, 보시다시피 켄타우로스올시다. 내가 옛날에 초라하나마 정의로운 일을 한 적이 있는데 신들께서 그 일을 아름답게 보시고 나를 이 강가에 붙여 나그네를 업어 이 강을 건너게 하시었습니다. 살아온 삶에 허물이 없는 분을 업어 건네면 강 건너기가 순조롭거니와 과거와 만나기를 두려워하는 자를 업어 건네면 신들이 물살을 다스려 내 몸을 기울게 할 것입니다."

이 둘의 만남이 초면이 아닌 것은 물론이다. 하지만 헤라클레스는 넷소스를 기억하지 못했다.

"비통의 강, 시름의 강, 불의 강, 망각의 강, 그리고 신들이 기대어 맹세를 치는 저 증오의 강까지 발 벗지 않고 건넌 나다. 그러니 나는 일 없다. 어느 강의 신이 너에게 나그네의 과거를 다는 저울을 맡겼는지 모르나 굳이 건네주고 싶거든 내 아내나 건네주어라."

헤라클레스는 이렇게 대수롭지 않게 말하고 강가 언덕에 비스듬히 기대어 앉았다.

**데이아네이라를 납치하는 넷소스**
뒤쪽에 활을 쏘려는 헤라클레스가 보인다. 납치는 잘못된 일이지만 이 이야기는 많은 예술가들에게 영감을 주었다. 귀도 레니의 그림.

"그러실 테지요. 하늘 축을 어깨로 버티는 아틀라스가 아닌 내가 어떻게 헤라클레스를 업고 건널 수 있겠습니까. 그럼 부인만 업어 건네어 드리지요."

넷소스는 말을 마치자 등에다 데이아네이라를 태우고 미끄러지듯이 강을 건넜다. 헤라클레스는 넷소스의 뒷모습을 보면서, 자기가 쏜 독화살에 맞아 목숨을 잃은 케이론을 잠깐 떠올리고는 사자 가죽 자락을 엉덩이 위로 걷어 올리고 물에다 발을 넣었다.

그때 저쪽 강 언덕에서 데이아네이라의 비명이 강을 건너왔다. 헤라클레스는 고개를 들어 그쪽을 바라보았다. 넷소스가 데이아네이라를 등에다 태우고 엉뚱한 방향으로 달아나고 있었다.

헤라클레스는 강을 건널 때가 아니어서, 물에서 발을 뺀 뒤 활에다 살 한 대를 먹여 넷소스를 겨누고 날렸다. 이올레의 젖무덤 사이에 매달린 사과에 모자라지도 지나치지도 않는 깊이로 꽂던 헤라클레스의 활 솜씨가 아니던가. 화살은 강물 위를 물수리처럼 낮게 날아가 넷소스의 가슴을 꿰뚫었다.

휘드라의 독화살에 맞았는데도 넷소스는 즉사하지 않았다. 헤라클레스가 강을 건너올 동안 넷소스는 강물 바라보는 눈길을 하고 숨을 고르며 조금 전에 납치하려던 데이아네이라에게 이런 말을 남겼다.

"내 허물을 용서할 것은 없어요. 그대의 아름다움이 내 가슴에다 욕심의 불을 피워낸 것이니, 이것은 그대의 허물이기도 하지요. 등으로 그대의 체온을 느끼며 강을 건너온 짧은 순간순간은 내가 영원히 잡아 늘리고 싶던 순간이었답니다. 아름다운 부인이여, 아름다움은

**봉변당한 에우에노스**
역시 헤라클레스가 활을 겨냥하고 있다. 벌렁 나자빠진 노인은 강의 신 에우에노스 같다. 18세기 프랑스 화가 루이 장 프랑수아 라그레네의 그림.

잘 익은 과일 같아서 오래가지 않습니다. 그대 역시 이윽고 썩고 마는 농익은 과일이 되어 헤라클레스의 눈길에서 벗어날 때를 맞을 것입니다. 그러니 내가 시키는 대로 하세요.

그대가 피워낸 불길로 끓어오르다, 그대 지아비가 쏜 독화살에 이렇듯이 솟아 나오는 내 피는, 귀담아들으세요, 예사 피가 아니랍니다. 그러니 그대 옷깃을 이 피에 적시어놓았다가 지아비의 눈길이 그대를 떠나 다른 과일에 머물거든, 내 피에 젖은 옷자락을 잘라 지아비의 옷 속에 숨기세요. 내 피가 지아비의 체온에 녹아 흐르면 그대의 뜻, 나의 뜻이 이루어질 것입니다."

"그대의 뜻은 무엇이지요?"

데이아네이라가 물었으나 넷소스는 더 이상 말을 하지 못하고 숨

**넷소스와 데이아네이라**
파리 튈르리 공원의 대리석상(왼쪽)과 이탈리아 조각가 잠볼로냐의 청동 장식품(오른쪽).

을 거두었다. 그가 숨을 거두지 않았더라면 이 말 두 마디만은 남기고 싶어 했을 것이다.

복수!

켄타우로스의 정신적 기둥이었던 케이론과 우두머리 폴로스의 죽음에 대한 복수!

# 케위크스와 알퀴오네의 행복과 불행

 트라키스 왕 케위크스가 먼 길을 온 까닭을 묻자 헤라클레스는 처가에서 죄 없는 소년을 죽인 경위를 말하고는 이렇게 덧붙였다.
 "나는 처자식 죽인 죄를 에우뤼스테우스 밑에서 닦았고, 이피토스 죽인 죄를 옴팔레 밑에서 닦았네. 이제 다시 이 에우노모스를 죽여 더러워진 내 손을 여기에서 닦고자 하니 부디 나를 종으로 부리는 일을 사양하지 말게."
 "어느 신께서 맡기신 뜻이 당신을 내게로 보내셨습니까?"
 "나는 죄를 짓느라고 세월을 보냈고, 그 죄를 닦느라고 나이를 먹었네. 인간이 한평생 제가 끌고 다니는 그림자를 벗어나지 못하듯이 나 역시 내 과거에서 놓여날 수 없을 것이네. 신이 맡기신 뜻을 묻지는 않았네만 이것이 바로 그분들 뜻이 아닐는지."
 케위크스는 헤라클레스의 말에 눈물을 흘리며 자기 신세를 한탄했다.
 "장군께서는 스스로를 죄인이라고 하시니, 설사 신들께 정죄할 방도를 묻지 않더라도 신들은 장군을 어여삐 여기실 것입니다. 하지만 나는 어떤가요? 나는 힘으로 남을 해친 일도 없고, 부정한 짓으로 남의 이를 갈게 한 일도 없습니다. 그런데도 형이신 다이달리온의 죽음을 필두로 이 나라에서는 해괴한 일이 연하여 터지고 있습니다.

이러한 흉사는 신들이 나에게 적의를 품고 있다는 증거가 분명한데, 나는 신들이 나에게 왜 적의를 품는지 도무지 모르겠습니다. 마침 이 나라에 오셨으니 내가 클라로스로 가서 아폴론 신의 신탁을 여쭙고 올 동안만 이 나라를 맡아주십시오."

"하늘이 무너질까, 땅이 꺼질까…… 너무 그렇게 근심할 일이 아니네. 나는 크로노스의 황금시대, 은의 시대, 청동의 시대가 흘러간 지금은 신들이 무료를 달래느라고 장난도 더러 치신다고 믿는다네."

"뿌리를 뽑아보지 않으면 내 근심이 사라지지 않을 것입니다."

"근심의 뿌리를 뽑으려 하다가 삶의 뿌리를 뽑는 것이나 아닐지…… 나는 그게 염려스러울 뿐이네."


케윅스. 참 특이한 사람이다.

케윅스는 헤스페로스(금성)의 아들로, 보는 사람이면 누구나 과연 그 아버지에 그 아들이구나, 하고 고개를 끄덕거릴 만큼 용모도 준수하고 복도 많은 사람이었다. 바람의 지배자 아이올로스의 딸인 케윅스의 아내 알퀴오네도 절세미인인 데다 지아비를 어찌나 지극정성으로 섬기는지, 사람들은 이런 말로 부러워하고는 했다.

"신들은 인간에게 두 가지를 베풀지 않는다는 말이 허사로구나.

케윅스는 복을 구색 맞추어 두루 누린다."

그러나 케윅스는 겉으로만 행복하게 보이는 사람일 뿐, 사실은 늘 자신이 신들에게 무슨 죄를 짓지 않았을까, 신들이 자신을 어떻게 보실까, 자신의 미래가 어떻게 정해져 있을까, 이런 것들이 궁금해서 도무지 마음이 편하지 못한 사람이었다. 그래서 자신의 행복이 언제까지 계속되는 것인지, 계속해서 행복을 누리려면 어떻게 해야 하는지, 신의 뜻을 물어보고 싶어 했다.

왕비 알퀴오네는 그런 남편을 항상 이런 말로 달랬다.

"행복을 느낀다면 그냥 느끼면서 살면 되는 것입니다. 미래를 알고 싶어서 안달을 내시는 마음자리에는 행복이 깃들 수가 없습니다."

케윅스는 신하들과 왕비가 한사코 말리는데도 불구하고 기어코 아폴론 신의 뜻을 물으러 클라로스로 갈 것을 고집했다. 왕비 알퀴

**케윅스와 알퀴오네**
허숙경의 흙 작업. 케윅스와 알퀴오네의 애틋함이 느껴진다.

오네는 낯빛을 잃고, 바람의 지배자 아이올로스의 딸답게 바람의 심술이 뱃길을 얼마나 위태롭게 하는지 과장해서 설명했으나 케위크스는 듣지 않았다.

행복한 가정과 아내의 간청을 뿌리치고 기어이 뱃길로 나서겠다는 지아비를, 결혼의 수호 여신인 헤라가 곱게 보았을 리 만무하다. 게다가 케위크스는 헤라 여신이 그토록 미워하던 헤라클레스의 친구이기도 했다. 뿐인가? 헤라클레스 부부는 바로 케위크스의 왕궁에 몸을 붙이고 있지 않은가?

헤라 여신은 케위크스를 별렀다.

"무엇이 행복한 가정의 뿌리를 흔드는가? 의심과 의혹이다. 케위크스, 길 떠나기만 해봐라."

케위크스는 떠나면서 아내에게 이런 말을 남겼다.

"내 아버지 금성에 걸고 맹세하거니와, 달이 두 번 찼다가 기울기 전에 돌아오리다."

뱃길로 나라를 떠난 케위크스는 바다 한가운데로 나갔다가 풍랑에 휘말렸다. 왕홀 잡던 손으로 키를 잡고, 아내 알퀴오네를 부르던 입술로 아버지 헤스페로스와 장인 아이올로스의 이름을 불렀지만 하릴없었다.

케위크스는 죽어 바다에 가라앉았다. 그날 밤에는 헤라 여신이 훼방을 놓는 바람에 금성(헤스페로스)도 떠오를 수가 없었다. 설사 떠올랐다고 하더라도 반짝이지는 못했으리라. 아들 잃은 슬픔을 참느라고 구름으로 얼굴을 가리고 있었을 테니.

남편의 죽음을 까맣게 모르는 채 알퀴오네는 결혼과 가정의 수호여신인 헤라의 제단에 향을 피우고, 남편이 살아 돌아올 수 있게 해주기를, 자기보다 나은 여자를 만나지 않게 해주기를 간절하게 빌고 또 빌었다. 그러나 케위크스가 이미 죽은 목숨이라 헤라는 두 번째 기도밖에는 들어줄 수 없었다.

 알퀴오네의 기도가 달이 두 번 찼다가 기울 때까지 계속되자 헤라는 더 이상 참을 수가 없어서 손아래 거느리는 여신 이리스(무지개)에게 분부했다.

 "장례를 치러야 할 손으로 저렇게 빌고 있으니 내가 견딜 수 없다. 너는 이 길로 휘프노스(잠)에게 날아가 내 말을 전하여라. 알퀴오네에게 현몽하여 케위크스의 죽음을 알리도록 하라."

 무지개 여신 이리스는 헤라의 명을 받고는 일곱 색깔 옷으로 차려입고 휘프노스(잠의 신)가 있는 수면관으로 내려갔다.

 잠의 신 휘프노스의 수면관 동굴은 킴메리아 땅 한 끝에 있다. 이곳에는 헬리오스(태양)가 비치는 일이 없다. 머리에 볏이 돋은 새가 큰 소리로 에오스(새벽)를 부르는 일도 없고, 눈 밝은 개, 귀 밝은 거위가 고요를 깨뜨리는 일도 없다. 오직 고요만이 있을 뿐이다. 이 수면관 아래로는 레테(망각의 강)가 소리 없이 흐른다. 아니다, 소리가 아주 없는 것은 아니다. 속삭이는 듯한 소리가 있으되 이 소리를 들은 산 것은 모두 잠이 들어버리기 때문에 아무도 듣지 못하는 소리가 있을 뿐이다. 휘프노스의 수면관 앞에는 수면초, 양귀비, 상추 같은 약초가 무성하게 자란다. 수면관에는 문이 없다. 문이 있으면 열리고 닫힐 때 돌쩌귀 소리가 나기 때문이다. 수면관 한가운데엔 흑단으로 만든 긴 의자 하나가 검은 휘장 안에 놓여 있다. 잠의 신 휘프노스는 이곳에서 잠들어 있다.

이리스가 발소리를 죽이며 들어서자 휘프노스가 졸음에 겨운 눈을 뜨고 긴 턱수염을 한 번 쓰다듬었다. 이리스는 얼른 헤라 여신의 말을 전하고는 그곳을 떠났다. 휘프노스를 보고 있자니까 졸음이 와서 도저히 오래 견딜 수 없었기 때문이다.

휘프노스에게는 여러 아들이 있다. 인간의 모습을 흉내 내는 데 명

**꿈의 신 모르페우스**
파리 루브르 박물관.

수인 꿈의 신 모르페우스는 그중의 하나다. 모르페우스, '모습을 빚는 자'라는 뜻이다.

모르페우스는 죽은 케위크스로 변장하고 알퀴오네에게 현몽하여, 자기가 죽었으니 이제 헤라 여신을 그만 괴롭히라고 이른 다음 친절하게 덧붙였다.

"이제 그대가 할 수 있는 일은 날 위해서 눈물을 흘려주는 일뿐이오. 그대의 눈물이 내 주검을 적시지 못하면 나는 장차 타르타로스(무한 지옥)에 떨어지고 말아요. 어서 일어나 바닷가로 나가보아요."

알퀴오네는 케위크스의 모습을 잠시 빌린 모르페우스가 꿈속에서 가르쳐주는 대로 바닷가로 나가보았다. 케위크스의 주검이 파도에 떠밀려 와 있었다. 알퀴오네는 주검을 눈물로 적실 만큼 울었다.

헤라 여신은 조금 미안했다. 자기 손으로 둘을 갈라놓은 것은 아니었다. 하지만 자신이 마음먹은 대로 된 것이 퍽 미안했다. 그래서 살아 있는 알퀴오네와 죽은 케위크스를 새로 변신하게 하니, 이 새가 오늘날 우리가 '알퀴오네의 새'라고 하는 물총새다.

이 한 쌍의 부부는 물총새로 환생하여 알도 낳고 그 알을 까기도 한다. 알퀴오네의 아버지 아이올로스(바람의 지배자)는 이들이 낳은 알이 부화하고 그 어린 새가 하늘을 날 수 있을 때까지는 바람을 단속하여 외손자들의 놀이터인 바다에 파도가 일지 않게 한다. 뱃사람들이, 물총새가 알을 낳고 깔 즈음에 항해하기를 좋아하는 것은 이 때문이다.

길 떠나기 전까지 케위크스 부부가 행복했던 것은 분명하다. 케위

**잠의 신 휘프노스의 아들 모르페우스**
이리스가 다가가자 잠에서 깨는 꿈의 신 모르페우스. 17~18세기 프랑스 화가 르네 앙투안 우아스의 그림.

크스의 마음자리에 의심과 의혹이 깃들기 시작한 뒤부터 이 행복에 금이 가기 시작한 것 또한 분명하다. 이 부부의 불행은 알퀴오네가 파도에 밀려온 케윅스의 주검을 보는 순간 절정을 이룬다. 케윅스의 의심과 의혹이 불러들인 불행의 절정이다.

## 아, 헤라클레스!

트라키스에 머물 동안 헤라클레스와 데이아네이라는 같은 침대에서 자도 꿈은 각각 달랐다. 헤라클레스의 꿈에 활쏘기 겨루기의 상으로 내걸렸던 아름다운 이올레가 부쩍 자주 나타났다. 그 아비 에우뤼토스가 생각날 때마다 헤라클레스는 이를 벅벅 갈았다.

어리석을망정 사랑이 지극했기에 그랬을 것이다. 데이아네이라는 트라키스에 이르는 즉시 넷소스의 피가 묻은 옷자락을 잘라 청동 솥에다 간수했다. 사랑에 눈이 먼 데이아네이라는 알지 못했다. 켄타우로스 넷소스가, 실은 헤라클레스가 쏜 길 잃은 독화살에 맞아 억울하게 죽은 저 현자 케이론의 복수를 꿈꾸고 있었다는 것을 데이아네이라는 알지 못했다.

데이아네이라는 또 알지 못했다. 넷소스의 피에는, 불사신 케이론까지 죽인 무서운 휘드라의 독이 묻어 있다는 것을 알지 못했다. 이런 것도 모르는 데이아네이라가, 사냥개가 숲속의 메추라기 튀겨내듯이, 술이 사람 마음의 속말을 튀겨내듯이, 의심이 마음의 젤로스

(질투)를 튀겨낸다는 것을 어찌 알았으리.

 헤라클레스는 트라키스의 멜리스인, 산에 사는 산사람들인 로크리스인들을 모아 군대를 편성하고 오이칼리아로 출격했다. 활쏘기 겨루기에서 패배했음에도 불구하고 승리자인 상으로 내걸렸던 이올레 넘겨주기를 거절한 에우뤼토스는 순식간에 격파되었다. 헤라클레스는 이올레를 포로로 붙잡았다. 활쏘기 시합의 상으로 내걸렸던 이올레가 아비의 허물 때문에 졸지에 포로가 된 것이다.

 헤라클레스는 이올레와 함께 바다를 건너 에우보이아로 갔다. 에우보이아의 항구도시 케나이온에는 제우스 신의 신전이 있다. 헤라클레스는 제우스 신에게 제사를 드리기 위해 케나이온으로 갔던 것이다. 케나이온 사람들이 이를 알고, 헤라클레스가 않던 짓을 한다면서 썩 마뜩하지 않게 여겼다.

 제우스 신전에서 제사를 올리는데 사자 가죽을 걸치고 올릴 수는 없지 않은가? 격식 따지는 것을 죽기보다 싫어하는 헤라클레스도 제우스 신전에서는 그럴 용기가 없었다.

 헤라클레스는 부하 리카스를 트라키스로 보냈다. 데이아네이라가 보관하고 있는 예복을 가져오게 하기 위해서였다.

 심부름꾼 리카스를 맞은 데이아네이라는 헤라클레스의 근황에 대해 이것저것 가리지 않고 물었다.

 "예복은 어디에 쓴다더냐?"

 "제사 때 입으시겠지요."

 "않던 짓을 다 하시네?"

"전에는 격식 같은 것 따지는 걸 싫어하셨는데 요즘은 다릅니다. 제우스 신께 드리는 제사도 아마 이번이 처음이지요?"

"장군이 이올레라는 오이칼리아 공주를 포로로 잡았다는데? 그 이올레는 지금 어디에 있느냐?"

"장군께서 데리고 다니십니다."

"데리고 다녀? 네가 보기에 어떠하더냐? 예쁘더냐?"

심부름꾼 리카스는 본 대로 들은 대로 대답해야 할 것을 느낀 대로 생각한 대로 대답했다.

"이올레 때문에 수많은 구혼자가 활쏘기 시합에 걸려 목숨을 잃었습니다. 나라가 쑥대밭이 된 것도 이올레 공주 때문입니다. 하지만 이올레 공주를 보고 있으면 나라가 쑥대밭 되는 것이 당연해 보일 만큼 참으로 아름답습니다."

"헤라클레스 장군이 제우스 신께 제사를 드리고 싶은 게 아니고 아무래도 혼례를 주관하시는 휘메나이오스 신을 부르려는 모양이다. 손님 방에 나가 있으면 내가 예복을 손질하여 보낼 터이니 그리 일라."

데이아네이라가 이런 말로 리카스를 보낸 다음에도 한동안 그 예복에 손을 대지 못했다. 예복에 손을 대려 할 때마다 젤로스(질투) 여신이 마음 안을 서성거렸기 때문이다.

'……데이아네이라여, 네가 어쩌다 마침내 사내를 적대하지 못하고 이렇듯이 비웃음의 과녁이 되었느냐. 헤라클레스의 마음은 이제 너에게서 저 오이칼리아의 공주 이올레에게로 돌아선 것임에 분명하다. 젊은 이올레와 혼인하려는 것임에 분명하다. 데이아네이라, 네가 무슨 수로 저 젊은 이올레를 대적하겠느냐. 네가 무슨 수로 사내 빼앗긴 수모를 견디어내겠느냐.'

데이아네이라는 마음 둘 곳, 눈 둘 곳을 알지 못하고 방 안을 서성거렸다. 그러다 눈길이 방 한구석에 놓인 청동 솥에 잠시 머물렀다. 넷소스의 피가 묻은 옷자락을 잘라 넣어둔 청동 솥이었다. 데이아네이라의 귓전에 넷소스의 유언이 들리는 것 같았다.

"……아름다운 부인이여, 아름다움은 잘 익은 과일 같아서 오래가지 않습니다. 그대 역시 이윽고 썩고 마는 농익은 과일이 되어 헤라클레스의 눈길에서 벗어날 때를 맞을 것입니다. 그러니 내가 시키는 대로 하세요……."

데이아네이라는, 어리석어라, 넷소스의 뜻이 무엇인지도 모르는 채, 오로지 헤라클레스의 마음을 이올레로부터 돌려세우겠다는 일념에서 그 청동 솥뚜껑을 열었다. 솥 안에는 넷소스의 마법의 피에 젖은 옷자락 조각이 있었다. 데이아네이라는 이 헝겊 조각을 헤라클레스의 예복 안에 꿰매어 넣은 뒤에 하인을 시켜 리카스에게 보냈다.

사자 가죽을 벗고 리카스가 가져온 예복을 입고 제우스 신전의 제대 앞에 나선 헤라클레스는 정체 모를 고통을 느꼈다. 고통이 어찌나 격심한지 난생처음으로 신전 바닥에 쓰러지기까지 했다. 신전의 제관들이 달려와 부축하려 하자 헤라클레스는 손사래를 쳤다.

"내가 겪어본 바는 없으나, 이 고통은 내게 생소한 고통이 아니다. 언제 어느 곳에선가 한 번은 만나리라고 예감하던 고통이다."

**심부름꾼 리카스를 집어 던지는 헤라클레스**
안토니오 카노바의 걸작. 헤라클레스는 사자 가죽 대신
얇은 예복을 입고 있다.

 헤라클레스는 신전 바닥에 일곱 번 쓰러졌다가 일곱 번 일어났지만, 오래 견디지 못하고 여덟 번째로 다시 쓰러졌다.

 얼마 후 다시 일어난 헤라클레스는 다짜고짜 심부름꾼 리카스를 이오니아해로 집어 던져 버리고는 실신했다.

 제관들이 실신한 헤라클레스를 바다가 내려다보이는 신전 앞뜰에 눕히자 휘프노스(잠)는 저 수면궁 앞에서 수면초 즙을 짜내어 헤라클레스에게 뿌렸다.

 헤라클레스가 잠이 들자 휘프노스에게 딸려 있는 꿈의 신 포베토르(위협하는 자)가 휘드라로 둔갑하여 헤라클레스의 꿈속에 나타났다. 휘드라는 쇳소리로 웃으면서 헤라클레스를 조롱했다.

"헤라클레스가 머리 빈 장사라는 말은 허사였구나. 그 힘에 그 꾀를 갖추었으니 장차 누가 그대를 당하랴. 그 솜씨에 내 독을 묻힌 독화살이 있으면 누가 그대를 대적할 수……."

이 말은 휘드라가 숨을 거두면서 한 말 그대로였다.

헤라클레스는 잠결에 그때 휘드라를 죽이고 그 독을 화살에 바르면서 자신이 한 말도 어렴풋이 떠올렸다. 꿈속에 나타난 포베토르가 휘드라의 모습을 빌린 채 이렇게 말했다.

"헤라클레스여, 사냥꾼이 사냥개로 여우를 잡듯이, 정복당한 자는 아첨하는 입술로 어리석은 정복자를 잡는다는 것을 그대는 알지 못했다. 그대는, 그대를 쏠 화살은 그대의 화살통 안에 있을 뿐이라고 했다. 그대는 그대가 놓은 덫, 내가 놓은 덫에 걸렸다. 말이 씨가 되어, 보라, 그 대 화살통 안에 들어 있던 화살이 이렇듯 그대를 죽이고 있지 않은가. 나는 이제 내 일을 다 이루었다. 그대도 이제 그대의 일을 이루어야 하지 않겠는가."

헤라클레스는 꿈속에서 자신을 꾸짖었다.

"어째서 휘드라가 내 앞에 나타나는가? 이 고통은 휘드라에게서 온 것인가? 휘드라를 죽이고 의기양양해하던 나의 오만에서 온 것인가? 휘드라의 독화살을 맞고 누가 죽었는가? 넷소스다. 넷소스의 몸에 퍼진 휘드라의 독이 어째서 내 고통의 씨앗이 되는가? 휘드라의 독화살을 맞은 넷소스의 피, 나의 고통, 이 사이에는 내가 알지 못하는 연결 고리가 있다. 무엇인가? 어리석음이다. 누구의 어리석음인지 나는 알지 못하겠다.

부끄러움이다, 헤라클레스여! 마땅히 부끄러워하라.

'칼리니코스(빛나는 승리자)'로 불린 것을 부끄러워하라. 무엇에 승리했던가? 나 자신에게 승리해본 적이 있던가?

'알렉시카코스(백성의 보호자)'로 불린 것을 부끄러워하라. 언제 백성을 보호했던가? 괴물을 처단한 것은 백성을 보호하기 위해서가 아니었다. 헤라 여신이 내게 부여한 운명의 과업을 수행한 것에 지나지 않는다.

그 과업을 수행하고 보낸 세월, 나는 무엇을 했던가? 나는 승리했던가? 나는 백성을 보호했던가?

고통이여, 고맙구나. 부끄러움을 알게 해주었으니, 고통이여 고맙구나. 타나토스(죽음) 기다리는 것이 부끄러워, 이제 가련다. 타나토스에게 가는 길을 내 손으로 열련다.

타나토스여, 올 것 없다. 내가 간다."

포베토르가 물러가고, 휘프노스가 물러가자 헤라클레스가 다시 정신을 수습하고 제우스 신전의 신관들에게, 자신을 다시 트라키스의 오이테산으로 데러다줄 것을 당부했다. 신관들은 이 영웅의 고통을 더불어 아파하면서 그를 배에 태워 트라키스로 모셨다.

데이아네이라는 헤라클레스와 함께 트라키스로 온 신관들이 휘메나이오스(혼인)의 신관들이 아니라 제우스의 신관이라는 것을 알고는 매우 놀랐다. 데이아네이라는 헤라클레스가 이올레와 혼례식을 올리려고 예복 가지러 사람을 보낸 줄 알고 있었다. 아버지인 제우스 신에게 사은제를 올리려고 예복 가지러 사람을 보냈다는 것을 데이아네이라는 믿지 않았다.

데이아네이라는 결국 운명의 여신 라케시스(나누어주는 여신)가 나누어준, 지아비를 적대하는 운명을 벗어나지 못했다. 데이아네이라는 양심의 가책을 견디지 못하고 목을 매어 자진했다.

오이테산에는 어떤 농부의 낫에도 베여본 적이 없고, 어떤 양의 이빨에도 뜯기어본 적이 없는 제우스 신의 초원이 있었다. 헤라클레스는 이 초원 한가운데, 오늘날에는 '플뤼기아(불타는 땅)'라고 불리는 곳에다 실장정의 두 길 높이로 장작을 쌓게 하고는 몸소 그 위로 올라갔다. 그 낯빛이 태연하기가 흡사 한 끼 식사하려고 긴 의자 등받이에 등을 기대는 사람 같았다.

헤라클레스는 나무 몽둥이를 베고 누워 사자 가죽으로 배를 덮으면서 신관들에게 말했다.

"내 아버지의 신관들이여, 이 장작더미 밑에는 내가 쌓아놓은 불쏘시개가 있습니다. 그러나 내가 불 질러줄 것을 청하여도 그대들은 신관들이면서도 인정에 눈이 부시어 불을 지르지 못할 것임을 나는 압니다. 그러니 기다리세요. 기다리시면 이 산을 넘어오는 이방인이 있을 것인즉, 그 사람에게 내 뜻을 전하고 수고한 값으로 내 활을 주도록 하세요."

신관 가운데 하나가 장작더미를 올려다보며 물었다.

"영웅이시여, 어디로 가시렵니까?"

"나는 가는 것이 아닙니다. 내 아버지께서 나에게 맡기신 뜻을 짐작하고 내 뜻으로 잠시 이곳을 떠나는 것뿐입니다. 나에게는 이렇게 나를 지배할 자유밖에는 없습니다."

그 신관이 또 물었다.

"저승 땅에서도 케르베로스를 붙잡아 날빛 아래로 나선 분이시여, 언제 다시 저희 곁으로 살아오시는지요?"

헤라클레스는 이 말에 대답하는 대신 아들 휠라스에게 유언했다.

"휠라스, 어리석은 데이아네이라의 아들아. 장성하거든 이올레를 아내로 맞아라. 내 손에 아비와 오라비를 잃고, 네 어미 손에 나를 잃은 이올레를 내가 네 손에 붙이니, 보아라, 제우스의 아들인 내 삶과 인간인 너의 삶은 둘이 아니고 하나다. 그러니 오고 간다는 말이 실없다."

이윽고 해가 중천에 오르자 테살리아 사람 포야스가 아들 필록테테스와 함께 잃어버린 양을 찾으러 다니다가 오이테산을 넘어왔다 신관들이 헤라클레스의 뜻을 말하자 포야스는 헤라클레스가 누구인지 모르는지라, 별로 어려워하지도 않고 회향나무 불방망이를 장작더미 밑에다 던지고는 헤라클레스의 활을 받아 가지고 사라졌다. 뒷날 트로이아 전쟁에서 전쟁의 직접적인 원인 제공자 파리스를 쏘는 것이 바로 이 활이다.

올림포스 천궁에서 신들은 수심에 잠긴 얼굴로 헤라클레스가 땅

위의 삶을 마감하는 광경을 내려다보고 있었다. 그러나 제우스 대신 만은, 암피트뤼온으로 둔갑하여 알크메네와 잠자리를 같이하고 나올 때보다 더 밝은 얼굴을 하고는 신들에게 이렇게 말했다.

"신들이 다 이렇듯이 내 아들에게 관심을 보이시니 반갑고, 이러한 신들의 옥좌 가운데 내가 있다는 것이 대견스럽소. 신들이 내 아들을 눈여겨보는 까닭은 저 아이가 땅에서 이룬 과업 때문일 터인데 나는 그것이 만족스럽소. 아비인 내 마음이 이러한데 신들이 어두운 얼굴을 하실 것은 없어요. 인간의 고통을 제 고통으로 정복한 저 아이가 신들이 내려다보고 있는 저 오이테산 장작불에 정복될 리는 없어요. 불꽃이 비록 저 아이가 제 어미에게서 받은 것은 태울 수 있을지 모르나 아비인 나에게서 받은 것은 태우지 못해요. 나는 이제 저 아이를 이 올륌포스 천궁으로 불러올릴 생각이오. 그대들 가운데엔 저 아이가 마침내 얻은 영광을 잠시 시샘할 이는 있을지 모르나 저 아이에게 이 영광이 과분하다고 여길 이는 없을 것이오."

헤라 여신은 분명히 자신을 겨누고 한 것임에 분명한 제우스 대신의 이 말에 잠시 얼굴을 붉혔으나 헤라클레스가 제 어머니 알크메네에게서 받은 것을 소진시키고 오는 데야 토를 달 까닭이 없었다.

헤라클레스의 육신을 태우는 불은 밤낮 아흐레를 탔는데도 꺼질 줄을 몰랐다. 보다 못한 뒤로스강이 산을 올라와 이 불을 껐다. 불길이 잡히자 신관들이 뼈 항아리를 안고 그의 유골을 수습하러 들어갔다. 그러나 그 자리에는 아무것도 남아 있지 않았다.

신관들은, 팔라스 아테나가 헤르메스를 마부 삼고 아폴론과 아르테미스 남매를 호위 삼아 천마가 끄는 사두마차를 보내어 헤라클레스의 영혼을 수습해 갔다는 사실을 알지 못했다. 제우스 대신이 재가 된 헤라클레스의 육신은 거두어 하늘에 별자리로 박고, 그 육신에 깃들어 있던 필멸의 혼령은 저승 땅으로 보내어 하데스를 달래었다는 사실도 알지 못했다. 헤라클레스의 육신이 별자리로 붙박이자 하늘 축을 메고 있던 아틀라스가 어째서 하늘 축이 갑자기 무거워졌느냐고 투덜거렸다는 사실은 더더욱 알지 못했다.

헤라클레스의 혼백이 천성에 오르자 아테나 여신은 헤라 여신을 회유하여 고난의 한살이를 마친 헤라클레스에게 젖을 먹이게 함으로써 둘의 화해를 성사시키었다.

**독수리에게 술을 따라주는 헤베 여신**
독수리는 제우스를 상징하는 새다. 하인리히 헤세의 그림.

헤라 여신은,

"나는 너를 빛나게 한 것이 없으나 인간이 너를 '헤라클레스(헤라의 영광)'라고 부른 것은, 비로소 말하거니와, 내 마음에 싫지 않다. 네가 무수한 원수의 피를 보면서도 내가 보낸 아르고스 왕에게만은 손을 대지 않은 것이 갸륵하다. 그러나 내가 아르고스 왕 자리는 네 조카 이올라오스 손에 붙일 것인즉, 이렇게 하면 나 또한 너에게 빚지는 것이 없다"

이렇게 말하고는 '헤라 텔레이아(결혼의 여신 헤라)'답게, 홀로 지어 낳은 딸이자 청춘의 여신인 헤베와 헤라클레스를 아름답게 맺어주었다.

**청춘의 여신 헤베**
신들에게 술 따르는 소임을 맡고 있다. 안토니오 카노바의 걸작품. 상트페테르부르크 에르미타주 박물관.

이 혼례식에서 넥타르를 마시고 갑신하게 취한 제우스 역시 헤라클레스를 박해하던 헤라와 화해하고 헤라클레스를 이렇게 말했다.

"내가 부리는 조화의 그늘에 어찌 그대의 눈물이 떨어져 있지 않으리오만, 이제 나는 저 아이로 인하여 한 세상을 이루었어요. 하데스가 세상의 한 바닥을 이루고, 아레스가 왕국을 단련시키는 정화의 불길로 노릇하듯이 저 아이가 본을 보이며 살아낸 고난의 삶도 인간에게는 무익하지 않을 것이오. 내가 이루어낸 이 세상에 신인들 손으로 덧붙일 것은 작지 않을 것이나 덜어낼 것은 많지 않을 것이오."

이 말뜻을 다 알아먹지 못하는 신녀들에게 테미스(이치) 여신이 풀어서 말해주었다.

"제우스 대신의 난봉이 헤라 여신 보시기에는 곱지 않았을 것이나 대신께서는 이로써 덧붙일 것은 있어도 덜어낼 것은 없는 세상의 질서를 이루셨다, 이런 말씀이 아닐는지. 보아라, 아름다움과 질서와 기억의 문화가 이로써 이루어지지 않았느냐. 카리테스(아름다움)가, 호라이(계절)가, 무사이(예술)가 다 누구 배 안에서 자랐더냐. 아폴론, 아르테미스, 헤르메스, 디오뉘소스는?

제우스 신을 찬양할 일이다. 프로메테우스가 인간에게 불을 내려주었을 때 그렇게 상심하시던 제우스 신께서, 이제 신들로부터 인간을 지키고, 저 자신의 뜻으로 고난의 육신을 벗은 헤라클레스를 저렇게 맞으시는 걸 보아라."

독일 시인 실러는 「이상과 인생」이라는 시에서 실제적인 것과 상

**신이 된 헤라클레스**
노엘 쿠아펠의 그림.

상적인 것의 대조를 아름답게 그리고 있는데 그 마지막 부분을 번역하면 다음과 같다.

> 비겁자의 종으로 전락해 있으면서도
> 용감한 헤라클레스는 끝없이 싸우며 괴로운 가시밭길을 걸었다.
> 휘드라를 죽이고 사자의 힘을 빼고,
> 친구를 이승으로 데려오기 위해 죽음의 강에 조각배를 띄웠다.
> 헤라의 증오는 지상의 모든 고뇌를,
> 지상의 모든 수고를 그에게 지웠으나,
> 운명의 생일로부터 저 장렬한 최후의 날까지 그는 이 수고를
> 훌륭하게 참아내었다.
> 이윽고 지상의 옷을 벗어 던진 신의 모습이
> 불길에 탄 인간의 모습에서 떨어져 나와,
> 하늘의 가득한 정기를 마셨다.
> 일찍 맛보지 못하던 몸의 가벼움에 기뻐하면서
> 지상에서 어둡고 부서운 고통을 죽음에나 버리고,
> 천상의 빛을 향하여 비상했다.
> 올림포스 신들은 그를 맞으러 사랑하는 아버지의 대전으로 모이니,
> 빛나는 청춘의 여신은 빰을 장밋빛으로 물들이고,
> 지아비 된 그에게 신들이 마시는 술을 따랐다.

## 나오는 말
## 그림 앞에서 숨이 멎다

　신약성경 몇 줄을 읽고는 장차 화가가 되겠다고 굳게 결심했던 적이 있다.
　중학교 3학년 때의 일이다.
　「요한복음」 들머리에 이런 이야기가 실려 있다.
　예수가 사마리아 지방에 이르렀을 때의 일이다. 시카르라는 동네에는 야곱의 우물이 있었다. 먼 길에 지친 예수는 그 우물가에 앉았다. 때는 정오에 가까워져 있었다. 마침 사마리아 여자가 물을 길어 나왔다. 예수는 그에게 물을 좀 달라고 청했다. 사마리아 여자는 예수에게 물었다.
　"당신은 유대인이고 저는 사마리아 여자인데 어떻게 저더러 물을 달라고 하십니까?"
　당시 유대인과 사마리아인들은 서로 상종하지 않았다. 사마리아인들이 너무 천하게 여겨지고 있었기 때문이다. 예수가 여자에게 말했다.

"하느님이 주시는 선물이 무엇인지, 또 너에게 물을 청하는 내가 누구인지 알았더라면 오히려 네가 나에게 청했을 것이다. 그러면 내가 너에게 샘솟는 물을 주었을 것이다."

이 대목을 읽고 여러 차례 묵상하던 나는 바로 이 장면 하나를 그리기 위해서라도 화가가 되리라고 결심했다. 뜨거운 불볕에 먼 길을 걸어와 입술이 허옇게 마른 예수와, 호기심 어린 눈길로 예수를 바라보는 사마리아 여인의 모습, 나는 이 둘이 환기시키는 어떤 분위기에 완전히 매료당하고 말았다.

하지만 나는 화가가 되지 못했다. 백일장과는 더러 인연을 맺었어도 그림과는 도무지 인연이 없었다. 그리고 이 감동적인 장면도 긴 세월이 흐르면서 내게서 잊히고 말았다.

1999년 여름, 처음으로 파리의 루브르 박물관에 갔다. 그 루브르에서 만났다. 16세기 화가 후안 데 플란데스의 〈예수와 사마리아 여인〉이 루브르에 걸려 있었다. 소년 시절에 내가 머릿속으로 구상하던 그 구도는 아니었지만, 아, 숨이 멎는 것 같았다. 나는 〈예수와 사마리아 여인〉 앞에서, 소년 시절에 읽었던 성경 구절을 고스란히 다시 떠올렸다. 루브르 박물관에 가면 나는 숨이 멎는 듯한 뜨거운 경험을 자주 한다. 신화 혹은 성경이라고 하는 텍스트(원전)와 미술이 만나는 현장의 경험은 나에게 늘 뜨거웠다.

프랑스 화가 니콜라 푸생은 신화와 성경을 즐겨 그린 화가다. 나에게는 일본의 슈에이샤(集英社)가 펴낸 니콜라 푸생의 화집이 있다. 이 화집에는 57점의 그림이 실려 있는데, 놀라지 마시라, 그 가운데

55점이 신화와 성경을 다룬 작품들이다. 유럽의 박물관이나 미술관도 마찬가지다. 그리스와 로마 문화인 헬레니즘, 구약성경과 신약성경을 기둥 줄거리로 하는 헤브라이즘을 알지 못하면 박물관이나 미술관의 보람 있는 관람은 거의 불가능하다. 유럽 문화의 진수를 품고 있는 프랑스의 루브르 박물관, 영국의 대영 박물관, 로마의 바티칸 박물관, 상트페테르부르크의 에르미타주 박물관을 두어 시간 만에 훑고 지나가는 한국인 꾸러미 관광객들은 그래서 나를 슬프게 한다. 그 머나먼 하늘길을 날아와서 문화의 속살을 그렇게 훑고 지나가는 그들이 수박의 겉을 핥고 마는 사람들 같아서 얼마나 안타까운지.

헤라클레스 이야기도 그래서 쓰게 되었다. 헤라클레스의 열두 과업을 알지 못하면 그의 모험을 다룬 대리석상은 돌덩어리나 다름없다. 바라건대 이 책에서 접한 이미지를 유럽의 미술관이나 박물관에서 다시 만나시기를. 그리고 내가 〈예수와 사마리아 여인〉 앞에서 숨이 멎는 듯한 경험을 했듯이 독자들도 그렇게 뜨거운 해후를 경험하시기를.

2007년 10월 과천 소천재에서
이윤기

# 찾아보기

## ㄱ

가뉘메데스 294, 295, 296
가이아 308, 325, 329, 334
간다라 41, 42, 43, 44
갈린테스 93, 94
게뤼오네스 303, 314, 317, 318, 375
그리스 신화 소사전 9, 83, 406

## ㄴ

네레우스 332, 333, 334, 336, 345
네메아의 사자 189, 118, 147, 149, 150, 151, 152, 154, 160, 163, 165, 175, 230, 240, 274, 316, 361, 364, 369, 374, 398
넷소스 214, 215, 434, 435, 436, 437, 438, 439, 449, 452, 454
니키페 90, 91, 144

## ㄷ

다이달로스 404, 405, 407, 408
데메테르 15, 355, 356, 366
데이아네이라 362, 417, 418, 419, 421, 423, 424, 429, 430, 432, 436, 437, 438, 439, 449, 450, 451, 452, 455, 456, 457
델포이 37, 133, 134, 135, 137, 145, 163, 195, 217, 292, 296, 369, 387, 388, 389, 390, 391, 392, 393, 395
들릴라 24, 25, 26
디오뉘소스 16, 17, 114, 131, 206, 397, 461
디오메데스 255, 269, 270, 271, 272, 273, 274, 284
디오메데스의 암말 255, 274, 374
디오스쿠로이 109

## ㄹ

라돈강 191, 192
라오메돈 146, 222, 291, 292, 293, 296,
  297, 298, 299, 300
라일라프스 78, 79
레르네 165, 169, 171, 183, 316, 364
레테 355, 357, 358, 370, 444
레토 193, 392
레프레우스 225, 226, 228, 229, 231,
  232, 234, 292
뤼사 127, 128
륀케우스 410, 414
리노스 110, 111, 112, 242, 392
리카스 450, 451, 452, 453

## ㅁ

마니아 127, 128
메가라 123, 124, 128, 129, 259, 286,
  362
메스토르 63, 64, 65
멜레아그로스 201, 358, 359, 360, 361,
  362, 363, 364, 366, 417, 419,
  423, 431
모르페우스 445, 446, 447
몰로르코스 149, 150, 152, 153
미노스 247, 249, 250, 251, 370, 375
미노타우로스 34, 370

## ㅂ

복비 428, 429
부시리스 308, 309, 310, 311

## ㅅ

사튀로스 15, 166
삼손 18, 19, 20, 21, 22, 23, 24, 25, 26,
  27, 28, 80, 82, 115, 116
삼족오 426, 427
셀레네 54, 106, 149, 315
스테넬로스 64, 73, 90, 144
스튁스 225, 266, 366, 373
스튐팔로스 239, 240, 241, 243, 284, 428
스튐팔로스의 새 239, 240, 241, 255, 374
스핑크스 119, 316

## ㅇ

아드메토스 256, 257, 258, 259, 261,
  262, 263, 264, 265, 266, 267,
  268, 269, 355
아레스 44, 239, 240, 242, 255, 262, 263,
  269, 270, 278, 281, 282, 283,
  284, 285, 314, 317, 323, 461
아르고나우타이 110, 409, 410, 414, 415
아르테미스 44, 59, 78, 79, 95, 99, 184,
  185, 186, 187, 188, 189, 190,

　　　　　191, 192, 193, 194, 195, 196,
　　　　　199, 200, 203, 205, 391, 397,
　　　　　458, 461
아르테미시온 184, 196, 391
아뮈모네 165, 166, 173, 175
아스클레피오스 205, 211, 212, 213, 260,
　　　　　263, 267
아우게이아스 68, 221, 222, 223, 225,
　　　　　226, 227, 229, 233, 234, 235,
　　　　　291, 292, 293, 299, 384
아우게이아스의 외양간 221, 222, 374
아우톨뤼코스 108, 274, 385, 386
아이귑토스 247, 308, 309, 310, 311
아이올로스 441, 443, 446
아켈로오스 251, 418, 419, 420, 421,
　　　　　422, 423, 429
아킬레우스 202, 203, 204, 205, 286
아탈란테 360, 410, 412, 413
아테나 59, 60, 98, 99, 101, 107, 122,
　　　　　126, 128, 151, 154, 155, 156,
　　　　　164, 172, 191, 199, 224, 242,
　　　　　243, 325, 344, 346, 458, 459
아틀라스 114, 325, 330, 338, 339, 340,
　　　　　341, 342, 343, 344, 345, 432,
　　　　　437, 459
아폴로도로스 9, 10, 61, 83, 98, 118,
　　　　　124, 154, 177, 290, 406, 407
아폴론 38, 39, 43, 44, 72, 73, 99, 105,
　　　　　126, 132, 133, 134, 135, 145,
　　　　　146, 193, 194, 195, 200, 202,
　　　　　205, 211, 217, 222, 223, 234,
　　　　　256, 260, 261, 262, 263, 290,
　　　　　291, 292, 293, 296, 297, 325,
　　　　　369, 373, 379, 387, 388, 389,
　　　　　390, 391, 392, 393, 394, 441,
　　　　　442, 458, 461
아프로디테 16, 17, 32, 44, 154, 155,
　　　　　156, 200, 278, 346, 397
안타이오스 303, 304, 305, 306, 307,
　　　　　308, 319
알렉산드로스 35, 36, 37, 38, 39, 40, 42,
　　　　　388, 389
알카이오스 62, 64, 67, 74, 75, 94, 136
알케스티스 258, 259, 261, 262, 264,
　　　　　265, 266, 267, 268, 269, 355
알케이데스 94, 106, 107, 135, 136, 272
알퀴오네 441, 442, 443, 444, 446, 448
알퀴오네우스 324, 325, 326, 336
알크메네 53, 54, 55, 56, 57, 61, 62, 63,
　　　　　65, 66, 67, 69, 70, 71, 72, 73,
　　　　　74, 75, 77, 82, 83, 84, 87, 88,
　　　　　91, 92, 93, 94, 95, 96, 97, 98,
　　　　　101, 102, 103, 105, 106, 108,
　　　　　376, 392, 458
알타이아 359, 360, 417
암피트뤼온 14, 53, 54, 55, 56, 57, 58,
　　　　　60, 61, 62, 63, 66, 67, 68, 69,
　　　　　70, 71, 72, 73, 74, 75, 77, 79,
　　　　　80, 81, 82, 83, 84, 87, 90, 94,
　　　　　95, 98, 101, 102, 103, 104, 105,
　　　　　106, 107, 108, 112, 115, 119,
　　　　　120, 121, 122, 124, 129, 130,

143, 144, 222, 458
에로스 154, 155, 396
에뤼만토스산 199, 200, 202, 215, 427
에뤼만토스의 멧돼지 231, 374
에뤼테이아 303, 314, 315
에르기노스 119, 120, 121, 122, 123, 143
에우노모스 431, 432, 440
에우로페 53, 56, 57, 247, 248, 249, 420
에우뤼스테우스 91, 92, 93, 97, 138, 143, 144, 156, 169, 376, 440
에우뤼토스 110, 126, 379, 380, 381, 382, 383, 384, 385, 387, 388, 449, 450
에우에노스강 214, 434
에일레이튀아 87, 90, 94
에키드나 169, 175, 214, 316, 339, 364, 421
엘렉트뤼온 62, 65, 67, 70, 71, 72, 119
오뒷쎄우스 59, 380
오르트로스 147, 316, 317, 364
오르페우스 110, 111, 357, 410
오이디푸스 59, 114, 119, 316
올륌포스 36, 49, 87, 96, 97, 98, 100, 126, 130, 200, 225, 228, 269, 274, 295, 303, 315, 323, 324, 338, 340, 347, 353, 354, 457, 458, 463
옴팔레 395, 396, 397, 398, 399, 403, 406, 409, 440
이아손 205, 409, 414, 415
이올라오스 171, 172, 174, 175, 176, 460

이올레 380, 382, 383, 384, 417, 437, 449, 450, 451, 452, 455, 457
이카로스 404, 405, 406, 407, 408
이피클레스 95, 98, 101, 102, 105, 108, 109, 110, 112, 124, 128, 171, 379
이피토스 222, 384, 385, 386, 387, 388, 403, 440

## ㅈ

제우스 17, 23, 36, 40, 41, 44, 45, 53, 56, 57, 61, 78, 79, 80, 82, 83, 84, 87, 88, 90, 91, 92, 93, 95, 96, 97, 98, 100, 101, 105, 109, 112, 122, 136, 151, 153, 159, 160, 167, 176, 177, 186, 187, 188, 190, 193, 205, 208, 209, 211, 212, 213, 215, 224, 225, 227, 229, 230, 243, 247, 248, 249, 252, 260, 261, 262, 263, 267, 278, 290, 291, 294, 295, 296, 310, 313, 324, 325, 326, 334, 335, 336, 337, 340, 344, 352, 375, 392, 393, 403, 409, 410, 419, 426, 450, 451, 452, 455, 456, 457, 458, 459, 461
제토스 114, 410, 413, 414

## ㅋ

카스토르 109, 205, 410
카쿠스 319, 320, 321, 322
칼라이스 410, 413, 414
칼뤼돈의 멧돼지 358, 359, 361, 417
칼리스토 78, 186, 187, 188, 190, 420
캐런 암스트롱 49
케르베로스 169, 214, 316, 353, 354,
　　　　362, 364, 365, 366, 367, 368,
　　　　371, 373, 374, 375, 419, 457
케위크스 433, 440, 441, 442, 443, 444,
　　　　446, 448
케이론 175, 192, 202, 203, 204, 205,
　　　　206, 207, 210, 211, 212, 213,
　　　　214, 215, 313, 434, 437, 439,
　　　　449
케팔로스 77, 78, 79
코르누코피아(풍요의 뿔) 422
코마이토 81, 82
코모두스 40, 41
코프레우스 156, 158, 159, 163, 164,
　　　　166, 168, 183, 184, 201, 202,
　　　　221, 222, 225, 247, 278, 329,
　　　　351, 352, 353, 354, 374
크레타 황소 248
키마이라 147, 316
키타이론산 112, 114, 115, 116, 118,
　　　　119, 120, 143, 151
키타이론의 사자 114, 115, 118

## ㅌ

타나토스 149, 150, 266, 267, 355, 455
타위게테 185, 186, 187, 188
테세우스 33, 34, 35, 130, 131, 132, 133,
　　　　252, 287, 362, 363, 364, 367,
　　　　368, 369, 370, 371, 372, 373,
　　　　386, 409, 410
테우메소스의 여우 76, 79
테이레시아스 58, 59, 60, 61, 103, 104,
　　　　106, 107, 112, 129, 199
텔라몬 297, 298, 299, 300
텔레포스 289, 290
튀폰 316, 364
트로이아 31, 205, 286, 288, 290, 291,
　　　　293, 294, 295, 296, 297, 298,
　　　　299, 300, 370, 457
트리셀레노스 55, 106

## ㅍ

파리스 31, 32, 457
페넬로페 380
페르세우스 14, 15, 61, 62, 63, 64, 65,
　　　　90, 293, 340, 385
페르세포네 355, 356, 365, 366, 367, 370
페리페데스 35
페이리토오스 363, 370, 371, 372, 373
포세이돈 53, 54, 61, 63, 64, 65, 81, 146,
　　　　166, 222, 223, 226, 234, 249,

250, 251, 252, 290, 291, 292,
293, 296, 297, 298, 309, 334,
391
폴로스 202, 203, 206, 208, 209, 210,
211, 213, 214, 215, 434, 439
폴뤼데우케스 109, 205, 410
퓌티아 133, 134, 135, 387, 388, 389,
390, 393
퓔레우스 225, 227, 228, 229, 231, 232,
233, 234, 235, 384
퓔리오스 356
프라시오스 309, 310
프로메테우스 39, 213, 334, 335, 336,
337, 340, 344, 345, 461
프로크리스 78
프리아모스 300, 370
프테렐라오스 53, 54, 55, 56, 61, 63, 64,
65, 71, 75, 80, 81, 82, 222
플루타르코스 33, 368, 369
플루타르코스 영웅전 369

## ㅎ

하데스 111, 169, 212, 214, 240, 244,
255, 259, 260, 263, 266, 267,
281, 303, 324, 334, 352, 353,
354, 355, 356, 357, 358, 362,
363, 364, 365, 366, 370, 372,
375, 459, 461
하백 428, 429

헤라 17, 45, 88, 90, 91, 92, 95, 96, 97,
98, 99, 100, 101, 102, 105, 106,
107, 118, 127, 128, 136, 144,
145, 148, 149, 150, 160, 176,
177, 187, 188, 209, 235, 249,
278, 283, 291, 298, 315, 323,
326, 329, 330, 332, 336, 339,
346, 347, 366, 367, 369, 374,
376, 392, 393, 419, 443, 444,
445, 446, 455, 458, 459, 460,
461, 463
헤라클레스의 방 45, 397
헤라클레스 칼리니코스 153, 375
헤르메스 15, 16, 44, 57, 108, 126, 151,
164, 269, 272, 295, 334, 336,
337, 385, 388, 395, 397, 458,
461
헤베 45, 295, 459, 460
헤시오네 292, 293, 296, 298, 299, 300,
370
헤시오도스 10, 147
헤파이스토스 126, 133, 242, 320, 335
헬리오스 110, 227, 312, 313, 314, 315,
316, 317, 318, 331, 444
후예 425, 426, 427, 428, 429, 430
휘드라 165, 167, 168, 169, 170, 171,
172, 173, 174, 175, 176, 177,
178, 179, 183, 189, 192, 211,
212, 214, 230, 240, 296, 313,
315, 316, 317, 318, 363, 364,
374, 421, 427, 437, 449, 453,

454, 463
휘아킨토스 72, 73
휘프노스 149, 444, 445, 447, 453, 455
휠라스 410, 411, 412, 413, 414, 415, 416, 417, 457
히폴뤼테 278, 279, 281, 282, 283, 284, 285, 286
힙포토에 63

## 자료 출처

12쪽 ⓒNatalia Volkova/123rf.com
109쪽 ⓒAndrej Privizer/Shutterstock.com
114쪽 ⓒ송학선
116쪽 ⓒ송학선
139쪽 ⓒSteven Heap/123rf.com
343쪽 ⓒThe Trustees of the British Museum(CC BY-NC-SA 4.0)
391쪽 ⓒThe Trustees of the British Museum(CC BY-NC-SA 4.0)
401쪽 Gift of Milton Gottlieb/The J. Paul Getty Museum(CC BY 4.0)
442쪽 ⓒ허숙경

### 이윤기의 그리스 로마 신화 4

초판  1쇄 발행  2007년  10월  15일
개정판 1쇄 발행  2024년  10월  30일

지은이 이윤기

발행인 이봉주  단행본사업본부장 신동해
편집장 김경림  책임편집 김윤하  편집 김종오 최은아
디자인 최희종  마케팅 최혜진 이은미
홍보 반여진  제작 정석훈

브랜드 웅진지식하우스
주소 경기도 파주시 회동길 20
문의전화 031-956-7366(편집)  02-3670-1123(마케팅)
홈페이지 www.wjbooks.co.kr
인스타그램 www.instagram.com/woongjin_readers
페이스북 www.facebook.com/woongjinreaders
블로그 blog.naver.com/wj_booking

발행처 ㈜웅진씽크빅
출판신고 1980년 3월 29일 제406-2007-000046호

ⓒ 이윤기, 2024
ISBN  978-89-01-28990-8 04210
       978-89-01-28986-1 04210 (세트)

• 웅진지식하우스는 ㈜웅진씽크빅 단행본사업본부의 브랜드입니다.
• 책값은 뒤표지에 있습니다.
• 잘못된 책은 구입하신 곳에서 바꾸어 드립니다.